# PROGRAMLAMAYA GİRİŞ:
# YAPISAL YAKLAŞIM VE C DİLİ

**Örneklerle ve Uygulamalarla**

**Yapısal Programlama**

**Doç. Dr. İlker ALİ**

Kuzey Makedonya – Gostivar, 2026

# PROGRAMLAMAYA GİRİŞ: YAPISAL YAKLAŞIM VE C DİLİ
## Örneklerle ve Uygulamalarla Yapısal Programlama

**Yazar:**
Doç. Dr. İlker ALİ

**Bilimsel Denetim:**
Prof. Dr. Aybeyan SELİM - (Uluslararası Vizyon Üniversitesi, Kuzey Makedonya)
Doç. Dr. Fehmi Skender - (Uluslararası Vizyon Üniversitesi, Kuzey Makedonya)

**Editör:**
**Prof. Dr. Abdülmecit NUREDİN**

**Bilgisayar Tasarımı ve Dizgi:**
Yekin ABAZ
Leyla İLYAZ

**Yayıncı (Imprint / Publisher):**
Bağımsız Yayın (Independent Academic Publishing)

**Baskı ve Dağıtım**
IngramSpark
Print on Demand (Talep Üzerine Baskı)

**Basım yılı:** 2026

ISBN: 978-608-67525-0-7

**Kitap Boyutu:** 20,32 × 25,4 cm

**Dil:** Türkçe

# İÇİNDEKİLER

Contents

## PROGRAMLAMANIN TARİHİ

## 1



## 2

## TEMEL PROGRAMLAMA KAVRAMLARI

## 3 SAYI SİSTEMLERİ



## 4 C İLE PROGRAMLAMA



## 5 GERÇEK DÜNYA ÖRNEĞİ: PONG OYUNU

# 6 DEĞİŞKENLER



# 7 ENUMLAR

# 8 OPERATÖRLER



# 9 KONTROL YAPILARI

# 10 FONKSİYONLAR



# 11 İŞARETÇİLER

## 12 DİZİ VE STRİNG İŞLEMLERİ



## 13 YAPILAR (STRUCTS) VE BİRLEŞİMLER (UNIONS)

# 14 DOSYA İŞLEMLERİ



# 15 HATA KONTROLÜ



# 16 MODÜLER PROGRAMLAMA

# ÖNSÖZ

**Değerli Okuyucular,**

Elinizdeki bu kitap, programlamaya ilk adımını atanlar için **sağlam, sistematik ve anlaşılır bir temel oluşturmak** amacıyla hazırlanmıştır. Günümüzde programlama; yalnızca bilgisayar mühendisleri ve yazılım geliştiriciler için değil, mühendislikten fen bilimlerine, ekonomiden sosyal bilimlere kadar pek çok alanda çalışan bireyler için vazgeçilmez bir yetkinlik hâline gelmiştir. Bu bağlamda programlamayı öğrenmek, yalnızca bir programlama dili edinmekten öte, **analitik düşünme, problem çözme ve mantıksal akıl yürütme becerilerini geliştirmeyi** de beraberinde getirmektedir.

Programlamaya yeni başlayan birçok okuyucu, karşılaştığı kavramların soyutluğu ve dillerin sözdizimsel yapısı nedeniyle sürecin başında zorlanabilmektedir. Bu eser, programlamayı karmaşık ve göz korkutucu bir alan olmaktan çıkararak, **adım adım ilerleyen, düzenli ve anlaşılır bir öğrenme süreci** sunmayı hedeflemektedir. Kitapta benimsenen **yapısal programlama yaklaşımı**, okuyucuların kod yazarken belirli bir düzen ve disiplin içinde düşünmelerini sağlayarak, daha okunabilir, sürdürülebilir ve hatasız programlar geliştirmelerine katkı sunmaktadır.

Kitap, programlamanın tarihsel gelişimine kısa bir bakışla başlamakta; algoritmik düşünmenin temellerini ele aldıktan sonra C dili üzerinden değişkenler, kontrol yapıları, döngüler, fonksiyonlar, diziler, işaretçiler, dosya işlemleri ve modüler programlama gibi temel konuları sistematik bir biçimde işlemektedir. Ele alınan her konu, yalnızca teorik açıklamalarla sınırlı kalmayıp **örnekler, uygulamalar ve gerçek dünya problemleri** ile desteklenmiştir. Bu yaklaşım sayesinde, okuyucuların edindikleri bilgileri somutlaştırmaları ve programlama mantığını içselleştirmeleri amaçlanmıştır.

Bu kitabın hazırlanmasındaki temel hedeflerden biri, okuyucuların yalnızca "çalışan kod" yazmalarını değil; **neden ve nasıl çalıştığını anlayarak kod üretmelerini** sağlamaktır. Programlamada kalıcı başarı, ezbere dayalı çözümlerden ziyade, doğru düşünme alışkanlıklarının erken aşamada kazanılmasıyla mümkündür. Yapısal yaklaşım, bu alışkanlıkların geliştirilmesi için güçlü bir zemin sunmaktadır.

Eser; üniversitelerin bilgisayar mühendisliği, yazılım mühendisliği ve ilgili bölümlerinde ders kitabı olarak kullanılabilecek nitelikte olduğu gibi, programlamayı kendi kendine öğrenmek isteyenler için de kapsamlı ve güvenilir bir başvuru kaynağı olarak tasarlanmıştır. Programlamaya sağlam ve bilinçli bir başlangıç yapmak isteyen herkesin bu kitaptan fayda sağlayacağına inanıyorum.

Kitabın hazırlanmasında emeği geçen tüm akademisyenlere, meslektaşlarıma ve değerli katkılarıyla sürece destek veren öğrencilere teşekkür ederim. Programlama öğrenmenin sabır, tekrar ve kararlılık gerektiren bir süreç olduğunu unutmadan; yazılan her yeni satır kodun, düşünsel gelişiminizde sizi bir adım ileri taşıyacağını hatırlatmak isterim.

Başarılar dilerim.

Doç. Dr. İlker ALİ

# 01 PROGRAMLAMANIN TARİHİ

*"Geçmişini bilmeyen, geleceğine yön veremez."*

*(Mustafa Kemal Atatürk)*

## 1.1. Programlama nedir

Programlama, bilgisayara belirli görevleri yerine getirmesi için talimatlar verme sürecidir. Bu talimatlar, programlama dili denilen özel dillerle yazılır ve bilgisayarın anlayabileceği bir formata dönüştürülür.

Hayatı Kolaylaştırma Arzusu

İnsanoğlu, var olduğu günden bu yana sürekli olarak hayatını kolaylaştıracak, daha verimli hale getirecek ve karşılaştığı problemleri çözecek yenilikler peşinde koşmuştur. Bu, insanın doğasında var olan bir dürtüdür. Tekerleğin icadından yapay zekaya uzanan bu yolculuk, insanlığın gelişim hikayesinin ta kendisidir.

Programlama da bu uzun yolculuktaki önemli duraklardan biridir. İnsanlar programlamayı, karmaşık hesaplamaları hızlı ve hatasız yapabilmek, tekrarlayan işleri otomatikleştirmek ve büyük miktarda veriyi işleyebilmek için icat etmiştir.

Düşünün ki, bir zamanlar karmaşık matematiksel hesaplamalar yapmak için saatler, hatta günler harcanıyordu. Bu hesaplamalar sırasında yapılan küçük bir hata, tüm sonucu değiştirebiliyordu. İşte programlama, bu tür zorlukları aşmak için ortaya çıktı.

Programlama, insanların bilgisayarlara "ne yapmaları gerektiğini söyleme" yöntemidir. Bu, aslında insanların kendi düşünme ve problem çözme yeteneklerini makinelere aktarma çabasıdır. Böylece insanlar, rutin ve zaman alıcı işleri bilgisayarlara devrederek, kendi zamanlarını ve enerjilerini daha yaratıcı ve stratejik görevlere ayırabilirler.

Programlamanın icadı ve gelişimi, insanlığa muazzam faydalar sağlamıştır.

*Figure 1 - Ada Lovelace (1815 - 1852)*

*Ada Lovelace, İngiliz matematikçi ve yazar olup, dünyanın ilk bilgisayar programcısı olarak kabul edilir. Charles Babbage'ın Analitik Makinesi üzerine yaptığı çalışmalarla tanınır. Lovelace, bu makine için yazdığı algoritmalarla, bilgisayarların sadece hesaplama yapmaktan öteye geçebileceğini öngörmüştür. Şair Lord Byron'ın kızı olan Ada, annesinin teşvikiyle matematik ve bilim alanında eğitim almıştır. Lovelace'ın vizyonu, bilgisayar biliminin temellerini atmış ve modern programlamanın öncüsü olmuştur* [10].

Örneğin:

1. **Bilimsel araştırmalarda:** Karmaşık simülasyonlar ve veri analizleri sayesinde bilimsel keşifler hızlanmıştır.

**2. İş dünyasında:** Otomatikleştirilmiş süreçler verimliliği artırmış, insan hatasını azaltmıştır.

3. **Günlük hayatta:** Akıllı telefonlardan, online bankacılığa kadar pek çok kolaylık programlama sayesinde mümkün olmuştur.

4. **Eğitimde:** Uzaktan eğitim platformları ve interaktif öğrenme araçları, eğitimi daha erişilebilir hale getirmiştir.

5. **Sağlık alanında:** Tıbbi görüntüleme ve teşhis sistemleri, hastalıkların erken teşhisini ve tedavisini kolaylaştırmıştır.

Programlama, insanlığın "yapabileceklerinin sınırlarını" sürekli olarak genişletmiştir. Bugün, yapay zeka ve makine öğrenimi gibi ileri programlama teknikleri sayesinde, bir zamanlar imkansız görünen görevler artık mümkün hale gelmiştir.

Sonuç olarak, programlama, insanın doğasında var olan "daha iyisini yapma" dürtüsünün bir sonucudur. Tıpkı tekerleğin icadının ulaşımı, matbaanın bilgiyi yaymayı kolaylaştırması gibi, programlama da bilgi işlemeyi ve problem çözmeyi devrimleştirmiştir.

İnsanlık, programlama sayesinde düşünme ve problem çözme yeteneklerini makinelere aktararak, kendi potansiyelini daha da ileriye taşımıştır. Bu yolculuk hala devam etmektedir ve gelecekte bizi nelerin beklediğini hayal etmek bile heyecan vericidir. Kim bilir, belki de yarının programcıları, bugün hayal bile edemediğimiz sorunları çözecek yeni araçlar geliştirecekler.

Neden Programlama Ortaya Çıktı?

Programlama, insanların karmaşık hesaplamaları hızlı ve doğru bir şekilde yapma ihtiyacından doğdu. İlk bilgisayarlar, matematiksel işlemleri hızlandırmak için tasarlanmıştı. Zamanla, bilgisayarların potansiyeli anlaşıldıkça, daha geniş bir yelpazedeki problemleri çözmek için kullanılmaya başlandı.

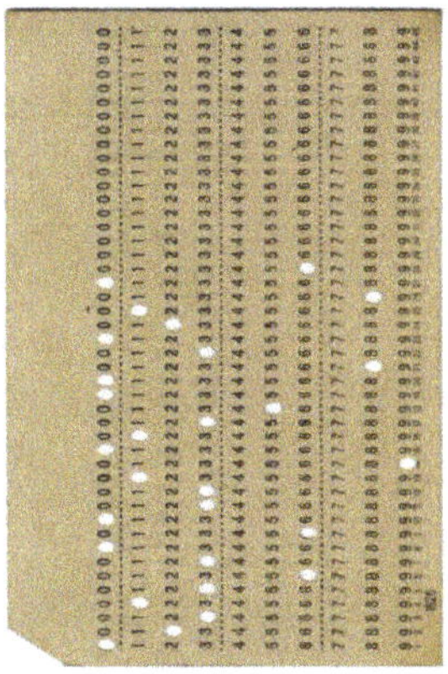

Programlamanın ortaya çıkış nedenleri:

- Hesaplamaları hızlandırmak
- İnsan hatasını azaltmak
- Tekrarlayan görevleri otomatikleştirmek
- Karmaşık problemleri çözmek
- Bilgiyi işlemek ve analiz etmek

Nasıl Ortaya Çıktı?

Programlamanın ortaya çıkışı, insanların karmaşık hesaplamaları daha hızlı, hatasız ve verimli bir şekilde yapma ihtiyacından doğdu. İlk başlarda bu, makineye doğrudan talimatlar verilerek yapılırken, zamanla daha kullanışlı hale getirilebilmesi için geliştirme çalışmaları başladı. Bilgisayarların doğrudan anlayabileceği **makine dili** ile başlanan bu süreç, insana daha yakın ve anlaşılabilir dillerin gerekliliğini ortaya çıkardı. Bu, programlama dillerinin doğuşunun temelini attı.

## 1.2. Programlama dillerinin başlangıcı

### İlk Dönem (1800'ler - 1940'lar)

Programlama dillerinin tarihi, bilgisayar donanımının gelişimiyle paralel olarak ilerlemiştir. Bu tarih 1800'lere kadar uzanır.

Figure 2- ENIAC (Electronic Numerical Integrator and Computer) [6]

1837'de İngiliz profesör Charles Babbage [1], çok amaçlı kullanım için bir hesaplama sıralama talimat seti geliştirdi. Bu sistemi " Analytical Engine Order Code [2]- Analitik Makine Emir Kodu" olarak adlandırdı ve 1871'e kadar üzerinde çalıştı. Bazı sorunlar nedeniyle yaygın kullanılmasa da, bu çalışma ilk programlama dili olarak kabul edilir.

1940'larda elektrikle çalışan ilk bilgisayarlar ortaya çıktığında, çok basit işlemler yapabildikleri için programlanmaları gerekmiyordu. Ancak insanlar için faydalı olabilmeleri için, insanlardan girdi alabilmeleri gerekiyordu.

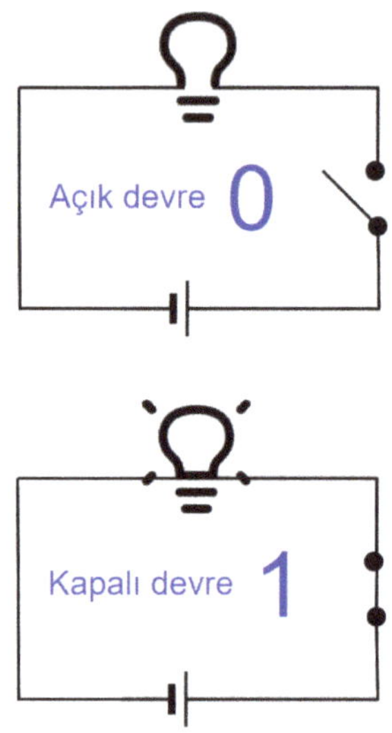


Figure 3 - Açık ve kapalı devre

Bu dönemin bilgisayarlarının hafızası çok sınırlıydı ve sadece birkaç kelimeyi bile tutamıyorlardı. Bu bilgisayarlar genellikle bazı matematiksel işlemleri hızlandırmak için kullanıldığından, yüksek kapasiteli bir belleğe ihtiyaç duymuyorlardı. Ancak büyük bir sorun vardı: Bu bilgisayarların çoğunda, insanlardan girdi almalarını sağlayacak klavye veya fare gibi donanımlar yoktu.

Bu bilgisayarları kullanmak için genellikle birden fazla teknisyenin kabloları hızlı bir şekilde hareket ettirmesi gerekiyordu.

Fotoğrafta gördüğünüz gibi, operatörler büyük paneller üzerinde kablolar ve fişlerle çalışmaktadır. Bu sistem, tam olarak bahsettiğiniz mantıkla çalışır:

- Kablo takılı olduğunda (bağlantı yapıldığında), elektrik akımı geçer ve bu durum "**1**" **olarak kabul edilir.**
- Kablo takılı olmadığında (bağlantı yapılmadığında), elektrik akımı geçmez ve bu durum "**0**" olarak kabul edilir.

Figure 4 - Analitik Makine Emir Kodu

Bu yöntem, modern bilgisayarlardaki ikili (binary) sistemin fiziksel bir temsiliydi. Operatörler, bu kablo ve fiş bağlantılarını değiştirerek bilgisayara farklı talimatlar veriyorlardı. Her bir bağlantı konfigürasyonu, belirli bir programı veya hesaplamayı temsil ediyordu.

Bu yöntem oldukça zahmetli ve zaman alıcıydı. Programı değiştirmek için tüm kabloların yeniden düzenlenmesi gerekiyordu.

İşlemler arası geçişin çok zaman alması ve ara sıra meydana gelen kazalar nedeniyle, delikli kart sistemi hızla tanıtıldı. Bu kartlar elektrik iletmeyen bir malzemeden yapılmıştı, üzerlerinde belirli yerlerde delikler vardı ve kablo bağlantıları arasına yerleştiriliyordu.

Delikli kart teknolojisi, 18. yüzyıldan beri dokuma tezgahları, otomatik piyanolar ve matbaalarda kullanılmaktaydı. Bilgisayar dünyasında ise bu kartlar, bilgisayarları ikili (binary) sistemde kodlamak için kullanıldı.

İkili sistem, sadece 0 ve 1 olmak üzere iki durumu kullanır. 0, akım geçmeyen (bağlanmamış) bir kabloyu; 1 ise akım geçen (bağlı) bir kabloyu temsil eder. Bu sistem, bilgisayar kodunun temelini oluşturur.

Günümüzde, kuantum bilgisayarları hariç, tüm bilgisayarlar ikili sistem üzerinden çalışmaktadır. Ancak, ikili sistemde yazılan kodlar makineden makineye küçük farklılıklar gösterebilir.

İkili sistemin diğer bir adı «**makine dili**"dir. Bu dil, bilgisayarların doğrudan anlayabildiği en temel programlama dilidir.

```
0100110101100101011100100110100001100001
0110001001100000100100000001000100111111100
011011100111100101100001
```

Eğer yeterince kabloyu, yukarıdaki ikili sistemdeki 1'leri kapalı devrelere ve 0'ları açık devrelere karşılık gelecek şekilde sıralarsanız, **'Merhaba Dünya'** yazısını elde edersiniz. Bu, programlamanın özünü yansıtan büyüleyici bir süreçtir.

Her '1', bir kablonun bağlandığı, elektrik akımının geçtiği bir noktayı temsil eder. Her '0' ise, bağlantının olmadığı, akımın kesildiği bir noktadır.

## *Merhaba Dünya - Hello World*

"Merhaba Dünya" veya "Hello World" - bu basit ifade, programlama dünyasının kapılarını açan sihirli bir anahtardır. Her yeni programlama dilinin ilk adımı, her yeni programcının ilk zaferi, bu iki kelimeyle başlar.

Figure 6 - Brian Kernighan, Hello World

*İlk "**Hello, World!**" programı, 1972 yılında Brian Kernighan tarafından yazılmıştır ve **B programlama** dilinde yer almıştır. Bu program, Kernighan'ın "A Tutorial Introduction to the Programming Language B" adlı kitabında yer almıştır. İşte o programın kodu [13]:*

```
main(){
  extrn a,b,c;
  putchar(a); putchar(b); putchar(c); putchar('!*n');
  }
a 'hell';
b 'o, w';
c 'orld';
```

Bu gelenek, 1972 yılında Brian Kernighan'ın bir programlama kılavuzunda ilk kez "Hello, World!" programını tanıtmasıyla başladı. O günden beri, bu küçük program, tüm programcıların ortak bir ritüeli haline geldi [3].

"Merhaba Dünya" programı, yeni bir dile veya platforma adım atan programcılar için bir tür açılış ritüelidir. Bu basit program, yeni bir dilin sözdizimini, yapısını ve temel çıktı mekanizmalarını öğrenmenin ilk adımıdır. Ancak bundan çok daha fazlasıdır.

Bu iki kelime, aslında programlamanın özünü temsil eder: iletişim. Bilgisayara "konuşmayı" öğretiyoruz ve o da bize "merhaba" diyor. Bu, insan ve makine arasındaki diyaloğun başlangıcıdır.

"Merhaba Dünya" programı, her yeni programcıya bir umut ışığı sunar. İlk kez bir programı başarıyla çalıştırdığınızda hissettiğiniz o heyecan ve başarı duygusu, birçok programcının kariyerinin başlangıç noktasıdır. Bu küçük zafer, ileride yaşanacak daha büyük başarıların habercisidir.

Aynı zamanda, bu program bir köprüdür. Dünyanın dört bir yanındaki programcıları birbirine bağlar. Hangi dili konuşursanız konuşun, hangi programlama dilini kullanırsanız kullanın, "Merhaba Dünya" hepimizin ortak noktasıdır.

"Merhaba Dünya", programlamanın sadece kodlardan ibaret olmadığını, aynı zamanda bir keşif yolculuğu, bir öğrenme süreci ve bir iletişim aracı olduğunu hatırlatır. Bu iki kelime, programlamanın gücünü ve potansiyelini temsil eder - bilgisayara ne söylerseniz, o da size ve dünyaya onu söyler.

Her "Merhaba Dünya" programı, yeni fikirlerin, yeni çözümlerin ve yeni teknolojilerin potansiyel başlangıcıdır. Bu basit program, her gün dünyanın dört bir yanında yeni programcıların gözlerini programlama dünyasına açmaya devam ediyor.

Sonuç olarak, "Merhaba Dünya" sadece bir program değil, bir başlangıçtır, bir selamlama, bir hoş geldin mesajıdır. Programlama dünyasına adım atan herkese "Merhaba" der ve "Hoş geldin, burada harika şeyler yapacaksın" mesajını verir.

Makine dili, programlamanın en temel ve en zorlu formudur. Bu dil, yalnızca 0 ve 1'lerden oluşan ikili kodlardan meydana gelir, bu da insan gözüyle okunmasını ve anlaşılmasını son derece güçleştirir. Programcılar, her komut için uzun binary dizileri yazmak zorunda kalır, bu süreç hem zaman alıcıdır hem de hata yapma riskini artırır. Tek bir yanlış bit, tüm programın çökmesine neden olabilir. Ayrıca, makine dili doğrudan donanıma bağlıdır, yani her bilgisayar modeli için farklı kodlar gerekebilir, bu da kodun taşınabilirliğini imkânsız kılar. Soyutlama seviyesinin olmaması, programcıları bilgisayarın en temel işleyişi hakkında sürekli düşünmeye zorlar, bu da karmaşık algoritmaların uygulanmasını zorlaştırır. Tüm bu faktörler bir araya geldiğinde, makine dilinde program yazmak, son derece zahmetli, hata yapmaya açık ve verimsiz bir süreç haline gelir [4].

Makine dilinden **assembly** diline geçiş, programlama tarihinde önemli bir adımdı.

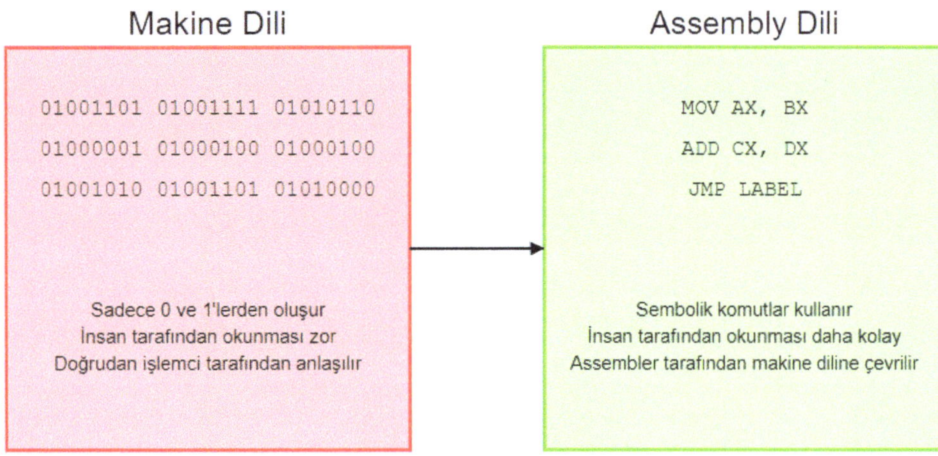


Bu geçişin avantajları ve assembly dilinin özellikleri şöyle özetlenebilir:

**Okunabilirlik**: Assembly dili, makine diline göre çok daha okunaklıydı. İkili sistem (0 ve 1) yerine, anlaşılır kısaltmalar ve semboller kullanılıyordu.

**Hatırlanabilirlik**: Programcılar için komutları hatırlamak daha kolaydı. Örneğin, "MOV" (taşı), "ADD" (topla) gibi kısaltmalar, sayısal kodlardan daha akılda kalıcıydı.

**Verimlilik**: Programcılar, makine kodunu elle yazmak yerine daha hızlı kod yazabiliyorlardı.

**Hata ayıklama**: Kodun daha okunaklı olması, hataları bulmayı ve düzeltmeyi kolaylaştırıyordu.

**Sembolik adresler**: Bellek konumları için sayısal adresler yerine sembolik isimler kullanılabiliyordu.

Ancak, assembly dili de bazı sınırlamalara sahipti:

**Makine bağımlılığı**: Assembly kodları, farklı işlemciler için farklı komut setleri kullandığından, bir makineden diğerine taşınamıyordu.

**Karmaşıklık**: Büyük programlar için hala çok fazla kod satırı gerektiriyordu ve karmaşık algoritmaları uygulamak zordu.

**Soyutlama eksikliği**: Programcılar hala donanım seviyesinde düşünmek zorundaydı.

Assembly dilinde yazılan programlar, bir assembler (çevirici) kullanılarak makine diline dönüştürülüyordu. Temel komutlar arasında «kaydet», «yükle», «karşılaştır» gibi işlemler bulunuyordu.

Örnek bir «Merhaba Dünya" programı, assembly dilinde bile oldukça karmaşık görünebilir ve programcıdan yüksek düzeyde dikkat ve hafıza gerektirir. Bu nedenle, zamanla assembly dili yerini daha yüksek seviyeli, kullanımı daha kolay programlama dillerine bıraktı.

Assembly dili Örnek

```
section .data
    message db 'Merhaba Dünya', 0Ah      ; Mesaj tanımı (0Ah yeni satır ka-
rakteri)
    length equ $ - message               ; Mesajın uzunluğu
section .text
    global _start
_start:
    mov eax, 4          ; Sistem çağrısı numarası (sys_write)
    mov ebx, 1          ; Dosya tanımlayıcı (stdout)
    mov ecx, message    ; Mesajın adresi
    mov edx, length     ; Mesajın uzunluğu
    int 80h             ; Kesme çağrısı yaparak sistem çağrısını başlat
    mov eax, 1          ; Sistem çağrısı numarası (sys_exit)
    xor ebx, ebx        ; Dönüş kodu 0
     int 80h            ; Programı sonlandır
```

Bununla birlikte, assembly dili tamamen terk edilmedi. Özellikle mikrodenetleyiciler gibi düşük seviyeli donanım programlamada hala kullanılmaktadır. Çünkü assembly, donanım üzerinde maksimum kontrol ve verimlilik sağlar.

Makine dilinden assembly diline geçiş, programcıların daha verimli çalışmasına olanak sağladı. Ancak, assembly dili hala düşük seviyeli bir dil olduğundan, programcılar donanımın detaylarını bilmek zorundaydı. Bu geçiş, daha sonra geliştirilecek yüksek seviyeli dillere giden yolda önemli bir adımdı.

Assembly dili, makine diline göre büyük bir ilerleme sağlasa da, karmaşık uygulamalar için hala yetersizdi. Bu nedenle, zaman içinde daha yüksek seviyeli, daha soyut ve daha kullanıcı dostu programlama dillerine ihtiyaç duyuldu. Ancak assembly dili, özellikle sistem programlama ve gömülü sistemler gibi alanlarda hala önemini korumaktadır.

Sonuç olarak, assembly dili, makine dili ile yüksek seviyeli diller arasında bir köprü görevi görmüş ve programlama dillerinin evriminde önemli bir aşama olmuştur.

### Yüksek Seviyeli Dillerin Ortaya Çıkışı (1950'ler - 1960'lar)

Makine dili ve assembly dilinin zorluklarının aşılmasıyla birlikte, programlama dünyası 1950'ler ve 1960'larda büyük bir devrim yaşadı: Yüksek seviyeli programlama dillerinin ortaya çıkışı. Yüksek seviyeli diller, assembly dili gibi dillerdeki karmaşık hafıza yönetimi, ve benzeri diğer karmaşık görevleri kullanıcıya göstermeden kendileri hallederler. Bu yeni nesil diller, programcıların bilgisayar donanımının karmaşık detaylarıyla uğraşmak zorunda kalmadan, daha soyut ve insan diline yakın bir şekilde kod yazmalarına olanak sağladı. Bu dönemde geliştirilen FORTRAN, LISP, COBOL ve BASIC gibi diller, programlamanın erişilebilirliğini artırarak, bilgisayar biliminin hızla gelişmesine ve yaygınlaşmasına öncülük etti.

Her biri belirli bir alanda uzmanlaşan bu diller, programlamanın çeşitli sektörlerde ve akademik alanlarda kullanılmasının önünü açtı. Bu gelişme, bilgisayarların sadece matematiksel hesaplamalar için değil, iş dünyasından bilimsel araştırmalara kadar geniş bir yelpazede kullanılabilir hale gelmesini sağladı ve modern bilgi çağının temellerini attı.

- **1957: FORTRAN** (FORmula TRANslation) geliştirildi. Bilimsel hesaplamalar için tasarlanmış ilk yüksek seviyeli dildi.

Örnek

```
PROGRAM Hello
  PRINT *, "Merhaba Dünya!"
END PROGRAM Hello
```

- **1958: LISP** (LISt Processing)

FORTRAN'dan kısa bir süre sonra, 1958 yılında, LISP (LISt Processing) adında yeni bir programlama dili ortaya çıktı. LISP, özellikle recursive (kendini tekrarlayan) fonksiyonlar düşünülerek geliştirildi. Bu, LISP'i FORTRAN'dan önemli ölçüde farklılaştıran bir özellikti.

Örnek

```
(format t "Merhaba Dunya")
```

FORTRAN'da kodlar genellikle sıralı bir yapıda yazılırken, LISP, programcılara kodlarını ayrı fonksiyonlar ve döngüler şeklinde yazma imkanı sundu. Bu yaklaşım, daha modüler ve esnek program yapıları oluşturmayı mümkün kıldı.

LISP'in asıl gücü, veri işleme ve yapay zeka geliştirme çalışmaları gibi karmaşık ve tekrarlayıcı görevlerde ortaya çıktı. Bu özellikleri sayesinde LISP, yapay zeka araştırmalarında tercih edilen bir dil haline geldi ve günümüzde bile bu alanda kullanılmaya devam etmektedir.

Günümüzde, orijinal LISP dilinin geliştirilmiş versiyonları olan Common LISP (C-LISP) ve Scheme gibi modern LISP diyalektleri mevcuttur.

**1958 ALGOL** (ALGOrithmic Language),

1958'de geliştirilmeye başlanan ve 1960'ların ortasında kullanıma sunulan önemli bir programlama dilidir. FORTRAN'ın bazı sınırlamalarını aşmak ve karmaşık kodları daha anlaşılır hale getirmek amacıyla tasarlanmıştır. ALGOL'un getirdiği yenilikler arasında kod blokları kavramı, iç içe fonksiyonlar ve yerel veri adresleri kullanımı bulunmaktadır. Bu özellikler, ALGOL'u daha okunabilir ve esnek bir dil haline getirmiş, böylece modern programlama dillerinin çoğu için bir temel oluşturmuştur.

ALGOL dilinde "Merhaba Dünya" programı şöyle yazılabilir:

ALGOL'un etkisi, kendisinden sonra gelen COBOL gibi dillerin geliştirilmesinde de görülmüştür.

Örnek

```
begin
  comment Bu, "Merhaba Dünya"yı
yazdırmak için basit bir ALGOL 60
programıdır.;
  print("Merhaba Dünya");
end.
```

**1959 COBOL** (Common Business Oriented Language)

COBOL iş dünyası için tasarlanmış ve programlamayı İngilizce›ye mümkün olduğunca benzeterek kolaylaştırmayı amaçlayan bir programlama dilidir. Derleyicisi, kodu önce assembly diline, ardından makine diline dönüştürerek farklı donanımlarda çalışmasını sağlamıştır. COBOL, özellikle iş yönetimi ve elektronik parça üretimi sektörlerinde yaygınlaşmış ve günümüzde de bankacılık ve finans gibi sektörlerde kullanılmaya devam etmektedir.

COBOL'un günümüzde hâlâ yaygın olarak kullanılmasının başlıca nedenleri şunlardır:

- **Mevcut Sistemlerin Dayanıklılığı ve Güvenilirliği**: COBOL ile yazılmış sistemler on yıllardır sorunsuz çalışmakta ve büyük miktarda veri işlemektedir. Bu sistemleri değiştirmek yüksek risk ve maliyet taşır.

- **Büyük ve Karmaşık İş Yükleri İçin Uygunluk**: COBOL, büyük veri işlemleri ve karmaşık iş mantığının yönetilmesinde uzmandır, bu da özellikle finans ve kamu sektörlerinde tercih edilmesini sağlar.

- **Modernizasyon Maliyeti ve Riskleri**: Mevcut COBOL sistemlerini yeni dillere geçirmek büyük maliyetler ve operasyonel riskler içerir. Bu süreçte oluşabilecek hatalar kuruluşlar için ciddi kayıplara yol açabilir.

- **Yaygın Kullanım ve Uzun Ömürlü Destek**: Birçok büyük işletme COBOL'u desteklemeye devam etmektedir. Ayrıca, COBOL'un bazı sürümleri modern platformlarla entegre edilebilir.

- **Uzmanlık ve Bilgi Birikimi**: COBOL konusunda deneyimli programcıların varlığı ve geniş bilgi birikimi, bu dilin etkin bir şekilde kullanılmasını sağlamaktadır.

*Figure 7- Grace Hopper, 1959* [14]

Grace Hopper, COBOL programlama dilinin geliştirilmesinde önemli bir rol oynayan ve bilgisayar bilimlerinin öncülerinden biri olarak kabul edilen bir bilgisayar bilimcisidir.

*"Kimse benim çalışan bir derleyicim olduğuna inanmıyordu ve kimse ona dokunmak istemiyordu. Bana, bilgisayarların sadece aritmetik yapabileceğini söylediler."- Grace Hopper* [15]Niam il virmihi liussim issulvirteme quamenteris, parictus sest? Na pes ina, Ti. Udem, ma, ta, Cat

COBOL dilinde "Merhaba Dünya" programı:

**Örnek**

```
IDENTIFICATION DIVISION.
PROGRAM-ID. HELLO-WORLD.
ENVIRONMENT DIVISION.
DATA DIVISION.
PROCEDURE DIVISION.
    DISPLAY "Merhaba Dünya".
    STOP RUN.
```

Özetle, COBOL›un kullanımına devam edilmesi; mevcut sistemlerin güvenilirliği, büyük ve karmaşık iş yüklerini yönetme kapasitesi, modernizasyonun getirdiği maliyet ve riskler, yaygın kullanım ve mevcut uzmanlık gibi faktörlere dayanmaktadır. Bu nedenlerle, birçok büyük kuruluş COBOL›u kullanmaya devam etmektedir.

## 1.3. Gelişme ve Özelleşme Dönemi

Programlama dillerinin evrimi, FORTRAN, LISP, ALGOL ve COBOL gibi öncü dillerle başladı. Bu diller, modern programlama dünyasının temelini oluşturdu ve günümüzdeki dillerin çoğu, bu öncülerin mirasını taşımaktadır. Her biri kendi alanında çığır açan bu diller, programlamanın farklı yönlerini geliştirdi: FORTRAN bilimsel hesaplamalarda, LISP yapay zeka ve sembolik işlemlerde, ALGOL algoritmik düşüncede ve COBOL iş dünyasında devrim yarattı.

Günümüzün programlama dilleri, bu temel üzerine inşa edilmiş, ancak genellikle belirli alanlarda uzmanlaşmış versiyonlardır. Örneğin, web geliştirme, mobil uygulama tasarımı veya veri analizi gibi spesifik alanlarda özelleşmiş diller mevcuttur. Bu modern diller, atalarının güçlü yanlarını alıp geliştirirken, güncel teknolojik ihtiyaçlara cevap verecek şekilde evrilmiştir. Böylece, programlama dünyası, geçmişten gelen bilgeliği korurken, geleceğin zorluklarına da hazır hale gelmiştir.

- **1964: BASIC** (Beginners' All-purpose Symbolic Instruction Code) ortaya çıktı.

BASIC'in temel amacı, bilgisayar programlamayı öğrenmek isteyenler için kolay ve erişilebilir bir dil sunmaktı. Adından da anlaşılacağı gibi, "başlangıç seviyesindeki programcılar için genel amaçlı sembolik komut kodu" olarak tasarlandı.

**BASIC'in özellikleri:**

**Basit sözdizimi:** Öğrenmesi ve kullanması kolay komutlar içerir.

**Etkileşimli:** Programları satır satır yazıp hemen çalıştırabilme imkanı sunar.

**Yorumlanan dil**: Derlemeye gerek kalmadan doğrudan çalıştırılabilir.

**Genel amaçlı**: Çeşitli türde programlar yazmak için kullanılabilir.

Örnek

```
10 PRINT "Merhaba Dünya"

20 END
```

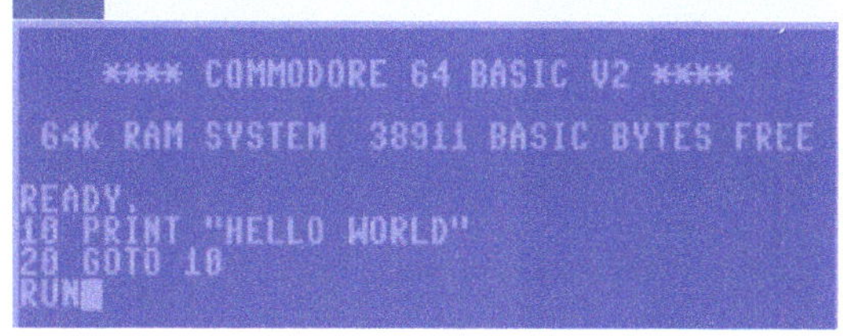


*BASIC dilinde «Merhaba Dünya» programı*

BASIC, özellikle kişisel bilgisayarların yaygınlaşmaya başladığı 1970'ler ve 1980'lerde popülerlik kazandı. Birçok ev bilgisayarı, BASIC yorumlayıcısı ile birlikte geliyordu, bu da BASIC'i o dönemde programlamaya başlayanlar için ilk tercih haline getirdi.

BASIC, programlamaya yeni başlayanlar için tasarlanmış olmasına rağmen, zamanla gelişerek Visual Basic gibi daha karmaşık ve güçlü dillerin temelini oluşturdu. BASIC'in basit ve anlaşılır yapısı, birçok kişinin programlama dünyasına girmesine olanak sağladı ve bilgisayar bilimlerinin popülerleşmesinde önemli bir rol oynadı.

### Yapısal ve Prosedürel Programlama Dönemi (1970'ler)

1970'ler, programlama dünyası için önemli bir dönüm noktası oldu. Bu dönem, Yapısal ve Prosedürel Programlama Dönemi olarak adlandırılır ve yazılım geliştirme yaklaşımlarında büyük değişiklikler tanık oldu.

Önceki on yılın deneyimlerinden yararlanan programcılar ve bilgisayar bilimciler, daha organize, okunabilir ve bakımı kolay kod yazma ihtiyacını fark ettiler. Bu dönemde ortaya çıkan yeni programlama dilleri ve metodolojiler, karmaşık problemleri daha küçük, yönetilebilir parçalara bölmeyi amaçladı. Yapısal programlama, kodun mantıksal akışını iyileştirirken, prosedürel programlama, tekrar kullanılabilir kod bloklarının (prosedürler veya fonksiyonlar) oluşturulmasına odaklandı.

Bu yaklaşımlar, yazılım projelerinin ölçeklenebilirliğini artırdı ve büyük ölçekli yazılım geliştirmeyi daha pratik hale getirdi. Pascal ve C gibi diller, bu yeni paradigmaların öncüleri olarak ortaya çıktı ve programlama dünyasında derin izler bıraktı. Bu dönem, modern yazılım mühendisliğinin temellerini attı ve sonraki nesil programlama dillerinin ve metodolojilerinin yolunu açtı.

**Pascal** dili geliştirildi. Yapısal programlama için tasarlandı.

**PASCAL** 1970'te geliştirilen, amacı aynı BASIC gibi, programlamayı yeni öğrenenler için kolay bir dil olmasıydı. PASCAL dili de aynı LISP gibi, hem bir derleyiciyle hem de bir yorumlayıcı aracılığıyla çalıştırılabiliyordu. ALGOL dilinden esinlerek oluşturulan, PASCAL, programlamayı öğrenmekte olan yazılımcıların, daha anlaşılır ve hatalara karşı daha korumalı programlar yazmasını hedeflemekteydi. PASCAL dili, biraz sonra değineceğimiz **C** diline benzer bir şekilde yazılan, daha basitleştirilmiş bir dildir. PASCAL, kolay öğrenilmesi sayesince bazı ufak işletmeler tarafından tercih edilmişti.

Örnek

```
program MerhabaDunya;
begin
 writeln('Merhaba Dünya');
end.
```

*Pascal'da "Merhaba Dünya" kodu*

### *1972: C programlama dili*

C Programlama Dili: Bilgisayar Dünyasını Şekillendiren Güç

C programlama dili, 1972 yılında Dennis Ritchie tarafından Bell Laboratuvarları'nda geliştirildi. C'nin ortaya çıkışı, bilgisayar bilimi ve yazılım endüstrisi için bir dönüm noktası oldu. Bu dilin temel amacı, UNIX işletim sistemini daha verimli ve taşınabilir hale getirmekti.

C, kendinden önceki B dilinin bir evrimidir ve ALGOL 60'tan da önemli ölçüde etkilenmiştir. UNIX'in erken prototip sürümleri assembly dilinde yazılmıştı, ve proje yöneticileri başlangıçta UNIX'i B dili kullanarak yeniden yazmayı planlamışlardı. Ancak B dilinin, UNIX'in hedeflediği çoklu görevleri üstlenebilecek yetenekleri yoktu.

C'nin tasarımındaki temel felsefe, programcılara düşük seviyeli donanım kontrolü sağlarken aynı zamanda yüksek seviyeli soyutlama imkanı sunmaktı. Aynı anda birden fazla veriyi işleyebilmek ve verileri karıştırmadan depolayabilmek için gelişmiş bir veri adres pointer (işaretçi) sistemi geliştirildi. Bu özellikler, C'yi hem sistem programlama hem de uygulama geliştirme için ideal bir seçim haline getirdi.

C'nin en önemli özelliklerinden biri taşınabilirliğidir. C ile yazılan programlar, küçük değişikliklerle farklı bilgisayar sistemlerinde çalışabilir. Bu özellik, UNIX'in farklı donanımlara kolayca uyarlanmasını sağladı ve C'nin popülerliğini artırdı.

C, hem yorumlanarak hem de derlenerek çalışma imkanı sunuyordu. Zaman içinde endüstri standardı haline geldi ve birçok modern programlama dilinin gelişimine öncülük etti. C++, Java, C#, ve hatta Python gibi diller, C'nin sözdiziminden ve kavramlarından güçlü bir şekilde etkilenmiştir.

1980'lerde ve 1990'larda, C dili ANSI ve ISO tarafından standartlaştırıldı. Bu standartlaştırma, dilin tutarlılığını ve taşınabilirliğini daha da artırdı. Aynı dönemde, C'nin çeşitli versiyonları geliştirildi. Örneğin, C++ (1983) C'nin hafıza yönetimini kolaylaştırırken, Objective-C (1983) nesne yönelimli programlama için C'yi optimize etti.

Günümüzde, C hala en popüler ve yaygın kullanılan programlama dillerinden biridir. İşletim sistemleri, veritabanları, web sunucuları, gömülü sistemler, mikrodenetleyiciler ve IoT cihazları gibi çeşitli alanlarda kullanılmaktadır.

C'nin mirası, sadece bir programlama dili olmanın ötesine geçmiştir. C, programcıların düşünme şeklini şekillendirmiş, yazılım mühendisliği prensiplerini etkilemiş ve bilgisayar biliminin gelişimine büyük katkıda bulunmuştur. Yarım yüzyılı aşkın bir süredir, C dili bilgisayar dünyasını şekillendirmeye devam etmekte ve gelecekte de etkisini sürdüreceğe benzemektedir [5].

Örnek

```
#include <stdio.h>

int main() {
  printf("Merhaba Dünya!\n");
  return 0;
}
```

*C programlama ile Merhaba Dünya yazısı*

**Nesne Yönelimli Programlama Dönemi (1980'ler - 1990'lar)**

1980'ler, bilgisayar programlama dünyasında önemli bir dönüm noktası oldu. Bu dönemde, daha karmaşık ve büyük ölçekli sistemler için uygulamalar geliştirmeye olanak sağlayan programlama dilleri ortaya çıktı. Özellikle, Nesne Yönelimli Programlama (Object-Oriented Programming, OOP) paradigması, yazılım geliştirme yaklaşımlarında devrim yarattı ve gündemi büyük ölçüde belirledi.

Bu dönemde geliştirilen önemli programlama dilleri şunlardır:

1. Ada (1983): Özellikle güvenilirlik ve verimlilik gerektiren büyük ölçekli sistemler için tasarlandı. ABD Savunma Bakanlığı tarafından desteklendi.

2. C++ (1983): Bjarne Stroustrup tarafından geliştirilen C++, C dilinin nesne yönelimli bir uzantısı olarak ortaya çıktı ve hızla popülerlik kazandı.

Örnek

```
#include <iostream>
int main() {
  std::cout << "Merhaba Dünya!" << std::endl;
  return 0;
}
```

3. Eiffel (1985): Bertrand Meyer tarafından geliştirilen Eiffel, güvenilir ve yeniden kullanılabilir yazılım geliştirmeye odaklandı.
4. Perl (1987): Larry Wall tarafından geliştirilen Perl, metin işleme ve sistem yönetimi görevleri için güçlü bir araç haline geldi.

5. FL (Function Level) (1989): Fonksiyonel programlama paradigmasını vurgulayan bu dil, matematiksel hesaplamalar ve veri işleme için tasarlandı.

Bu diller, yazılım mühendisliğinin evriminde önemli rol oynadı. Özellikle nesne yönelimli programlama, yazılım tasarımında modülerlik, yeniden kullanılabilirlik ve bakım kolaylığı gibi kavramları ön plana çıkardı. Bu yaklaşım, giderek büyüyen ve karmaşıklaşan yazılım projelerinin daha etkili bir şekilde yönetilmesine olanak sağladı.

1980'ler aynı zamanda kişisel bilgisayarların yaygınlaşmaya başladığı bir dönemdi. Bu gelişme, programlama dillerinin daha geniş bir kullanıcı kitlesine hitap etmesi gerektiğini gösterdi ve sonraki yıllarda daha kullanıcı dostu dillerin geliştirilmesine yol açtı.

## 1.4. İnteraktif Web Dönem

Programlama Dillerinin Evrimi ve İnternetin Yükselişi

1990'lı yıllar, internetin dünya çapında yaygınlaşmasıyla birlikte programlama dillerinin de büyük bir dönüşüm geçirdiği dönem olarak anılır. Bu dönemde, web teknolojileriyle bütünleşmiş ve internet odaklı programlama dilleri ortaya çıkmıştır. Aynı zamanda, mevcut diller de web uyumlu hale getirilmiştir.

Bu dönemde geliştirilen önemli programlama dilleri şunlardır:

- - 1990: Haskell (fonksiyonel programlama) ve Python (genel amaçlı)
- - 1991: Python (ilk sürüm) ve Visual Basic
- - 1993: Ruby (genel amaçlı, web odaklı)
- - 1995: Java (platform bağımsız), PHP (web odaklı) ve Delphi (uygulama geliştirme)
- - 1995: JavaScript (web tarayıcı programlama)
- - 2000: C# (Microsoft'un genel amaçlı dili)

Bu diller, makine dilinden daha yüksek seviyeli, insan diline daha yakın bir sözdizimi ve yapı sunarak, programlama sürecini daha erişilebilir hale getirmiştir.

HTML (Hypertext Markup Language), 1993 yılında Tim Berners-Lee tarafından geliştirildi ve web sayfalarının yapısını tanımlamak için kullanılan bir işaretleme dili olarak hızla yayıldı. HTML, bir programlama dili değil, bir biçimlendirme dilidir. Web sayfalarının içeriğini ve yapısını tanımlar, ancak dinamik işlevsellik sağlamaz. HTML'nin standartlaşması, farklı web tarayıcıları arasında tutarlı bir görüntüleme sağladı.

HTML'nin sınırlamalarını aşmak ve web sayfalarına dinamik özellikler eklemek için, JavaScript gibi istemci tarafı betik dilleri ve PHP gibi sunucu tarafı programlama dilleri geliştirildi. Bu diller, HTML ile birlikte kullanılarak interaktif ve dinamik web uygulamalarının oluşturulmasına olanak sağladı.

Bu dönemde geliştirilen programlama dilleri, web uygulamalarının yanı sıra genel amaçlı programlama için de kullanılabilir özellikler taşımaktadır. Örneğin, Python ve Java gibi diller, web geliştirmenin yanında veri analizi, yapay zeka, masaüstü uygulamaları ve mobil uygulama geliştirme gibi çeşitli alanlarda da yaygın olarak kullanılmaktadır.

İnteraktif web döneminde geliştirilen bu diller, programlamanın daha geniş kitlelere ulaşmasını sağlamış ve yazılım endüstrisinin hızla büyümesine katkıda bulunmuştur.

- **1991: Python** dili ortaya çıktı. Okunabilirliği ve kullanım kolaylığı ile öne çıktı.

Python programlama dili, 1990'ların başında Guido van Rossum tarafından geliştirildi ve ilk sürümü 1991'de yayınlandı. Python, okunabilirliği ve kullanım kolaylığını ön planda tutan bir felsefe ile tasarlandı.

**Python'un temel özellikleri**:

1. **Anlaşılır Sözdizimi**: Python, girintilere dayalı basit ve net bir sözdizimi kullanır, bu da kodun okunmasını ve yazılmasını kolaylaştırır.
2. **Dinamik Yazım**: Değişken türlerinin önceden belirtilmesine gerek yoktur.
3. **Geniş Standart Kütüphane**: Python, "pil dahil" felsefesiyle, birçok görevi gerçekleştirmek için hazır modüller sunar.
4. **Çok Paradigmalı**: Nesne yönelimli, prosedürel ve fonksiyonel programlama stillerini destekler.
5. **Platform Bağımsızlığı**: Python kodları, farklı işletim sistemlerinde çalışabilir.
6. **Yorumlanan Dil**: Derlemeye gerek kalmadan doğrudan çalıştırılabilir.

Python, web geliştirme, veri analizi, yapay zeka, bilimsel hesaplama ve otomasyon gibi çeşitli alanlarda yaygın olarak kullanılmaktadır. Özellikle son yıllarda, veri bilimi ve makine öğrenmesi alanlarındaki popülaritesi ile öne çıkmıştır.

Dilin basitliği ve güçlü özellikleri, hem yeni başlayanlar hem de deneyimli programcılar arasında tercih edilmesini sağlamıştır. Python, sürekli gelişen ve büyüyen bir topluluk tarafından desteklenmektedir ve düzenli olarak güncellenmektedir.

Python'un "Merhaba Dünya" örneği şu şekildedir:

Örnek

```
print("Merhaba Dünya!")
```

Bu basit örnek, Python'un kodlama felsefesini yansıtmaktadır: basit, anlaşılır ve etkili.

- **1995: Java** dili piyasaya sürüldü. "Bir kez yaz, her yerde çalıştır" felsefesiyle popüler oldu.

Java programlama dili, 1995 yılında Sun Microsystems tarafından James Gosling önderliğindeki bir ekip tarafından geliştirildi ve piyasaya sürüldü. Java'nın en önemli özelliği, "Bir kez yaz, her yerde çalıştır" (Write Once, Run Anywhere) felsefesiydi. Bu yaklaşım, Java programlarının platform bağımsız olmasını sağladı; yani bir kez yazılan kod, farklı işletim sistemleri ve donanımlar üzerinde değişiklik yapılmadan çalıştırılabiliyordu. Java, bu özelliği sayesinde web uygulamaları, kurumsal yazılımlar ve mobil cihaz uygulamaları gibi geniş bir yelpazede kullanım alanı buldu. Nesne yönelimli programlama paradigmasını benimseyen Java, güçlü bir tip sistemine, otomatik bellek yönetimine ve kapsamlı bir standart kütüphaneye sahipti. Bu özellikler, Java'yı hem yeni başlayanlar için öğrenmesi kolay, hem de büyük ölçekli projeler için güvenilir bir dil haline getirdi. Java'nın bu avantajları, kısa sürede endüstri standardı haline gelmesini ve günümüzde hala en popüler programlama dillerinden biri olmasını sağladı.

## Web ve Betik Dilleri Dönemi (1990'lar - 2000'ler)

### - 1995: PHP

PHP (PHP: Hypertext Preprocessor), 1995 yılında Rasmus Lerdorf tarafından geliştirilen, özellikle web uygulamaları için tasarlanmış açık kaynaklı bir sunucu tarafı betik dilidir. Başlangıçta "Personal Home Page Tools" olarak adlandırılan PHP, zamanla gelişerek güçlü bir web programlama dili haline geldi. PHP'nin en önemli özelliklerinden biri, HTML içine gömülebilmesi ve böylece dinamik web sayfaları oluşturulmasına olanak sağlamasıdır. Veritabanı entegrasyonu, oturum yönetimi ve form işleme gibi web geliştirme için kritik özellikleri kolayca gerçekleştirebilmesi, PHP'yi popüler kılan faktörlerdendir. Sözdiziminin öğrenmesi kolay olması ve geniş bir topluluk desteğine sahip olması, PHP'nin özellikle küçük ve orta ölçekli web projeleri için tercih edilmesini sağlamıştır. WordPress, Drupal ve Joomla gibi popüler içerik yönetim sistemleri PHP ile geliştirilmiştir. Günümüzde PHP, web sunucularının büyük bir kısmında kullanılmakta ve sürekli geliştirilmeye devam etmektedir.

**JavaScript, 1995** yılında Netscape tarafından Brendan Eich öncülüğünde geliştirilen, başlangıçta web tarayıcıları için tasarlanmış dinamik bir programlama dilidir. İlk amacı web sayfalarına interaktiflik katmak olan JavaScript, zamanla web geliştirmenin vazgeçilmez bir parçası haline geldi. Tarayıcı tarafında çalışan (client-side) bir dil olarak başlayan JavaScript, Node.js'in geliştirilmesiyle sunucu tarafında da (server-side) kullanılmaya başlandı. Bu gelişme, JavaScript'in "tam yığın" (full-stack) web geliştirme için kullanılmasını mümkün kıldı. Nesne tabanlı, fonksiyonel ve imperatif programlama paradigmalarını destekleyen çok yönlü bir dil olan JavaScript, web uygulamalarının yanı sıra mobil uygulama geliştirme (React Native gibi frameworkler ile), masaüstü uygulama geliştirme (Electron gibi platformlar ile) ve hatta oyun geliştirme alanlarında da kullanılmaktadır. ECMAScript standardı altında sürekli gelişen JavaScript, modern web teknolojilerinin temel taşlarından biri olarak kabul edilmektedir.

**- 2000: C#** dili Microsoft tarafından geliştirildi. .NET Framework için tasarlandı.

C# (C Sharp), Microsoft tarafından 2000 yılında Anders Hejlsberg liderliğindeki bir ekip tarafından geliştirilen, modern, nesne yönelimli bir programlama dilidir. .NET Framework için özel olarak tasarlanan C#, Java ve C++'ın güçlü yönlerini birleştirerek, Windows platformu için güvenli, verimli ve çok amaçlı bir dil olarak ortaya çıkmıştır. C#, syntax açısından C ailesine benzerlik gösterirken, güçlü tip kontrolü, otomatik çöp toplama (garbage collection), ve kapsamlı bir sınıf kütüphanesi gibi özellikleriyle öne çıkar. Başlangıçta Windows uygulamaları geliştirmek için kullanılan C#, zamanla web uygulamaları (ASP.NET ile), mobil uygulamalar (Xamarin ile), oyun geliştirme (Unity ile) ve hatta cross-platform uygulamalar (.NET Core ile) için de tercih edilen bir dil haline gelmiştir. Microsoft'un açık kaynak stratejisi doğrultusunda

C# ve .NET ekosistemi, platformlar arası uyumluluğa ve topluluk katkılarına daha açık hale gelmiştir. Düzenli güncellemelerle sürekli gelişen C#, modern yazılım geliştirme ihtiyaçlarına cevap veren, endüstri standardı bir dil olarak kabul edilmektedir.

### Modern Dönem (2010'lar - Günümüz)

2010'lardan günümüze kadar olan dönem, programlama dillerinin çeşitliliği ve uzmanlık alanlarına göre özelleşmesi ile karakterize edilir. Bu dönemde, teknolojinin hızlı gelişimi ve değişen ihtiyaçlar doğrultusunda, programlama dilleri de evrim geçirmeye devam etmiştir. Büyük veri, yapay zeka, mobil teknolojiler ve bulut bilişim gibi alanların önem kazanmasıyla, bu alanlara özgü diller ve frameworklar ortaya çıkmıştır. Aynı zamanda, mevcut diller de bu yeni gereksinimlere adapte olmuştur. Bu dönem, programlama paradigmalarının çeşitlenmesi, dillerin daha anlatımcı ve güçlü hale gelmesi ve geliştirme süreçlerinin otomasyonu gibi trendlerle şekillenmiştir.

#### *Fonksiyonel programlama dillerinin yükselişi*

Fonksiyonel programlama, son yıllarda popülerlik kazanan bir paradigma olmuştur. Bu yaklaşım, programları matematiksel fonksiyonlar olarak ele alır ve yan etkilerden kaçınmayı hedefler. Scala ve Haskell gibi diller, bu paradigmanın öne çıkan örnekleridir. Scala, Java sanal makinesi üzerinde çalışarak Java ekosistemi ile uyumluluk sağlarken, fonksiyonel ve nesne yönelimli programlamayı birleştirir. Haskell ise saf bir fonksiyonel dil olarak, akademik çevrelerde ve endüstride, özellikle karmaşık problemlerin çözümünde kullanılmaktadır. Bu diller, paralel işleme ve büyük veri uygulamalarında etkinlikleriyle öne çıkmakta, ayrıca kod kalitesi ve bakım kolaylığı açısından avantajlar sunmaktadır.

#### *Veri bilimi ve yapay zeka için özelleşmiş dillerin popülerleşmesi*

Veri bilimi ve yapay zeka alanlarının hızlı gelişimi, bu alanlara özel programlama dillerinin önem kazanmasına yol açmıştır. R dili, istatistiksel hesaplamalar ve veri analizi için güçlü bir araç olarak öne çıkarken, Julia dili yüksek performanslı bilimsel hesaplamalar için tasarlanmıştır. Bu diller, büyük veri setlerini işleme, karmaşık algoritmaları uygulama ve sonuçları görselleştirme konularında özelleşmiş kütüphaneler ve araçlar sunmaktadır. Ayrıca, Python gibi genel amaçlı diller de, veri bilimi ve yapay zeka için geniş ekosistemler geliştirerek bu alanda yaygın kullanım kazanmıştır. Bu diller, akademik araştırmalardan endüstriyel uygulamalara kadar geniş bir yelpazede kullanılmakta ve sürekli geliştirilmektedir.

#### *Mobil uygulama geliştirme için yeni dillerin ve teknolojilerin ortaya çıkışı*

Akıllı telefonların ve tabletlerin yaygınlaşmasıyla birlikte, mobil uygulama geliştirme önemli bir alan haline gelmiştir. Bu ihtiyaca cevap olarak, özellikle mobil platformlar için optimize edilmiş yeni programlama dilleri ve framework'ler ortaya çıkmıştır.

**Platform-spesifik diller:**

**Swift**: Apple tarafından geliştirilen Swift, iOS ve macOS uygulamaları için modern, güvenli ve hızlı bir dil olarak sunulmuştur.

**Kotlin**: Google tarafından desteklenen Kotlin, Java ile tam uyumlu olarak Android geliştirme için popüler bir seçenek haline gelmiştir.

**Cross-platform çözümler:**

**Dart ve Flutter**: Google'ın geliştirdiği Dart dili ve Flutter framework'ü, iOS ve Android platformları için tek bir kod tabanından yüksek performanslı, görsel açıdan zengin uygulamalar geliştirmeyi mümkün kılmıştır.

**React Native**: Facebook tarafından geliştirilen React Native, JavaScript kullanarak iOS ve Android için native uygulamalar geliştirmeye olanak tanıyan açık kaynaklı bir framework'tür. React Native, web geliştiricilerinin mobil uygulama geliştirme dünyasına kolayca girmesini sağlamış ve "write once, run anywhere" (bir kez yaz, her yerde çalıştır) felsefesini mobil dünyaya taşımıştır.

Bu yeni diller ve framework'ler, geleneksel yaklaşımlara göre çeşitli avantajlar sunmaktadır:

- Daha temiz ve modern syntax
- Gelişmiş performans
- Platform spesifik özelliklere kolay erişim
- Hızlı geliştirme süreçleri
- Cross-platform geliştirme imkanı

Cross-platform çözümler, tek bir kod tabanından birden fazla platforma uygulama geliştirme imkanı sunarak, geliştirme sürecini hızlandırmış, maliyetleri düşürmüş ve daha geniş bir kullanıcı kitlesine ulaşmayı kolaylaştırmıştır. Ancak, her platformun kendine özgü tasarım prensipleri ve kullanıcı deneyimi beklentileri olduğundan, geliştiriciler hala platform-spesifik optimizasyonlar yapmak durumunda kalabilmektedir.

Bu gelişmeler, mobil uygulama geliştirme ekosistemini zenginleştirmiş, farklı ihtiyaçlara ve tercihlere yönelik çeşitli seçenekler sunmuştur. Geliştiriciler, projenin gereksinimlerine, hedef kitleye ve kendi uzmanlık alanlarına göre bu teknolojiler arasından seçim yapabilmektedir.

## Sonuç

Programlama dillerinin tarihsel gelişimi, bilgisayar biliminin ilerlemesini ve yazılım geliştirme paradigmalarının evrimini yansıtır. İlk programlama dilleri, temel matematiksel ve mantıksal işlemleri gerçekleştirmek için tasarlanmışken, zamanla daha karmaşık ve çeşitli ihtiyaçlara yanıt verecek şekilde evrilmiştir. Bu süreçte, her yeni dil, önceki dillerin sınırlamalarını aşmak ve yeni teknolojik gereksinimlere uygun çözümler sunmak için geliştirilmiştir.

Programlama dillerinin gelişim süreci, yazılım dünyasının dinamik yapısını ve teknolojinin hızla ilerleyişini göstermektedir. Her yeni dil, kendinden önceki dillerin en iyi özelliklerini alıp geliştirerek ve yeni özellikler ekleyerek evrimleşmiştir. Bu sürekli gelişim, yazılımın daha verimli, güvenilir ve esnek hale gelmesini sağlamıştır. Ayrıca, farklı programlama paradigmalarının (yapısal, nesne yönelimli, fonksiyonel vb.) ortaya çıkışı, yazılım geliştirme yöntemlerinde büyük değişimlere yol açmıştır.

Sonuç olarak, programlama dillerinin zengin tarihi, modern yazılım geliştirme tekniklerinin temelini oluşturmakta ve bu dillerin evrimi, yazılım dünyasının sürekli olarak kendini yenilemesini ve gelişmesini sağlamaktadır. Yazılım dünyasının dinamik yapısı ve teknolojinin hızla ilerlemesi, programlama dillerinin evrimsel sürecini etkileyen temel faktörlerdir. Bu evrimsel süreç, programlama dünyasında yenilikçiliği ve ilerlemeyi teşvik ederek, daha verimli ve güçlü yazılım çözümlerinin geliştirilmesine olanak tanır.

## Alıştırmalar

1. "Analytical Engine Order Code" ne anlama gelir ve neden ilk programlama dili olarak kabul edilir?
2. "Hello, World!" programı hangi programlama dilinde ve kim tarafından yazılmıştır?
3. Prosedürel programlama ve yapısal programlama arasındaki temel farklar nelerdir?
4. "Analytical Engine" veya "ENIAC" gibi tarihteki önemli bir bilgisayarın geliştirilme sürecini ve programlama üzerindeki etkisini araştırın.
5. Kitapta bahsedilen FORTRAN, LISP veya COBOL gibi erken dönem programlama dillerinden birini seçerek, o dilin dönemin teknolojisine ve ihtiyaçlarına nasıl bir çözüm getirdiğini inceleyen bir rapor hazırlayın.
6. C programlama dilinin geliştirilme sürecini ve programlama dünyasına getirdiği yenilikleri araştırın.
7. Erken dönem programlama dillerinden biri olan FORTRAN, LISP veya COBOL'un, günümüzde kullanılan programlama dillerine hangi yönlerden etki ettiğini tartışınız.
8. Assembly dili ile yüksek seviyeli programlama dillerinin avantaj ve dezavantajlarını karşılaştıran kısa bir değerlendirme metni yazınız.

9. Programlamanın tarihsel gelişimini dikkate alarak, donanım gelişimi ile programlama dilleri arasındaki ilişkiyi açıklayınız.

10. Yapısal programlamanın, programların okunabilirliği ve hata oranı üzerindeki etkisini örneklerle değerlendiriniz.

11. Tarihteki önemli bir programlama dili veya bilgisayarı (Analytical Engine, ENIAC, FORTRAN, C vb.) seçerek:
    Geliştirilme amacını
    Çözdüğü temel problemleri
    Programlama dünyasına katkılarını
    içeren 2–3 sayfalık kısa bir rapor hazırlayınız.

12. "Programlama dilleri neden sürekli evrim geçirmektedir?" sorusunu merkeze alarak, geçmişten günümüze programlama dillerinin değişimini eleştirel bir bakış açısıyla analiz ediniz.

# 02 TEMEL PROGRAMLAMA KAVRAMLARI

*"Bilgisayarlar sadece onlara ne yapmaları gerektiği söylenirse çalışır."*

*(Alan Turing)*

## 2.1. Prosedürel programlama

Prosedürel programlama, bilgisayar programlamasında yaygın olarak kullanılan bir paradigmadır. Bu yaklaşım, programın yapısını prosedürler (veya fonksiyonlar) etrafında organize eder. İşte prosedürel programlamanın temel özellikleri ve prensipleri:

1. Prosedürler ve Fonksiyonlar:
    - Program, belirli görevleri yerine getiren prosedürler veya fonksiyonlar olarak adlandırılan alt programlara bölünür.
    - Bu alt programlar, ana programdan çağrılarak çalıştırılır.

1. Sıralı Yürütme:
    - Talimatlar, genellikle yukarıdan aşağıya doğru sıralı bir şekilde yürütülür.

2. Değişkenler ve Veri Yapıları:
    - Veriler, değişkenler ve veri yapıları içinde saklanır ve işlenir.

3. Genel ve Yerel Değişkenler:
    - Değişkenler, tüm program boyunca erişilebilen genel (global) veya sadece belirli bir prosedür içinde kullanılabilen yerel (local) olabilir.

4. Parametre Geçişi:
    - Prosedürler arasında veri alışverişi, parametre geçişi yoluyla gerçekleştirilir.

5. Yeniden Kullanılabilirlik:
    - Prosedürler, programın farklı bölümlerinde tekrar kullanılabilir, bu da kod tekrarını azaltır.

6. Modülerlik:
    - Program, işlevsel modüller halinde organize edilir, bu da bakım ve hata ayıklamayı kolaylaştırır.

7. Top-Down Yaklaşımı:
    - Problemler, daha küçük ve yönetilebilir alt problemlere bölünür ve her biri için ayrı prosedürler yazılır.

8. Kontrol Yapıları:
    - If-else, switch-case, for, while gibi yapılar kullanılır.

9. Veri Akışı:
    - Program akışı, veri üzerinde yapılan işlemlere odaklanır.

Prosedürel programlama, FORTRAN, COBOL, Pascal ve C gibi dillerde yaygın olarak kullanılmıştır. Bu paradigma, özellikle orta ölçekli programlar için etkilidir ve yapısal programlamanın temel ilkelerini içerir.

Prosedürel programlama, nesne yönelimli programlama gibi daha modern paradigmaların öncüsü olmuştur. Günümüzde hala birçok uygulamada ve sistemde kullanılmaktadır, özellikle basit ve doğrusal görevler için tercih edilmektedir.

## 2.2. Yapısal programlama

Yapısal programlama, 1960'ların sonları ve 1970'lerin başlarında ortaya çıkan bir programlama paradigmasıdır. [Edsger Dijkstra'nın 1968'de yayınlanan "Go To Statement Considered Harmful" makalesi, yapısal programlamanın temellerini attı.] Bu yaklaşım, programların daha anlaşılır, bakımı kolay ve hatasız olmasını sağlamak amacıyla geliştirilmiştir. İşte yapısal programlamanın temel özellikleri ve prensipleri:

1. Kontrol Yapıları:
   - Yapısal programlama, karmaşık "goto" ifadelerinin yerine üç temel kontrol yapısını kullanır: a) Sıralı yürütme b) Seçim (if-then-else) c) Tekrar (for, while döngüleri)
2. Alt Programlar:
   - Kod, işlevsel parçalara (fonksiyonlar veya prosedürler) bölünür.
   - Bu, kodun yeniden kullanılabilirliğini ve okunabilirliğini artırır.
3. Blok Yapısı:
   - Kod, mantıksal bloklar halinde organize edilir.
   - Her blok, belirli bir görevi yerine getirir.
4. Kapsam (Scope):
   - Değişkenlerin kullanım alanları sınırlandırılır.
   - Bu, yan etkileri azaltır ve hata ayıklamayı kolaylaştırır.
5. Top-Down Tasarım:
   - Problemler, daha küçük ve yönetilebilir alt problemlere bölünür.

6. Modülerlik:
   - Program, bağımsız modüller halinde organize edilir.
   - Bu, büyük programların daha kolay yönetilmesini sağlar.
7. Okunabilirlik:
   - Kod, daha anlaşılır ve bakımı kolay hale gelir.
8. Hata Ayıklama:
   - Yapısal kodun hata ayıklaması daha kolaydır.

Yapısal programlamanın öncüleri arasında Edsger Dijkstra, Niklaus Wirth ve C.A.R. Hoare gibi bilgisayar bilimciler yer alır. Bu paradigma, ALGOL, Pascal ve C gibi dillerin geliştirilmesinde önemli rol oynamıştır.

Yapısal programlama, modern yazılım geliştirme pratiklerinin temelini oluşturmuş ve nesne yönelimli programlama gibi daha ileri paradigmaların geliştirilmesine öncülük etmiştir.

## 2.3. Prosedürel Programlama ile Yapısal programlamanın benzerlikleri ve farkları

Tarihsel olarak bakıldığında, prosedürel programlama yapısal programlamadan daha eski bir kavramdır. Ancak bu iki paradigma birbiriyle yakından ilişkilidir ve zaman içinde birlikte evrilmişlerdir.

1. Prosedürel Programlama:
   - Prosedürel programlamanın kökleri 1950'lerin sonlarına ve 1960'ların başlarına dayanır.
   - FORTRAN (1957) ve COBOL (1959) gibi erken yüksek seviyeli diller, prosedürel programlama paradigmasını kullanıyordu.
   - Bu diller, programları alt programlara (prosedürler veya fonksiyonlar) bölme fikrini getirdi.
2. Yapısal Programlama:
   - Yapısal programlama kavramı, 1960'ların sonları ve 1970'lerin başlarında ortaya çıktı.
   - Edsger Dijkstra'nın 1968'de yayınlanan "Go To Statement Considered Harmful" makalesi, yapısal programlamanın temellerini attı.
   - Yapısal programlama, prosedürel programlamanın daha disiplinli ve organize bir formu olarak gelişti.
3. İlişkileri:
   - Yapısal programlama, prosedürel programlamanın prensiplerini alıp geliştirdi ve daha sistematik hale getirdi.
   - Yapısal programlama, prosedürel programlamaya kontrol yapıları (if-then-else, while, for) ve modüler tasarım gibi kavramları ekledi. (Bkz. 9.3 Döngüler - Tekrar Yapıları, 163)
   - "Goto" ifadesinin kullanımını sınırlandırarak kod akışını daha öngörülebilir hale getirdi.
4. Evrim:
   - Zaman içinde, prosedürel programlama yapısal programlamanın prensiplerini benimsedi.
   - Modern anlamda prosedürel programlama, genellikle yapısal programlama prensiplerini de içerir.

## 2.4. Fonksiyonel programlama

Fonksiyonel programlama, matematiksel fonksiyonlar kavramı üzerine kurulu bir programlama paradigmalarıdır. Bu yaklaşımda, programlar, bir dizi değiştirilemez veri yapıları ve saf fonksiyonlardan oluşur. Fonksiyonel programlama, yan etkisiz hesaplamalar ve değişmezlik (immutability) ilkeleri ile karakterizedir, bu da kodun daha öngörülebilir ve test edilebilir olmasını sağlar.

Fonksiyonel programlama dillerinde fonksiyonlar, birinci sınıf vatandaşlar olarak kabul edilir. Bu, fonksiyonların değişkenler gibi tanımlanabileceği, parametre olarak geçirilebileceği ve diğer fonksiyonlardan döndürülebileceği anlamına gelir. Bu özellikler, daha modüler ve yeniden kullanılabilir kod yazmayı teşvik eder.

Fonksiyonel programlamada yan etkilerden kaçınılması, yani fonksiyonların dış dünyayı değiştirmemesi, paralel işlemeyi ve çok çekirdekli işlemcilerin verimli kullanımını kolaylaştırır. Bu, büyük veri işleme ve gerçek zamanlı uygulamalar gibi performansın kritik olduğu alanlarda fonksiyonel programlamayı cazip kılar.

Öne çıkan fonksiyonel programlama dilleri arasında Haskell, Erlang, ve Lisp bulunur. Ancak, Python, JavaScript ve Java gibi popüler diller de fonksiyonel programlama özelliklerini desteklemektedir. Bu dillerde, fonksiyonel programlama tarzında yazmak mümkündür, bu da fonksiyonel programlamanın avantajlarını daha geniş bir programcı kitlesine sunar.

Sonuç olarak, fonksiyonel programlama, yazılım geliştirme sürecinde kodun güvenilirliğini, test edilebilirliğini ve performansını artırmak için güçlü bir araçtır. Değişmezlik ve saf fonksiyonlar gibi temel ilkeler, bu paradigmaların diğer programlama yaklaşımlarından ayrılmasını sağlar ve modern yazılım mühendisliğinde önemli bir rol oynar.

## 2.5.Nesne yönelimli programlama

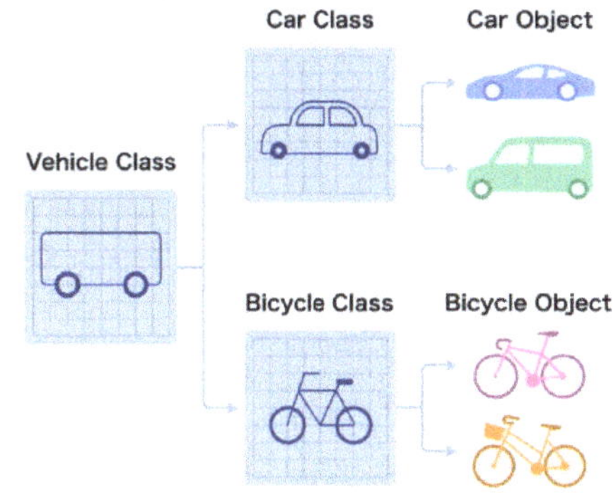


Nesne Yönelimli Programlama (OOP), yazılım geliştirme sürecinde veri ve fonksiyonları bir arada tutan nesneler aracılığıyla organize eden bir programlama paradigmasıdır. OOP, temel olarak dört ana kavram etrafında şekillenir: sınıflar (classes), nesneler (objects), kalıtım (inheritance) ve çok biçimlilik (polymorphism). Bu yaklaşım, yazılımın daha modüler, esnek ve yeniden kullanılabilir olmasını sağlar. Sınıflar, veri yapıları ve bu veriler üzerinde işlem yapan fonksiyonları tanımlar. Nesneler ise bu sınıfların somut örnekleridir. Kalıtım, bir sınıfın özelliklerini ve davranışlarını başka bir sınıfa aktararak kod tekrarını azaltır. Çok biçimlilik ise aynı işlemin farklı nesneler üzerinde farklı şekillerde uygulanabilmesini sağlar. OOP, büyük ve karmaşık yazılım projelerinde kodun daha yönetilebilir ve sürdürülebilir olmasını sağlar.

## 2.6. Yorumlamak (Interpretation)

Yorumlama, bir programın kaynak kodunu satır satır okuyan ve her satırı anında çalıştıran bir işlemdir. Yorumlayıcı, kodu çalıştırırken her bir komutu tek tek değerlendirir ve sonuçları anında üretir. Bu, programı çalıştırırken hızlı geri bildirim sağlar ve hata ayıklamayı kolaylaştırır. Ancak, yorumlanan programlar genellikle derlenmiş programlardan daha yavaş çalışır, çünkü her çalışma sırasında kaynak kodunun tekrar tekrar analiz edilmesi gerekir. Python, JavaScript ve Ruby gibi diller genellikle yorumlayıcı kullanır.

## 2.7. Derlemek (Compilation)

Derleme, bir programın kaynak kodunu bir seferde okuyan ve bunu makine diline dönüştüren bir işlemdir. Derleyici, kaynak kodunu analiz eder, optimize eder ve yürütülebilir bir dosya (genellikle .exe veya .out) oluşturur. Bu yürütülebilir dosya, daha sonra doğrudan işletim sistemi tarafından çalıştırılabilir. Derlenmiş programlar genellikle daha hızlı çalışır, çünkü kod bir kez derlendikten sonra tekrar analiz edilmez ve doğrudan makine dili komutları çalıştırılır. Ancak, derleme süreci zaman alabilir ve kodda yapılan değişiklikler için yeniden derleme gerektirir. C, C++ ve Java gibi diller genellikle derleyici kullanır.

- Değişkenler ve Veri Türleri: Değişkenlerin tanımlanması, temel veri türleri (int, float, string) gibi kavramlar.

- Operatörler: Aritmetik, karşılaştırma ve mantıksal operatörlerin kullanımı.

### Alıştırmalar

1. Prosedürel programlama, yapısal programlama, fonksiyonel programlama ve nesne yönelimli programlama (OOP) arasındaki temel farklılıkları ve birbirlerine göre avantaj ve dezavantajlarını açıklayın.
2. Yorumlama (interpretation) ve derleme (compilation) süreçlerinin nasıl çalıştığını ve birbirlerinden hangi noktalarda ayrıldığını örneklerle açıklayın.
3. Bir programlama dilinin derlenmiş mi yoksa yorumlanmış mı olduğunun, dilin performansı ve kullanım alanı üzerindeki etkileri nelerdir?
4. Nesne yönelimli programlamanın (OOP) temel ilkelerini (kalıtım, polimorfizm, kapsülleme vb.) araştırın ve bu ilkelerin gerçek hayattan bir problemi çözmek için nasıl kullanılabileceğini anlatan bir senaryo oluşturun.
5. Kitapta bahsedilen Python, Java, JavaScript ve C# gibi dillerden ikisini seçin. Bu dillerin yorumlama veya derleme süreçlerini araştırın ve bu durumun, dillerin popülaritesi ve kullanım alanları üzerindeki etkilerini karşılaştırın.
6. Programlama paradigmalarının (yapısal, fonksiyonel, nesne yönelimli vb.) tarihsel gelişimini ve bu gelişimdeki önemli kilometre taşlarını (örneğin, bir dilin yeni bir paradigmayı popüler hale getirmesi) inceleyen bir sunum hazırlayın.

03

# SAYI SİSTEMLERİ

Bilgisayarlar, verileri ve talimatları sayısal biçimde işler. Bu sayısal ifadeler, farklı tabanlarda temsil edilebilir. Sayı sistemleri, bir sayının belirli bir tabanda nasıl ifade edildiğini tanımlar. Bu bölümde, bilgisayar bilimlerinde ve programlamada sıkça kullanılan sayı sistemlerini inceleyeceğiz: onlu (decimal), ikili (binary), sekizli (octal) ve onaltılı (hexadecimal) sayı sistemleri.

## 3.1.Sayı Sistemlerine Giriş

Sayı Sistemi Nedir?

Bir sayı sistemi, belirli bir tabana (radix) göre sayıları ifade etme yöntemidir. Tabana bağlı olarak kullanılan sembol seti ve bu sembollerin pozisyon değerleri değişir.

Taban (Radix): Bir sayı sisteminde kullanılan farklı sembollerin toplam sayısıdır. Örneğin, onlu sayı sisteminde taban 10'dur ve 0'dan 9'a kadar olan sembolleri kullanır.

Neden Farklı Sayı Sistemleri Kullanılır?

İkili (Binary) Sistem: Bilgisayarlar, elektriksel devreler nedeniyle iki durumu (açık/kapalı) temsil eden ikili sistemi kullanır. İkili sayı sistemi, sadece iki sembol kullanır: 0 ve 1. Bilgisayarların temel çalışma mantığı bu sayı sistemine dayanır.

Onaltılı (Hexadecimal) ve Sekizli (Octal) Sistemler: İkili sayı sistemindeki uzun sayıların daha okunabilir biçimlerde temsil edilmesini sağlar. Sekizli sistemler: 0, 1, 2, 3, 4, 5, 6, 7 sembollerini kullanır. Onaltılı sistemler 0, 1, 2, 3, 4, 5, 6, 7, 8, 9, A (10), B (11), C (12), D (13), E (14), F (15) sembollerini kullanır. Onaltılı sayı sistemi, özellikle bellek adreslemeleri ve renk kodlamalarında yaygın olarak kullanılır.

Bu tabloyu kullanarak, onluk sistemdeki sayıların diğer sayı sistemlerindeki karşılıklarını kolayca görebilirsiniz.

**Sayı Sistemleri Dönüşüm Tablosu**

| Onluk (Decimal) | İkili (Binary) | Sekizli (Octal) | Onaltılı (Hexadecimal) |
|---|---|---|---|
| 0 | 0 | 0 | 0 |
| 1 | 1 | 1 | 1 |
| 2 | 10 | 2 | 2 |
| 3 | 11 | 3 | 3 |
| 4 | 100 | 4 | 4 |
| 5 | 101 | 5 | 5 |
| 6 | 110 | 6 | 6 |
| 7 | 111 | 7 | 7 |
| 8 | 1000 | 10 | 8 |
| 9 | 1001 | 11 | 9 |
| 10 | 1010 | 12 | A |
| 11 | 1011 | 13 | B |
| 12 | 1100 | 14 | C |
| 13 | 1101 | 15 | D |
| 14 | 1110 | 16 | E |
| 15 | 1111 | 17 | F |
| 16 | 10000 | 20 | 10 |
| 17 | 10001 | 21 | 11 |
| 18 | 10010 | 22 | 12 |
| 19 | 10011 | 23 | 13 |
| 20 | 10100 | 24 | 14 |
| 21 | 10101 | 25 | 15 |
| 22 | 10110 | 26 | 16 |
| 23 | 10111 | 27 | 17 |
| 24 | 11000 | 30 | 18 |
| 25 | 11001 | 31 | 19 |
| 26 | 11010 | 32 | 1A |
| 27 | 11011 | 33 | 1B |
| 28 | 11100 | 34 | 1C |
| 29 | 11101 | 35 | 1D |
| 30 | 11110 | 36 | 1E |
| 31 | 11111 | 37 | 1F |
| 32 | 100000 | 40 | 20 |

## 3.2. Onluk Sistemden Diğer Sayı Sistemlerine Dönüşüm Formülleri

Bölme işlemi, sayının hedef tabandaki basamak değerlerini bulmamızı sağlar. Kalanlar, basamak değerlerini temsil eder ve ters sırada yazılır çünkü en düşük basamaktan en yüksek basamağa doğru ilerleriz. Taban Değeri (Base): Hedef sayı sisteminin tabanıdır (örneğin, ikili için 2, sekizli için 8, onaltılı için 16).

| Hedef Sayı Sistemi | Taban (Base) | Dönüşüm Yöntemi veya Formülü | Örnek |
|---|---|---|---|
| **İkili (Binary)** | 2 | Bölme-Yöntemi:<br>- Onluk sayıyı 2'ye böl.<br>- Bölüm 0 olana kadar bölmeye devam et.<br>- Her adımda kalanı kaydet.<br>- Kalanları ters sırada yaz. | Onluk Sayı: 13<br><br>13 ÷ 2 = 6 kalan 1<br>6 ÷ 2 = 3 kalan 0<br>3 ÷ 2 = 1 kalan 1<br>1 ÷ 2 = 0 kalan 1<br><br>İkili Karşılık: 1101 |
| **Sekizli (Octal)** | 8 | Bölme-Yöntemi:<br>- Onluk sayıyı 8'e böl.<br>- Bölüm 0 olana kadar bölmeye devam et.<br>- Her adımda kalanı kaydet.<br>- Kalanları ters sırada yaz. | Onluk Sayı: 83<br><br>83 ÷ 8 = 10 kalan 3<br>10 ÷ 8 = 1 kalan 2<br>1 ÷ 8 = 0 kalan 1<br><br>Sekizli Karşılık: 123 |
| **Onaltılı (Hexadecimal)** | 16 | Bölme-Yöntemi:<br>- Onluk sayıyı 16'ya böl.<br>- Bölüm 0 olana kadar bölmeye devam et.<br>- Her adımda kalanı kaydet.<br>- Kalanlar 10-15 arasında ise A-F harflerini kullan.<br>- Kalanları ters sırada yaz. | Onluk Sayı: 254<br><br>254 ÷ 16 = 15 kalan 14 (E)<br>15 ÷ 16 = 0 kalan 15 (F)<br><br>Onaltılı Karşılık: FE |

## 3.3. Sayı Sistemlerinden Onluk Sisteme Dönüşüm Formülleri

| Sayı Sistemi | Taban | Onluğa Dönüştürme Formülü | Örnek |
|---|---|---|---|
| İkili (**Binary**) | 2 | $Onluk\ Değer = \sum_{k=0}^{n-1} Basamak\ Değeri_k\ x\ 2^k$<br><br>Basamak pozisyonları sağdan sola 0'dan başlar. | İkili Sayı: $1101_2$<br><br>Hesaplama:<br>$1\times2^3 + 1\times2^2 + 0\times2^1 + 1\times2^0 = 8 + 4 + 0 + 1 = \mathbf{13_{10}}$ |
| **Sekizli (Octal)** | 8 | $Onluk\ Değer = \sum_{k=0}^{n-1} Basamak\ Değeri_k\ x\ 8^k$ | **Sekizli Sayı:** $157_8$<br><br>Hesaplama:<br>$1\times8^2 + 5\times8^1 + 7\times8^0 = 64 + 40 + 7 = \mathbf{111_{10}}$ |

| | | | |
|---|---|---|---|
| **Onaltılı (Hexadecimal)** | 16 | *Onluk Değer* $= \sum_{k=0}^{n-1} Basamak\ Değeri_k\ x\ 16^k$<br>Basamak pozisyonları sağdan sola 0'dan başlar. Basamak değerleri A-F ise 10-15 arası değerlere karşılık gelir. | **Onaltılı Sayı:** $2F_{16}$<br>Hesaplama:<br>$2 \times 16^1 + F \times 16^0 = 32 + 15 = \mathbf{47_{10}}$<br>(F = 15) |

## 3.4. Sayı Sistemlerinin Programlamada Kullanımı

C programlama dilinde farklı sayı sistemlerindeki sabitleri göstermek için özel gösterimler kullanılır.

### İkili Sayılar

C standardında doğrudan ikili sayı gösterimi yoktur, ancak bazı derleyicilerde veya C99 ve sonrası için _ kullanılarak temsil edilebilir.

| **İkili Sayılar** | **Sekizli Sayılar** | **Onaltılı Sayılar** |
|---|---|---|
| `int binaryNumber = 0b1101; // '0b' ön ekiyle ikili sayı` | `int octalNumber = 075; // Onlu karşılığı 61` | `int hexNumber = 0x1A3; // Onlu karşılığı 419`<br>Onaltılı sayılar, **0x** veya **0X** ön ekiyle gösterilir. |

## Sonuç

Bu bölümde, farklı sayı sistemlerini ve aralarındaki dönüşümleri inceledik. İkili, sekizli ve onaltılı sayı sistemleri, programlamada ve özellikle düşük seviyeli işlemlerde önemli bir rol oynar.

Sayı sistemleri, programlamanın ve bilgisayar bilimlerinin temel taşlarından biridir. Bu bölümde öğrendikleriniz, ileride karşılaşacağınız daha karmaşık konuların anlaşılmasında size yardımcı olacaktır. Özellikle düşük seviyeli programlama, mikrodenetleyiciler ve gömülü sistemler gibi alanlarda sayı sistemleri bilgisi vazgeçilmezdir.

Onluk sistemden diğer sayı sistemlerine dönüşüm yaparken, sayıyı hedef tabana bölerek kalanları kaydeder ve bu kalanları ters sırada yazarız. Bu yöntem, tüm sayı sistemleri için genel bir dönüşüm yöntemidir ve sayının yeni tabandaki temsilini bulmamızı sağlar.

## 3.5. Örnekler ve Alıştırmalar

**Soru:** Onlu sistemde verilen 75 sayısını ikili, sekizli ve onaltılı sistemlere dönüştürün.

**Çözüm:**

| İkili Dönüşüm: | Sekizli Dönüşüm: | Onaltılı Dönüşüm: |
|---|---|---|
| Bölüm Kalan | Bölüm Kalan | Bölüm Kalan |
| **75 ÷ 2** = 37 1 | **75 ÷ 8** = 9 3 | **75 ÷ 16** = 4 11 (B) |
| 37 ÷ 2 = 18 1 | 9 ÷ 8 = 1 1 | 4 ÷ 16 = 0 4 |
| 18 ÷ 2 = 9 0 | 1 ÷ 8 = 0 1 | Kalanlar (ters sıra): 4B |
| 9 ÷ 2 = 4 1 | Kalanlar (ters sıra): 113 | |
| 4 ÷ 2 = 2 0 | | |
| 2 ÷ 2 = 1 0 | | |
| 1 ÷ 2 = 0 1 | | |
| Kalanlar (ters sıra): 1001011 | | |

**Onluk'tan İkili'ye Dönüşüm:**

Onluk sayıyı 2'ye bölerek kalanı kaydedin. Bölüm 0 olana kadar işleme devam edin. Kalanları ters sırada yazın. Sayıyı sürekli olarak 2'ye böleriz ve her seferinde kalanı kaydederiz.

**Soru:** İkili sistemde verilen 110101 sayısını onlu, sekizli ve onaltılı sistemlere dönüştürün.

| İkili Sayı: 110101 | Sekizli sayı: 157 | Onaltılı sayı: 2F |
|---|---|---|
| $1 \times 2^5 = 32$ | $1 \times 8^2 = 64$ | $2 \times 16^1 = 32$ |
| $1 \times 2^4 = 16$ | $5 \times 8^1 = 40$ | $F \times 16^0 = 15 \times 1 = 15$ |
| $0 \times 2^3 = 0$ | $7 \times 8^0 = 7$ | Toplam: 32 + 15 = 47 |
| $1 \times 2^2 = 4$ | Toplam: 64 + 40 + 7 = 111 | |
| $0 \times 2^1 = 0$ | | |
| $1 \times 2^0 = 1$ | | |
| Toplam: 32 + 16 + 0 + 4 + 0 + 1 = 53 | | |

## Alıştırmalar:

1. Aşağıdaki ikilik sayıları onluk tabana çevirerek sonucu yazın.
2. $1011_2$ $11011_2$ $100101_2$ $1110001_2$
3. Aşağıdaki onluk sayıları ikilik tabana çevirerek sonucu yazın.
4. $23_{10}$ $59_{10}$ $128_{10}$ $255_{10}$
5. 10'luk tabandaki (decimal) bir sayıyı ikilik (binary), sekizlik (octal) ve onaltılık (hexadecimal) tabana nasıl dönüştürürsünüz? Bir örnek üzerinden adım adım açıklayın.
6. 16'lık tabandaki (hexadecimal) "3A" sayısının 10'luk taban ve 2'lik tabandaki karşılığı nedir? İşlemleri gösterin.
7. 2'lik tabandaki bir sayının 8'lik tabana veya 16'lık tabana dönüştürülmesinin pratik yolları nelerdir? Bir örnekle açıklayın.
8. Sayı sistemlerinin bilgisayar bilimlerinin gelişmesindeki önemini araştırın. Neden bilgisayarlar 2'lik sayı sistemiyle çalışır ve diğer sayı sistemleri (8'lik ve 16'lık) neden kullanılır?

*Binary (ikilik) aritmetik işlemlerini (toplama, çıkarma, çarpma) araştırın ve 2'lik tabanda basit bir toplama ve çıkarma işlemini gösterin.*

9. Sayı sistemlerinin şifreleme ve veri sıkıştırma gibi alanlarda nasıl kullanıldığını inceleyin ve bu konuda kısa bir rapor hazırlayın.

11. Onaltılı sistemde verilen 2F sayısını onlu ve ikili sistemlere dönüştürün.

12. Sekizli sistemde verilen 157 sayısını onlu ve ikili sistemlere dönüştürün.

13. **Mini Proje** – Sayı Sistemleri Simülasyonu

Bir programlama dili veya sözde kod kullanarak aşağıdaki işlemleri gerçekleştiren bir algoritma tasarlayınız:

Onluk tabandaki bir sayıyı ikilik, sekizlik ve onaltılık tabana dönüştürme

İkilik tabanda toplama ve çıkarma işlemleri

Two's complement yöntemi ile negatif sayıların gösterimi

Algoritmanın adımlarını, akış diyagramını ve örnek çıktıları gösteriniz.

# 04 C İLE PROGRAMLAMA

*"İyi yazılım, iyi bir tasarımın sonucudur."*

*Linus Torvalds*

## 4.1. İşletim sistemimizi hazırlayalım

Programlamaya başlamadan önce, C dilinde yazacağımız kodları derleyebilmek için gerekli ortamın hazır olması gerekir. İlk olarak bilgisayarımızda C derleyicisinin (compiler) kurulu olup olmadığını kontrol edelim.

**Derleyici Kontrolü**

Komut istemini açın:

***Windows:*** "Command Prompt" veya "cmd"

***macOS/Linux***: Terminal

Aşağıdaki komutu yazın:

```
gcc --version
```

***Sonucu değerlendirin:***

Eğer versiyon bilgisi görüntüleniyorsa (örn: gcc 6.3.0), derleyici sisteminizde kurulu demektir. Bu durumda bir sonraki bölüme ("İlk Programımızı Yazalım") geçebilirsiniz.

Eğer "komut bulunamadı" benzeri bir hata alıyorsanız, derleyiciyi kurmanız gerekiyor demektir.

Çok kullanılan işletim sistemleri için gerekli hazırlıklar:

*Windows için:*

1. MinGW veya Cygwin gibi bir GCC (GNU Compiler Collection) dağıtımını indirin ve kurun.
    - MinGW için: https://sourceforge.net/projects/mingw/
    - Cygwin için: https://www.cygwin.com/

1. Kurulum sırasında "gcc" ve "g++" paketlerini seçtiğinizden emin olun.
2. Kurulum tamamlandıktan sonra, Windows'un Sistem Ortam Değişkenlerinde PATH değişkenine MinGW veya Cygwin'in bin klasörünün yolunu ekleyin.
3. Komut istemini açın ve "gcc --version" komutunu çalıştırarak kurulumun başarılı olduğunu doğrulayın.

Üsteki fotografda görüldüğü gibi gcc 6.3.0 sürümü yüklenmiş durumda. Sizde farklı bir sürüm olabilir. Önemli olan derleyicinin yüklü olmasıdır.

### macOS için:

1. Xcode'u App Store'dan indirin ve kurun. Bu, Apple'ın geliştirme araçlarını içerir.
2. Xcode kurulduktan sonra, Terminal'i açın ve su komutu çalıştırın:

```
xcode-select --install
```

Bu, komut satırı araçlarını kuracaktır.

Kurulum tamamlandıktan sonra, Terminal'de "**gcc --version**" komutunu çalıştırarak kurulumun başarılı olduğunu doğrulayın.

### Linux için:

Çoğu Linux dağıtımında GCC zaten yüklüdür. Kontrol etmek için Terminal'i açın ve şu komutu çalıştırın:

```
gcc --version
```

Eğer yüklü değilse, dağıtımınıza bağlı olarak şu komutlardan birini kullanabilirsiniz:

**Ubuntu/Debian:**

```
sudo apt-get update
sudo apt-get install build-essential
```

## 4.2. İlk Programımızı yazalım

Programlama dünyasına adım atarken, ilk programımızı yazmak heyecan verici bir deneyimdir. C dilinde klasik **"Merhaba Dünya!"** programıyla başlayacağız. Bu basit program, C dilinin temel yapısını anlamamıza yardımcı olacak.

İşte adım adım ilk C programımızı nasıl yazacağımız:

1. **Metin Editörünü Açın:** Bilgisayarınızda bir metin editörü açın. Bu, Notepad, Sublime Text veya Visual Studio Code gibi herhangi bir editör olabilir.
2. **Kodu Yazın**
3. **Dosyayı Kaydedin:** Dosyayı "merhaba.c" adıyla kaydedin. ".c" uzantısı, bu dosyanın bir C kaynak kodu olduğunu belirtir.

Örnek

```
#include <stdio.h>

int main() {
printf("Merhaba Dünya!\n");
return 0;
}
```

**Kodu Açıklayalım:**

- `#include <stdio.h>`: Bu satır, standart giriş/çıkış fonksiyonlarını içeren başlık dosyasını programımıza dahil eder. *(Bkz. 16.2 Kütüphane Kullanımı s.266)*

- `int main() { ... }`: Bu, programımızın ana fonksiyonudur. Program buradan başlar ve burada biter.
- `printf("Merhaba Dünya!\n");`: Bu fonksiyon, ekrana "Merhaba Dünya!" yazısını yazdırır. "**\n**" ise yeni bir satıra geçmemizi sağlar. *(Bkz.10 Fonksiyonlar, s.177)*
- `return 0;`: Programın başarıyla tamamlandığını işletim sistemine bildirir.

**4. Programı Derleyin:** Komut satırını açın, dosyanın bulunduğu dizine gidin ve şu komutu yazın:

```
PS C:\Users\ilker\OneDrive - International VISION University\1
 VIZYON Ders Notlari\Kitap\kodlar> gcc merhaba.c -o merhaba
```

Bu komut, kaynak kodumuzu derleyecek ve "**merhaba.exe**" adında çalıştırılabilir bir dosya oluşturacaktır.

**5. Programı Çalıştırın:** Derleme başarılı olduysa, programınızı şu komutla çalıştırabilirsiniz.

```
./merhaba
```

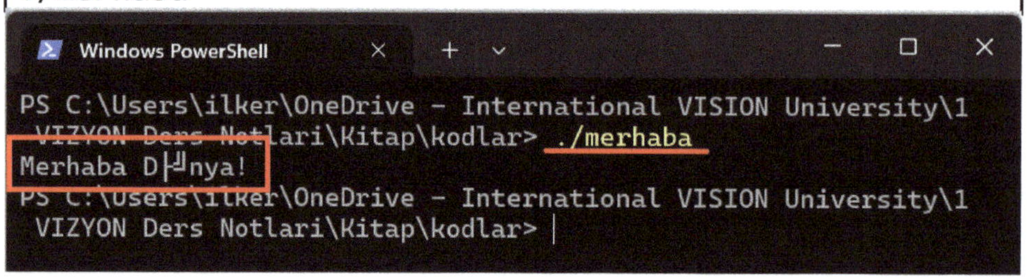


***Tebrikler!*** İlk C programınızı başarıyla yazdınız, derlediniz ve çalıştırdınız. Bu basit program, C dilinin temel yapı taşlarını içermektedir. Bu arada gördüğünüz gibi **ü** harfi doğru yazılmamış. Bu durum diğer Türkçe karakterleri (ç, ğ, ı, ö, ş, ü) için de geçerlidir.

Bu harflerin doğru düzgün ekrana yazdırılması için **locale.h** paketi kullanılmalıdır.

Örnek

```
#include <stdio.h>
#include <locale.h> // locale paketini dahil ediyoruz
int main() {
  setlocale(LC_ALL, "Turkish"); // Türkçe yerel ayarlarını yüklüyoruz.
    // "Turkish" yerine "tr_TR.UTF-8" veya
    // sisteminize uygun başka bir Türkçe yerel ayarını da kullanabilirsi-
niz.
  printf("Merhaba Dünya!\n");
  printf("Türkçe karakterler: ÇçĞğİıÖöŞşÜü\n");
  return 0;
}
```

Kodlardan çalışma sürümüne kadar gerçekleşen aşamalar.

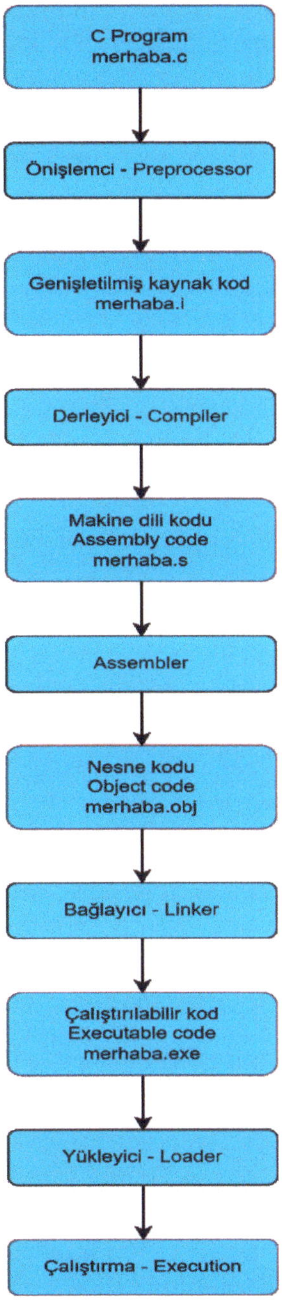


Bu fotoğraf, C programlama dilinde bir programın kaynak kodundan çalıştırılabilir dosyaya dönüşüm sürecini göstermektedir. Normal şartlarda sadece kaynak kod dosyanız (.c) ve çalıştırılabilir dosyanız (.exe) oluşur. Ara dosyalar (.i, .s, .obj) genellikle otomatik olarak oluşturulup silinir veya hiç oluşturulmaz. İşte aşamalar:

1. **C Program (hello.c)**: Programcının yazdığı kaynak kod.
2. **Preprocessor (Önişlemci)**: Kaynak kodu işler, makroları genişletir ve başlık dosyalarını ekler.
3. **Expanded source code (hello.i)**: Önişlemci tarafından genişletilmiş kaynak kod. Normalde oluşturulmaz. Oluşturmak için: `gcc -E merhaba.c -o merhaba.i` Önişlemci aşamasını görmek için kullanışlıdır.
4. **Compiler (Derleyici)**: Genişletilmiş kodu assembly diline çevirir.
5. **Assembly code (hello.s):** Derleyici tarafından üretilen assembly kodu. Normalde oluşturulmaz. Oluşturmak için: `gcc -S merhaba.c` Assembly kodunu incelemek isteyenler için faydalıdır.
6. **Assembler:** Assembly kodunu makine diline çevirir.
7. **Object code (merhaba.obj):** Assembler tarafından üretilen nesne kodu.
8. Windows'ta .obj, Unix-benzeri sistemlerde .o olarak oluşur. Normalde geçici olarak oluşturulup silinir. Kalıcı olarak oluşturmak için: `gcc -c merhaba.c` Büyük projelerde derleme süresini kısaltmak için kullanılır.
9. **Linker (Bağlayıcı):** Nesne kodunu ve gerekli kütüphaneleri birleştirir.
10. **Executable code (hello.exe):** Çalıştırılabilir program dosyası.
11. **Loader:** Çalıştırılabilir dosyayı belleğe yükler.
12. **Execution:** Program çalıştırılır.

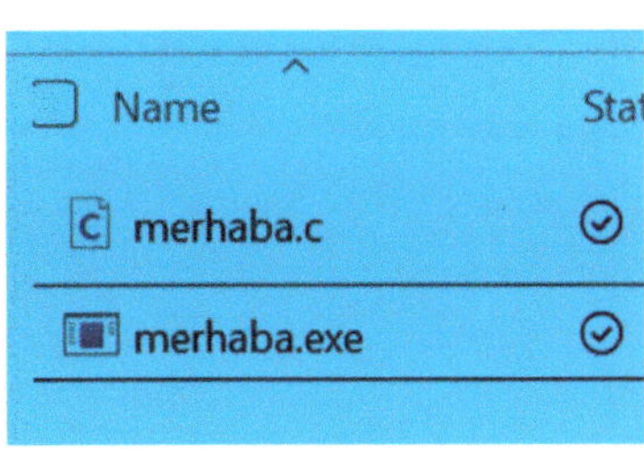


Bu süreç, bir C programının nasıl derlendiğini ve çalıştırılabilir bir dosyaya dönüştürüldüğünü adım adım göstermektedir.

Her aşama, programın bir önceki formundan bir sonraki formuna dönüşümünü temsil eder.

Bu ara dosyaları oluşturmaya genellikle gerek yoktur. Bunlar: Derleme sürecini anlamak, Hata ayıklama, Optimizasyon, Düşük seviyeli programlama, gibi özel durumlar için kullanılır. Normal kullanımda, derleyici bu aşamaları otomatik olarak halleder ve sadece son çalıştırılabilir dosyayı (**.exe**) oluşturur. Bu, çoğu programcı için yeterlidir.

```
gcc merhaba.c -o merhaba
 1      2      3    4.
```

1. gcc:
    - Bu, GNU Compiler Collection'ın çağrılmasıdır.
    - C ve C++ gibi dilleri derlemek için kullanılan bir derleyici koleksiyonudur.
2. merhaba.c:
    - Bu, derlenmesi istenen kaynak kod dosyasının adıdır.
    - ".c" uzantısı, bunun bir C programı olduğunu belirtir.
3. -o:
    - Bu, "output" (çıktı) için kullanılan bir seçenektir.
    - Derleyiciye, oluşturulacak çalıştırılabilir dosyanın adını belirtmek için kullanılır.
4. merhaba:
    - Bu, oluşturulacak çalıştırılabilir dosyanın adıdır.
    - Windows'ta bu dosya "**merhaba.exe**" olarak oluşturulur.
    - Unix-benzeri sistemlerde uzantısız olarak "**merhaba**" şeklinde oluşturulur.

Bu komut çalıştırıldığında:

- GCC, "merhaba.c" dosyasını okur.
- Kodu derler ve bağlar.
- Sonuç olarak "merhaba" (veya "merhaba.exe") adında bir çalıştırılabilir dosya oluşturur.

Eğer `-o merhaba` kısmını kullanmasaydık, GCC varsayılan olarak "`a.out`" (Unix-benzeri sistemlerde) veya "`a.exe`" (Windows'ta) adında bir çalıştırılabilir dosya oluştururdu.

## C'de Yorum Satırları

Programlama sırasında, kodun anlaşılabilirliğini artırmak, notlar almak veya belirli kod parçalarını geçici olarak devre dışı bırakmak için **yorum satırları** kullanılır. Yorumlar, derleyici tarafından göz ardı edilen ve programın çalışmasını etkilemeyen metinlerdir.

### Yorum Satırlarının Kullanımı

Yorumlar, kodunuzu daha okunabilir hale getirir ve diğer geliştiricilerin (ve gelecekte kendinizin) kodu daha kolay anlamasına yardımcı olur. Ayrıca, kodun belirli bölümlerini test etmek veya hata ayıklamak için geçici olarak devre dışı bırakmak istediğinizde yorumları kullanabilirsiniz.

### Yorum Satırı Türleri

C dilinde iki tür yorum satırı bulunur:

### Tek Satırlık Yorumlar (C99 ve Sonrası):

// Bu bir tek satırlık yorumdur.

// sembolünden sonra gelen tüm metin, satırın sonuna kadar yorum olarak kabul edilir.

### Çok Satırlı Yorumlar:

/* ile başlar ve */ ile biter. Bu yöntem, birden fazla satırı veya satırın bir bölümünü yorumlamak için kullanılır.

Örnek

```
#include <stdio.h>

int main() {
// Programın başlangıcı
    printf("Merhaba Dünya!\n"); /* Ekrana mesaj yazdırır */
   return 0;}
```

### Yorum Satırlarının Kullanım Amaçları

**Açıklama Eklemek:** Kodun ne yaptığını veya belirli bir mantığın neden kullanıldığını açıklamak.

**Geçici Olarak Kodu Devre Dışı Bırakmak:** Belirli kod parçalarını test etmek veya hata ayıklamak için.

**Başlık Bilgileri ve Dokümantasyon:** Dosya başlıkları, yazar bilgileri, tarih ve sürüm notları eklemek.

## İyi Yorum Yazma Pratikleri

- **Anlamlı ve Net Yorumlar Yazın:** Yorumlar, kodun ne yaptığını ve neden yaptığını açıklamalıdır.
- **Gereksiz Yorumlardan Kaçının:** Kod zaten açıkça anlaşılıyorsa, gereksiz yorum eklemeyin.
- **Kod ile Yorum Tutarlılığı:** Kodda yapılan değişikliklere paralel olarak yorumları güncelleyin.
- **Yorumları Formatlayın:** Yorumları kodun okunabilirliğini artıracak şekilde düzenleyin.

## Dikkat Edilmesi Gerekenler

- İç İçe Yorumlar Kullanmayın: Çok satırlı yorumlar iç içe kullanılamaz. Aşağıdaki kullanım hataya neden olur:

/* Bu bir /* hatalı */ yorumdur */

- **Derleyici Uyumluluğu:** Tek satırlık yorumlar (//), C99 standardı ile eklenmiştir. Eski derleyiciler kullanıyorsanız, çok satırlı yorumları tercih edin.

Örnek

```
/*
 * Program: Basit Hesap Makinesi
 * Yazar: Ahmet Yılmaz
 * Tarih: 12.10.2023
 * Açıklama: Kullanıcıdan iki sayı
alarak toplama işlemi yapar.
 */
#include <stdio.h>
int main() {
    int sayi1, sayi2, toplam;

    // Kullanıcıdan ilk sayıyı al
    printf("İlk sayıyı giriniz: ");
    scanf("%d", &sayi1);

    // Kullanıcıdan ikinci sayıyı al
     printf("İkinci sayıyı giriniz:
");
    scanf("%d", &sayi2);

    // İki sayıyı topla
    toplam = sayi1 + sayi2;

    // Sonucu ekrana yazdır
    printf("Toplam: %d\n", toplam);

    return 0;
}
```

## 4.3. Programlama Öncesi Planlama: Algoritma, Sözde Kod ve Akış Diyagramı

*Ebu Abdullah Muhammed Bin Musa el-Harezmi, 780 yılında Özbekistan'ın Harezm bölgesindeki Hive şehrinde doğan bir Türk-İslam bilim adamıdır. Gençlik yıllarında dönemin bilim merkezi olan Bağdat'a giderek eğitimini tamamlamıştır.* [7]

*Harezmi, 9. yüzyılda matematik alanında çığır açan çalışmalar yapmıştır. "Hisab el-cebir ve el-mukabala" adlı eseri, dünyanın ilk cebir kitabı ve ilk algoritma koleksiyonu olarak kabul edilir. Bu kitabın Latince çevirisi Avrupa'da büyük ilgi görmüş, Harezmi'nin adı zamanla "algorizm" ve sonrasında "algoritma" terimine dönüşmüştür.*

*Matematik tarihinde önemli yeniliklere imza atan Harezmi:*

1. *Sıfırı ilk kez kullanan bilim insanıdır.*
2. *Cebir ve trigonometrinin kurucusu sayılır.*
3. *Birinci ve ikinci dereceden denklemleri analitik metotla çözmenin yollarını bulmuştur.*
4. *Tek bilinmeyenli denklemleri cebirsel ve geometrik metodlarla çözmeyi başarmıştır.*

*Harezmi sadece matematikle sınırlı kalmamış, coğrafya ve astronomi alanlarında da önemli eserler vermiştir.*

*Harezmi'nin çalışmaları ve "algoritma" kavramının ortaya çıkışı, modern bilgisayar biliminin temellerini oluşturmuş ve programlama dünyasına büyük katkı sağlamıştır.* [8]

*Matematik'te ilk kez sıfırı kullanan Harezmi, bugünkü cebir ve trigonometrinin kurucusu sayılır.*

*Birinci ve ikinci dereceden denklemleri analitik metotla, tek bilinmeyenli denklemleri ise cebirsel ve geometrik metodlarla çözmenin yollarını buldu.*

Programlama, karmaşık problemleri çözmek ve yenilikçi uygulamalar geliştirmek için güçlü bir araçtır. Ancak, etkili ve verimli bir programın temelinde her zaman iyi bir planlama yatar. Programlama öncesi planlama, bir projenin başarısı için kritik öneme sahiptir. Bu planlama süreci, problemi anlamayı, çözüm stratejileri geliştirmeyi ve bu stratejileri uygulanabilir adımlara dönüştürmeyi içerir. Bu noktada, üç temel araç devreye girer: **Algoritma**, **Sözde Kod** ve **Akış Diyagramı**. Bu araçlar, programcılara problemleri sistematik bir şekilde analiz etme, çözüm yollarını belirleme ve bu çözümleri kodlamadan önce test etme imkanı sunar. İyi bir planlama, kodlama aşamasında karşılaşılabilecek zorlukları önceden öngörmeye, hataları minimize etmeye ve daha verimli, okunaklı ve bakımı kolay kod yazmaya olanak tanır. Bu bölümde, bu üç temel aracı derinlemesine inceleyeceğiz ve bunların programlama sürecindeki rollerini ve önemini ele alacağız.

## 4.4. Algoritma

Algoritma, bir problemi çözmek veya belirli bir görevi yerine getirmek için takip edilmesi gereken adımların açık, kesin ve sıralı bir şekilde tanımlanmasıdır. Başka bir deyişle, algoritma bir işi yapmak için izlenmesi gereken yol haritasıdır. Bu kavram, adını 9. yüzyılda yaşamış matematikçi El-Harezmi'den almıştır.

Bir algoritma, aşağıdaki özelliklere sahip olmalıdır:

- **Girdiler**: Problemi çözmek için gerekli başlangıç verileri.
- **Çıktılar**: Problem çözüldükten sonra elde edilmesi beklenen sonuçlar.
- **Kesinlik**: Her adım açık ve net bir şekilde tanımlanmalıdır.
- **Sonluluk**: Algoritma, belirli bir sayıda adımdan sonra sonlanmalıdır.
- **Etkinlik**: Her adım makul bir süre içinde uygulanabilir olmalıdır.

Günlük Hayattan Algoritma Örnekleri: Algoritmalar sadece bilgisayar bilimlerinde değil, günlük hayatımızda da sıkça karşımıza çıkar. İşte bazı örnekler:

- Yemek tarifleri: Bir yemeği pişirmek için takip edilen adımlar bir algoritmadır.
- Ürün montajı: Mobilya kurulum talimatları bir tür algoritmadır.
- Navigasyon: Bir yerden başka bir yere gitmek için izlenen yol tarifi bir algoritmadır.

Algoritma, programlama sürecinin temel taşıdır. İşte algoritmanın programlamadaki önemi:

- **Planlama**: Algoritma, karmaşık problemleri daha küçük ve yönetilebilir adımlara böler.
- **Hata ayıklama**: İyi tasarlanmış bir algoritma, kodlama aşamasında hataların azalmasını sağlar.
- **Optimizasyon**: Algoritma, bir problemin en verimli çözüm yolunu bulmamıza yardımcı olur.
- **İletişim**: Algoritma, programcılar arasında ortak bir dil oluşturur ve fikir alışverişini kolaylaştırır.
- **Dil bağımsızlığı**: İyi bir algoritma, herhangi bir programlama diline kolayca çevrilebilir.

## Önemli algoritma türleri

**Arama algoritmaları**: Belirli bir veri setinde istenen bir öğeyi bulmak için kullanılan yöntemlerdir. *Örnek: Bir telefon rehberinde isme göre kişi aramak.*

**Bellek yönetimi algoritmaları**: Bilgisayarın belleğini verimli bir şekilde kullanmak, tahsis etmek ve serbest bırakmak için kullanılan yöntemlerdir. *Örnek: İşletim sisteminin açık olan programlara belleği paylaştırması ve iş bitince geri alması.*

**Bilgisayar grafiği algoritmaları**: Görüntüleri oluşturmak, işlemek ve dönüştürmek için kullanılan algoritmalardır. *Örnek: Bir 3D oyunda karakterlerin hareketini ve ışıklandırmasını hesaplamak.*

**Birleşimsel algoritmalar**: Olası tüm kombinasyonları veya permütasyonları inceleyerek bir problemi çözen algoritmalardır. *Örnek: Bir satranç oyununda bir sonraki en iyi hamleyi bulmak için tüm olası hamleleri değerlendirmek.*

**Çizge algoritmaları**: Düğümler ve kenarlardan oluşan çizge veri yapıları üzerinde çalışan algoritmalardır. *Örnek: Bir şehir haritasında iki nokta arasındaki en kısa yolu bulmak (örneğin GPS navigasyonu).*

**Evrimsel algoritmalar**: Biyolojik evrimden esinlenerek en iyi çözümü bulmak için popülasyon tabanlı arama teknikleri kullanan algoritmalardır. *Örnek: Karmaşık bir mühendislik tasarımında en verimli yapıyı bulmak için farklı tasarımları ‹evrimleştirmek›.*

**Genetik algoritmalar**: Evrimsel algoritmaların bir alt kümesi olup, optimizasyon ve arama problemlerini genetik prensiplerle çözer. *Örnek: Bir üretim bandında en iyi verimi sağlayacak üretim sırasını bulmak.*

**Kripto algoritmaları veya kriptografik algoritmalar**: Verilerin güvenliğini sağlamak için şifreleme ve şifre çözme işlemleri yapan algoritmalardır. *Örnek: Online bankacılık işlemlerinde kişisel bilgileri korumak için verileri şifrelemek.*

**Kök bulma algoritmaları**: Matematiksel denklemlerin köklerini (sıfırlarını) yaklaşık olarak veya tam olarak bulmak için kullanılan yöntemlerdir. *Örnek: Bir sensörden gelen veriye en uygun matematiksel modeli (fonksiyonu) bulmak ve bu modelin belirli bir çıktıyı ne zaman vereceğini tahmin etmek.*

**Optimizasyon algoritmaları**: Belirli kısıtlar altında bir problemin en iyi çözümünü (minimum veya maksimum değeri) bulmayı amaçlayan algoritmalardır. *Örnek: Bir lojistik firmasının dağıtım maliyetini en aza indirmek için en uygun teslimat rotalarını belirlemesi.*

**Sıralama algoritmaları**: Bir veri setindeki öğeleri belirli bir düzene (alfabetik, sayısal vb.) göre düzenlemek için kullanılan yöntemlerdir. *Örnek: Bir e-ticaret sitesinde ürünleri fiyata göre artan veya azalan sırada listelemek.*

**Veri sıkıştırma algoritmaları**: Verilerin boyutunu küçülterek depolama alanından veya iletim bant genişliğinden tasarruf etmeyi sağlayan algoritmalardır. *Örnek: Bir fotoğrafı veya videoyu daha az yer kaplayacak şekilde kaydetmek (örneğin JPEG veya MP4 formatları).*

Algoritmaların yalnızca soyut bilgisayar bilimleri kavramlarıyla sınırlı olmadığını, aksine günlük hayatımızdaki en basit işlerde bile karşılaştığımız bir düzen ve adımlar bütünü olduğunu göstermek adına, şimdi sıkça yapılan bir eylemi, çay demleme sürecini bir algoritma olarak inceleyelim.

Sonuç olarak, algoritma, sadece programlama için değil, problem çözme becerilerimizi geliştirmek için de önemli bir araçtır. Algoritma düşünme becerisi, mantıksal ve sistematik düşünme yeteneğimizi artırır ve karmaşık problemleri çözmemize yardımcı olur.

*Çay Demleme Algoritması:*

**1. Başla**

**2. Su ısıtıcısını al**

**3. Su ısıtıcısına yeterli miktarda su koy**

**4. Su ısıtıcısını prize tak ve çalıştır**

**5. Çaydanlığı al**

**6. Çaydanlığın alt kısmına su koy**

**7.Çaydanlığın üst kısmına çay koy**

**7.1. Eğer bir kişi için çay demliyorsan, 1 çay kaşığı çay koy**

**7.2. Eğer birden fazla kişi için çay demliyorsan, kişi sayısı kadar çay kaşığı çay koy**

**8. Su kaynayana kadar bekle**

**9. Kaynayan suyun bir kısmını çaydanlığın üst kısmına dök**

**10. Çaydanlığı ocağa koy ve altını yak**

**11. 10-15 dakika bekle**

**12. Çayın rengini kontrol et**

**12.1. Eğer renk istenilen koyulukta değilse, 2-3 dakika daha bekle 12.2. Eğer renk istenilen koyuluktaysa, ocağı kapat**

**13. Çay bardaklarını hazırla**

**14. Bardaklara önce çay, sonra sıcak su koy**

**15. Çayı servis et**

**16. Bitir**

## 4.5. Sözde Kod (Pseudocode)

Sözde kod, bir algoritmanın programlama diline benzer ancak daha esnek ve anlaşılır bir formatta yazılmış halidir. Programlama dillerinin katı kurallarına bağlı kalmadan, algoritmanın mantığını ve akışını ifade etmek için kullanılır.

### Sözde Kod Yazma Kuralları:

1. Başlangıç ve bitiş noktalarını belirtin (BEGIN, END gibi).
2. Her satırda bir işlem yazın.
3. Girdi ve çıktı işlemlerini belirtin (INPUT, OUTPUT, PRINT gibi).
4. Karar yapılarını kullanın (IF-THEN-ELSE gibi).
5. Döngü yapılarını kullanın (FOR, WHILE, REPEAT-UNTIL gibi).
6. Değişken atamalarını gösterin (SET, LET gibi).

Sözde kod, algoritma ile gerçek kod arasında bir köprü görevi görür. Programcılara, kodlamaya başlamadan önce fikirlerini organize etme ve problemin çözümünü planlama konusunda yardımcı olan güçlü bir araçtır. Sözde kod kullanımı, daha verimli ve hatasız kod yazma sürecine katkıda bulunur.

**Faktöriyel hesaplama için hem algoritma hem de sözde kod:**

**Algoritma:**

1. Başla
2. Kullanıcıdan bir sayı al
3. Faktöriyel değişkenini 1 olarak başlat
4. 1'den başlayarak kullanıcının girdiği sayıya kadar olan her sayı için: 4.1. Faktöriyel değişkenini, mevcut sayı ile çarp 4.2. Sonucu faktöriyel değişkeninde sakla
5. Hesaplanan faktöriyel değerini göster
6. Bitir

**Sözde kod**

```
BEGIN
  INPUT number
  SET factorial = 1
  FOR i = 1 TO number
    SET factorial = factorial * i
  END FOR
  PRINT "Factorial of", number, "is", factorial
END
```

## 4.6. Akış Diyagramı

Akış diyagramı, bir algoritmanın veya sürecin adımlarını görsel olarak temsil eden bir şemadır. Farklı şekiller ve oklar kullanılarak, işlemlerin sırası, karar noktaları ve veri akışı gösterilir.

### Akış Diyagramının Özellikleri:

- **Görsellik**: Karmaşık süreçleri basit ve anlaşılır bir şekilde gösterir.
- **Standart semboller**: Uluslararası kabul görmüş semboller kullanılır.
- **Yön gösterimi**: Oklar ile işlem akışını gösterir.
- **Detay seviyesi**: İhtiyaca göre genel veya ayrıntılı olabilir.

### Akış Diyagramının Avantajları:

- **Kolay anlaşılabilirlik**: Görsel temsil, sürecin daha hızlı kavranmasını sağlar.
- **Hata tespiti**: Mantıksal hataları ve eksiklikleri görsel olarak tespit etmeyi kolaylaştırır.
- **İletişim aracı**: Teknik ve teknik olmayan ekipler arasında iletişimi kolaylaştırır.
- **Dokümantasyon**: Süreçlerin belgelenmesi ve arşivlenmesi için etkili bir yöntemdir.

## Akış Diyagramı Sembolleri:

Akış diyagramları, algoritmaların ve süreçlerin görsel olarak temsil edilmesinde standartlaşmış semboller kullanır. Bu semboller, bir sürecin başlangıcını ve bitişini, veri giriş/çıkışını, hesaplamaları, karar noktalarını ve akış yönünü net bir şekilde göstererek, karmaşık yapıların kolayca anlaşılmasını sağlar. Her bir sembolün belirli bir anlamı vardır ve uluslararası düzeyde kabul görmüş standartlara uygun olarak kullanılır. [9]

*Oval Şekil:* Bir algoritmanın başlangıcını veya bitişini işaret etmek için kullanılır.

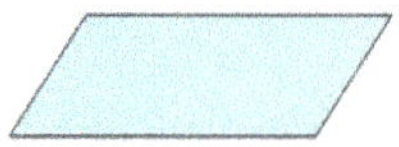

*Paralelkenar Şekil:* Herhangi bir birimden veri girişi yapılacağını gösterir.

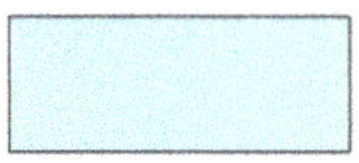

*Dikdörtgen Şekil:* Hesaplama adımlarını veya değişkenlere değer atama işlemlerini belirtir.

*Elmas Şekil:* Karar verme noktalarını, yani aritmetik veya mantıksal koşulların değerlendirildiği ve farklı yollara ayrıldığı yerleri gösterir. (Bkz. 9.2 Koşullar, s.147)

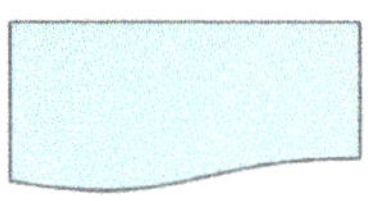

*Dalgalı Alt Çizgili Dikdörtgen Şekil:* Bir monitör aracılığıyla ekrana basılan çıktıyı (görüntülemeyi) ifade eder.

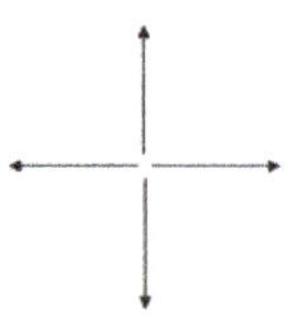

*Oklar:* Diyagram içindeki işlemlerin ve kararların akış yönünü belirtir.

### Bozuk lambanın tespitini sağlayan akış şeması.

İşte günlük hayatımızdan basit bir örnekle akış diyagramlarının problem çözmedeki rolünü daha net görebiliriz. Aşağıdaki şema, çalışmayan bir lambayı tespit etmek ve sorunu gidermek için adım adım izlenmesi gereken mantıksal süreci görselleştirmektedir.

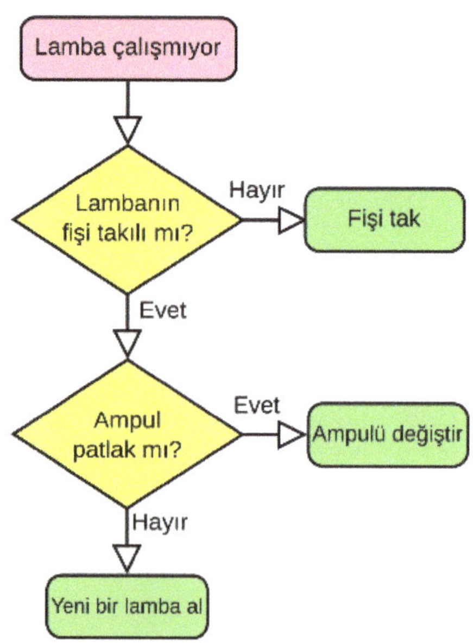

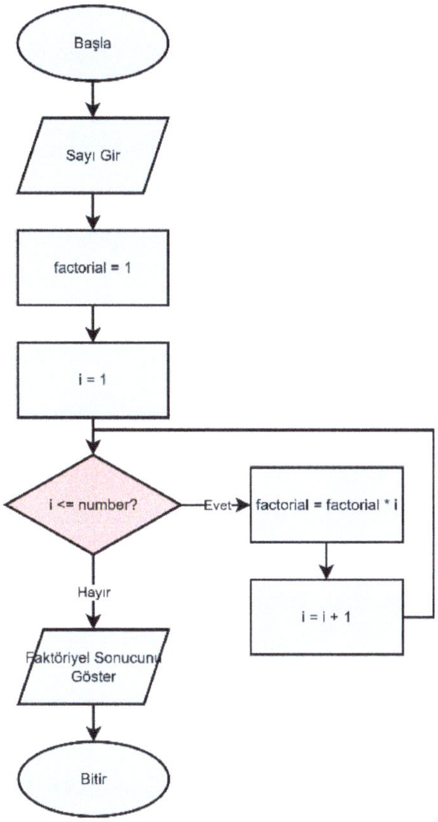


## Faktöriyel Hesaplama Akış Diyagramı:

Bu akış diyagramı, faktöriyel hesaplama algoritmasını görsel olarak temsil eder. Başlangıç ve bitiş noktaları, girdi ve çıktı işlemleri, hesaplama adımları ve döngü yapısı açıkça görülebilir. Daha önce Sözde Kod (Pseudocode) başlığı altında faktöriyel hesaplamanın algoritmasını ve sözde kodunu incelemiştik. Akış diyagramları, algoritmaları ve süreçleri görselleştirerek, karmaşık işlemleri daha anlaşılır hale getirir. Bu, özellikle programlama öncesi planlama aşamasında, problemin çözümünü daha net bir şekilde görmeye ve olası hataları önceden tespit etmeye yardımcı olur.

## Soruları

1. Algoritma, sözde kod ve akış diyagramı arasındaki temel farkları açıklayın. Bir problemi çözmek için bu üç yöntemi nasıl kullanırsınız?
2. "Programlama Öncesi Planlama" başlığının neden önemli olduğunu ve bu süreçte neler yapılması gerektiğini açıklayın.
3. Bir akış diyagramında kullanılan temel sembolleri (başla/bitir, işlem, giriş/çıkış, karar, döngü) listeleyerek her birinin işlevini ve kullanım amacını açıklayın.

**Aşağıdaki her bir problem için önce algoritmasını yazın, ardından sözde kodunu oluşturun ve son olarak akış diyagramını çizin.**

4. Tek-Çift Kontrolü: Kullanıcının girdiği bir sayının tek mi yoksa çift mi olduğunu bulan bir programın mantığını oluşturun.
5. En Büyük Sayı: Kullanıcının girdiği üç farklı sayıdan en büyüğünü bulan bir programın mantığını oluşturun.
6. Faktöriyel Hesaplama: Kullanıcının girdiği pozitif bir tamsayının faktöriyelini hesaplayan bir programın mantığını oluşturun.
7. Ortalama Hesaplama: Kullanıcının girdiği 5 notun ortalamasını hesaplayan bir programın mantığını oluşturun.

*Proje Önerisi*

8. **Uygulamalı Ödev: Üniversite Not Hesaplama Sistemi**

**Problem:** Vize 1 (%35), Vize 2 (%35), Devamlılık (%15), Seminer (%10) ve Diğer Etkinlikler (%5) puanlarına göre genel puanı hesaplayan ve bu puana göre öğrencinin durumunu belirleyen bir programın mantığını oluşturun.

*Kurallar:*

- İlk hesaplanan "Genel Puan" 50'den büyükse öğrenci **başarılı** sayılır.
- "Genel Puan" 50 veya daha küçükse öğrenci **başarısız** sayılır ve final sınavına girmeye hak kazanır.
- Final sınavına gidildiğinde, yeni bir puan hesaplaması yapılır: Final Puanı = (Final Notu * 0.70) + (Seminer Notu * 0.10) + (Diğer Etkinlikler Notu * 0.05)
- Final sınavından da başarısız olan öğrenci bütünleme sınavına girer. Bütünleme sınavında sadece bütünlemeden alınan notun **%70'i** hesaplanır.

1. Küçük Bir Oyun İçin Mantık Tasarımı: Kullanıcının aklından tuttuğu 1 ile 100 arasındaki bir sayıyı, bilgisayarın tahmin etmeye çalıştığı bir oyunun algoritmasını, sözde kodunu ve akış diyagramını tasarlayın. Bilgisayar her tahminde bulunduğunda, kullanıcı "daha büyük", "daha küçük" veya "doğru" şeklinde geri bildirim vermelidir.
2. Hesap Makinesi Tasarımı: Temel dört işlemi (+, -, *, /) yapabilen bir hesap makinesinin algoritmasını, sözde kodunu ve akış diyagramını tasarlayın. Kullanıcının hangi işlemi yapmak istediğini ve hangi sayıları gireceğini belirten adımları detaylandırın.

# 05 Gerçek Dünya Örneği: C ile PONG Oyunu Programlama

*"Denemeden öğrenilmez."*
*(Türk Atasözü)*

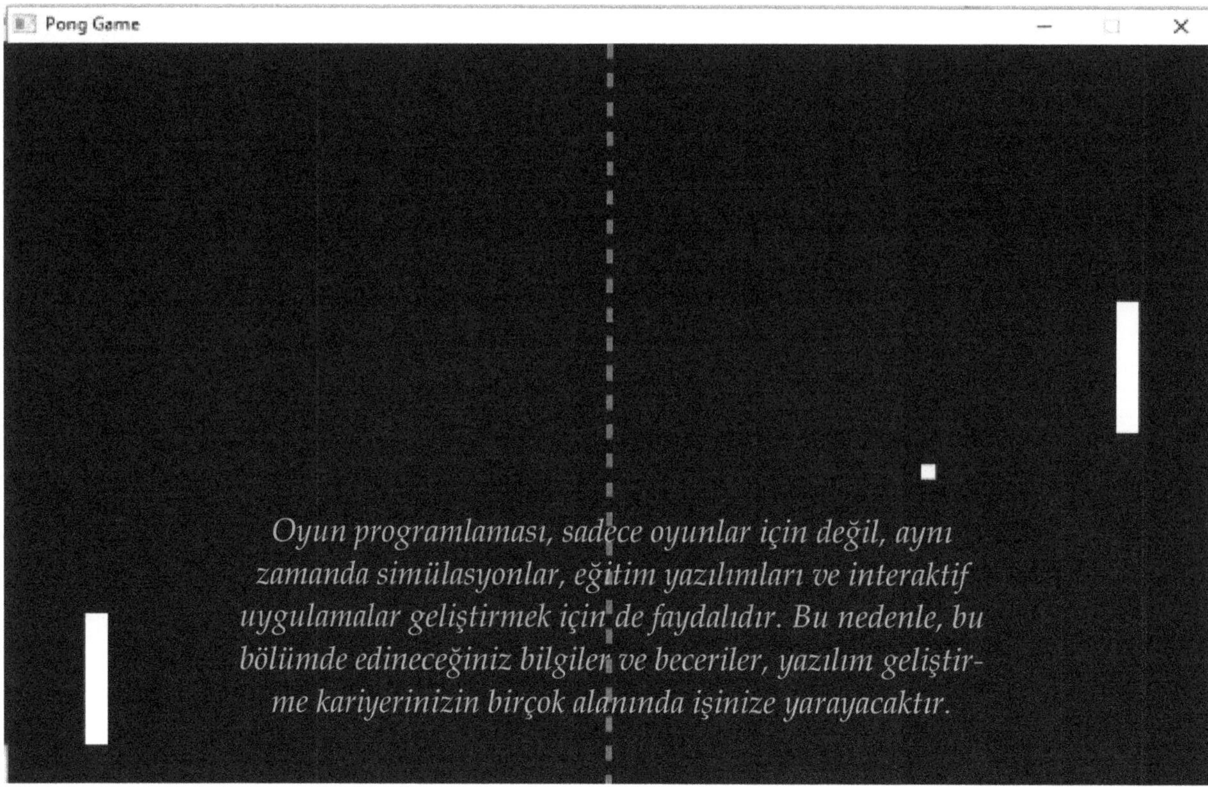
Pong Game
Oyun programlaması, sadece oyunlar için değil, aynı zamanda simülasyonlar, eğitim yazılımları ve interaktif uygulamalar geliştirmek için de faydalıdır. Bu nedenle, bu bölümde edineceğiniz bilgiler ve beceriler, yazılım geliştirme kariyerinizin birçok alanında işinize yarayacaktır.

## 5.1. Bilgisayar Oyunlarının Tarihsel Gelişimi

Bilgisayar oyunları, teknolojinin ve insan yaratıcılığının bir birleşimi olarak ortaya çıkmış ve günümüzde milyarlarca insanın ilgi alanına girmiştir. İlk bilgisayar oyunları, 1950'li ve 1960'lı yıllarda akademik ortamlarda ve araştırma laboratuvarlarında geliştirildi. Bu oyunlar, genellikle büyük ve pahalı bilgisayar sistemlerinde çalışıyordu ve geniş kitlelere ulaşamıyordu.

**Figure 8 - Pong oynu 1972**

*PONG, 1972 yılında Atari tarafından piyasaya sürüldü ve ticari anlamda başarılı olan ilk video oyunlarından biri olarak tarihe geçti. Basit bir masa tenisi simülasyonu olan PONG, iki boyutlu grafiklerle ve minimalist bir tasarımla milyonlara ulaştı. Bu oyun, video oyun sektörünün temellerini atarak gelecekteki gelişmelerin önünü açtı.*

1980'ler ve 1990'lar, video oyunlarının altın çağı olarak kabul edilir. Pac-Man, Space Invaders, Super Mario Bros. gibi oyunlar, hem teknolojik yenilikler getirdi hem de popüler kültürde önemli bir yer edindi. Bu dönemde grafikler daha renkli ve detaylı hale gelirken, oyun mekaniği ve hikâye anlatımı da gelişti.

2000'li yıllar ve sonrasında, internetin yaygınlaşması ve teknolojik altyapının güçlenmesiyle birlikte çevrimiçi oyunlar ve mobil oyunlar büyük bir yükseliş gösterdi. Artık oyunlar, sadece eğlence amaçlı değil, aynı zamanda sosyal etkileşim ve rekabet platformları haline geldi. E-sporların ortaya çıkışı, oyunların profesyonel bir kariyer alanı olmasını sağladı.

## 5.2. Oyun Programlamanın Önemi

Oyun programlama, yazılım geliştirme dünyasında özel bir yere sahiptir ve aşağıdaki nedenlerle önemlidir:

**Teknik Becerilerin Gelişimi**:

Oyun programlama, grafik işlemeden yapay zekâya, ağ programlamasından veri yapıları ve algoritmalara kadar geniş bir yelpazede teknik bilgi gerektirir.

Performans ve optimizasyonun kritik olduğu oyun geliştirme süreçleri, programcıların daha verimli kod yazma becerilerini geliştirir.

**Yaratıcılık ve Problem Çözme**:

Oyunlar, hayal gücünü kodla birleştirmenin en iyi yollarından biridir. Programcılar, yeni oyun mekaniği ve etkileşimli deneyimler oluşturmak için yaratıcılıklarını kullanırlar.

Karşılaşılan zorluklar ve engeller, inovatif çözümler geliştirmeyi teşvik eder.

**Çok Disiplinli Yaklaşım**:

Oyun geliştirme, sanat, müzik, psikoloji ve hikâye anlatımı gibi farklı disiplinlerle iç içedir. Bu alanlarda iş birliği yapmak, programcıların iletişim ve takım çalışması becerilerini artırır.

**Geniş Kariyer Olanakları**:

Oyun sektörü, sürekli büyüyen ve gelişen bir endüstridir. Bağımsız stüdyolardan büyük oyun şirketlerine kadar birçok fırsat sunar.

Ayrıca, sanal gerçeklik ve artırılmış gerçeklik gibi yeni teknolojiler, oyun programcıları **Skor Sistemi ve Oyun Mantığı**: Oyunun kurallarını ve skorlamayı nasıl kodlayacağımızı öğreneceğiz.

Bu bölümün sonunda, sadece çalışan bir PONG oyunu geliştirmekle kalmayacak, aynı zamanda temel programlama prensiplerini ve oyun geliştirme süreçlerini daha iyi anlamış olacağız. Bu deneyim, ileride daha karmaşık projelere ve oyunlara girişmek için sağlam bir temel oluşturacaktır.

Figure 9 – Steve Jobs

*"Bence bu ülkedeki herkes bilgisayar programlamayı öğrenmeli, çünkü bu size nasıl düşüneceğinizi öğretir."*

*Steve Jobs*

## 5.3. PONG Oyununda Kullanılan Programlama Kavramları

Bu PONG oyunu, C Programlama Kitabı'nın birçok konusunu kapsayan basit ama işlevsel bir örnektir. Kodda kullanılan ve ileride kitabınızın bölümlerinde detaylı olarak açıklayabileceğiniz konular şunlardır:

### *1. Sayı Sistemleri*

Koordinat Sistemi Kullanımı: Nesnelerin ekrandaki pozisyonlarını belirlemek için x ve y koordinatları kullanılır.

Ekran Pozisyonlama: SDL ile piksel bazında nesnelerin ekrana çizilmesi sağlanır.

### *2. Değişkenler*

Global ve Yerel Değişkenler: Oyun genelinde kullanılan değişkenler ile fonksiyonlara özel değişkenler arasındaki farklar gösterilir. *(Bkz. 6.1 C dilinde değişken türleri, s.107)*

Skor Tutma: Oyuncuların skorlarını takip etmek için değişkenler kullanılır.

Koordinat Değişkenleri: Topun ve çubukların pozisyonlarını ve hızlarını belirleyen değişkenler.

### *3. Yapılar (Structs)*

Top Yapısı: Topun pozisyonunu, hızını ve görsel temsilini tutar.

Raket (Çubuk) Yapısı: Çubukların pozisyonlarını ve görsel temsilini içerir. *(Bkz. 13 Yapılar (Structs) ve Birleşimler (Unions) s.215)*

## *4. Operatörler*

Aritmetik Operatörler (+, -, *): Pozisyon ve hız güncellemelerinde kullanılır.

Karşılaştırma Operatörleri (<=, >=, ==): Çarpışma ve sınır kontrollerinde kullanılır.

Mantıksal Operatörler (&&, | |): Koşul ifadelerinde birden fazla durumu kontrol etmek için kullanılır. *(Bkz. 8 Operatörler s.133)*

## *5. Kontrol Yapıları*

**if-else Yapıları**: Çarpışmalar ve oyun durumunu kontrol etmek için kullanılır. *(Bkz. if-else Yapısı s.148)*

**while Döngüsü**: Ana oyun döngüsünü oluşturur ve oyun bitene kadar tekrar eder.

**for Döngüleri**: Orta çizginin çiziminde ve diğer tekrarlayan işlemlerde kullanılır.

## *6. Fonksiyonlar*

initGame(): Oyun nesnelerinin başlangıç durumlarını ayarlar.

updatePositions(): Topun ve çubukların pozisyonlarını günceller.

handleCollisions(): Çarpışmaları kontrol eder ve gerekli tepkiyi verir.

Diğer Fonksiyonlar: Kodun modülerliğini artırmak için oluşturulabilecek ek fonksiyonlar.

## *7. Dizi İşlemleri*

Karakter Dizileri: Skorların veya mesajların gösteriminde kullanılabilir.

2 Boyutlu Diziler: Oyun alanının temsilinde kullanılabilir (mevcut kodda doğrudan kullanılmasa da ileride genişletilebilir).

## *8. Modüler Programlama ve Fonksiyonlar*

Fonksiyonların Modüler Yapısı: Kodun daha okunaklı ve yönetilebilir olması için fonksiyonlar kullanılır.

Kod Organizasyonu: Kodun mantıksal parçalara bölünerek düzenlenmesi sağlanır.

## 5.4. PONG Oyununun Algoritması

PONG oyunu, iki oyuncunun çubukları kontrol ederek topu rakip alana göndermeye çalıştığı basit bir masa tenisi simülasyonudur. Oyuncular daha doğrusu Sol oyuncu W ve S, Sağ oyuncu yukarı ve aşağı yön tuşlarıyla kendi çubuklarını yukarı ve aşağı hareket ettirerek topu geri yansıtırlar. Top, ekranın üst ve alt sınırlarına çarptığında yön değiştirir ve çubuklarla etkileştiğinde açısı oyuncunun müdahalesine göre ayarlanır. Amaç, topu rakibin ulaşamayacağı bir şekilde göndererek puan kazanmaktır. Top rakibin çubuğunu geçip ekranın kenarından çıktığında puan alınır ve oyun, topun yeniden ortadan başlamasıyla devam eder. Oyun belirli bir skora ulaşılana veya oyuncular oyunu sonlandırana kadar sürer.

Kodları yazmadan önce **PONG** oyununun algoritmasını detaylı bir şekilde inceleyelim.

### *1. Başlatma (Initialization):*

SDL Kütüphanesini Başlat:

SDL_Init(SDL_INIT_VIDEO) ile SDL kütüphanesini başlatın.

Pencere ve Renderer Oluştur:

SDL_CreateWindow ile oyun penceresini oluşturun.

SDL_CreateRenderer ile renderer'ı oluşturun.

Oyun Nesnelerini Başlat:

Topun Başlangıç Durumu:

Topun başlangıç pozisyonunu ekranın ortasına ayarlayın (ball.x = WINDOW_WIDTH / 2; ball.y = WINDOW_HEIGHT / 2).

Topun başlangıç hızını belirleyin (ball.dx = BALL_SPEED; ball.dy = BALL_SPEED / 2).

Topun boyutlarını ayarlayın (ball.rect.w = BALL_SIZE; ball.rect.h = BALL_SIZE).

Çubukların Başlangıç Durumu:

Sol ve sağ çubukların başlangıç pozisyonlarını ve boyutlarını ayarlayın.

Çubukların dikdörtgenlerini (rect) oluşturun.

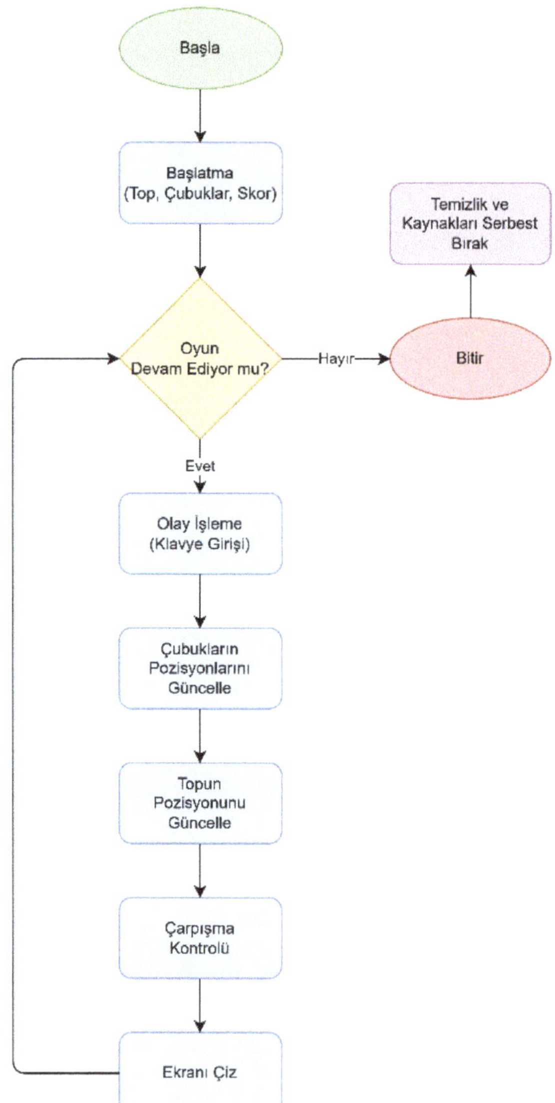

Skorları Sıfırla:

Sol ve sağ oyuncunun skorlarını sıfırlayın (scoreLeft = 0; scoreRight = 0).

### *2. Ana Oyun Döngüsü:*

Döngüyü Başlatın:

Oyun bitene kadar veya kullanıcı çıkana kadar sürecek bir döngü oluşturun (while (!quit)).

### *3. Olay İşleme (Event Handling):*

Kullanıcı Girdilerini Alın:

SDL_PollEvent ile olayları yakalayın.

Eğer olay SDL_QUIT ise, oyunu sonlandırın (quit = true).

### *4. Çubuk Kontrolleri:*

Klavyeden Tuş Durumlarını Alın:

SDL_GetKeyboardState ile tuşların basılı olup olmadığını kontrol edin.

**Sol Çubuk Kontrolleri:**

W tuşuna basılıysa, sol çubuğu yukarı hareket ettirin (leftPaddle.y -= PADDLE_SPEED).

S tuşuna basılıysa, sol çubuğu aşağı hareket ettirin (leftPaddle.y += PADDLE_SPEED).

**Sağ Çubuk Kontrolleri:**

Yukarı Ok tuşuna basılıysa, sağ çubuğu yukarı hareket ettirin (rightPaddle.y -= PADDLE_SPEED).

Aşağı Ok tuşuna basılıysa, sağ çubuğu aşağı hareket ettirin (rightPaddle.y += PADDLE_SPEED).

Çubukların Ekran Sınırlarını Kontrol Edin:

Çubukların ekranın dışına çıkmasını engellemek için pozisyonlarını kontrol edin.

### *5. Pozisyonları Güncelleme:*

Topun Pozisyonunu Güncelleyin:

Topun yatay ve dikey pozisyonlarını hızlarına göre güncelleyin (ball.x += ball.dx; ball.y += ball.dy).

Topun dikdörtgenini (rect) güncel pozisyonuna göre ayarlayın.

Çubukların Pozisyonlarını Güncelleyin:

Sol ve sağ çubukların dikdörtgenlerini (rect) güncel pozisyonlarına göre ayarlayın.

### 6. Çarpışma Kontrolleri:

Üst ve Alt Duvar Çarpışmaları:

Eğer top ekranın üst veya alt sınırına çarparsa, dikey hızını ters çevirin (ball.dy = -ball.dy).

**Çubuklarla Çarpışmalar:**

***Sol Çubukla Çarpışma:***

SDL_HasIntersection ile topun sol çubukla çarpışıp çarpışmadığını kontrol edin.

Çarpışma varsa, topun yatay hızını pozitif yapın (ball.dx = fabs(ball.dx)).

***Çarpma açısını ayarlayın:***

Topun çubuk üzerindeki göreceli konumunu hesaplayın.

Dikey hızını buna göre ayarlayın (ball.dy = -(relativeIntersectY / (PADDLE_HEIGHT/2)) * BALL_SPEED).

***Sağ Çubukla Çarpışma:***

Aynı işlemleri sağ çubuk için de yapın, ancak yatay hızı negatif yapın (ball.dx = -fabs(ball.dx)).

**Skor Kontrolü:**

Eğer top sol kenardan çıkarsa:

Sağ oyuncunun skorunu artırın (scoreRight++).

Topu başlangıç pozisyonuna ve hızına geri döndürün.

Eğer top sağ kenardan çıkarsa:

Sol oyuncunun skorunu artırın (scoreLeft++).

Topu başlangıç pozisyonuna ve hızına geri döndürün.

### 7. Çizim (Rendering):

Ekranı Temizleyin:

Arka plan rengini ayarlayın ve ekranı temizleyin.

Oyun Nesnelerini Çizin:

Çubukları Çizin:

Sol ve sağ çubukları ekrana çizin.

Topu Çizin:

Topu güncel pozisyonunda ekrana çizin.

Orta Çizgiyi Çizin:

Ekranın ortasına kesikli bir çizgi çizin.

Ekranı Güncelleyin:

SDL_RenderPresent ile çizilenleri ekrana yansıtın.

### *8. Döngü Sonu:*

Döngüyü Tekrarlayın:

Oyun bitene kadar döngünün başına dönün ve işlemleri tekrarlayın.

### *9. Temizlik ve Çıkış:*

Kaynakları Serbest Bırakın:

Renderer ve pencereyi yok edin (SDL_DestroyRenderer; SDL_DestroyWindow).

SDL kütüphanesini kapatın (SDL_Quit).

Programı Sonlandırın:

Ana fonksiyondan çıkın ve programı sonlandırın.

# 5.5. PONG Oyununun Temel Prensipleri

## Hareket

*"Hareket yok, oyun yok"*

Oyunlar, interaktif eğlencenin en önemli unsurlarından biridir ve bir oyunun temel dinamiklerinden biri harekettir. Hareket, oyun içindeki nesnelerin veya karakterlerin zaman içindeki pozisyon değişimidir. Bu, oyuncunun girişleriyle veya oyunun kendi kurallarıyla tetiklenebilir.

Hareketi anlamak için önce koordinat sistemini bilmek gerekir. İki boyutlu (2D) oyunlarda, hareket genellikle x (yatay) ve y (dikey) eksenleri üzerinde gerçekleşir. Oyun ekranı, bu eksenler üzerinde bir koordinat düzlemi olarak düşünülebilir.

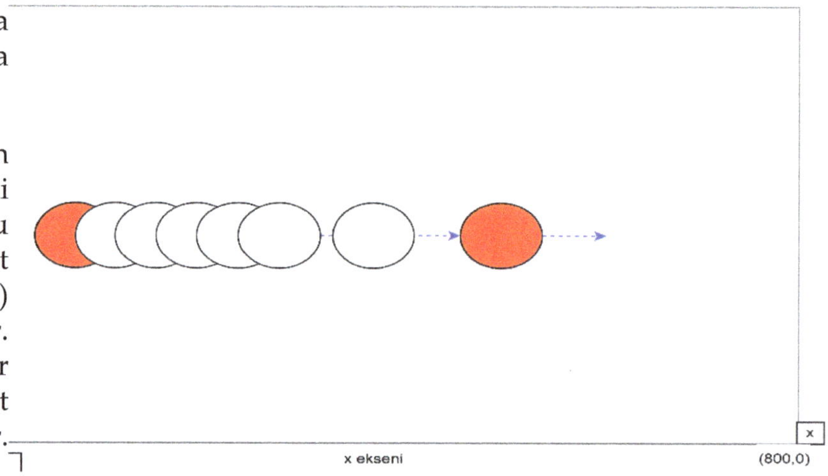


Şekil 1- Hareket

### Topun Hareketi: X ve Y Eksenleri Üzerinde Pozisyon Analizi

Pong oyunundaki topun hareketi, iki boyutlu düzlemde x ve y koordinatlarındaki değişimlerle kontrol edilir. Bu hareketin temel bileşenlerini ve nasıl gerçekleştiğini detaylı olarak inceleyelim.

### X Ekseni Üzerindeki Hareket

Topun yatay hareketi, x koordinatının değişimiyle sağlanır:

- x++: Top bir piksel sağa hareket eder
- x--: Top bir piksel sola hareket eder

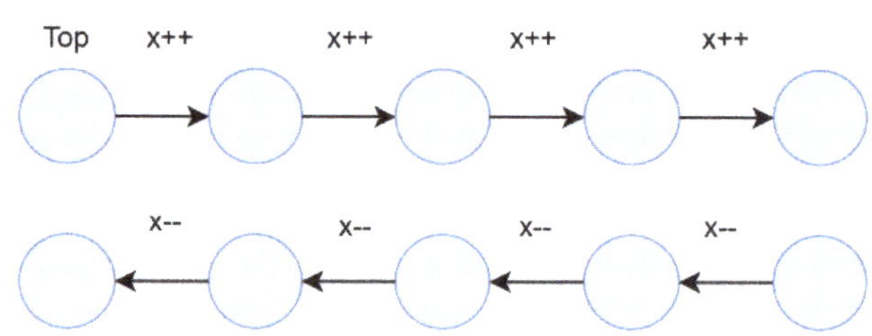


Şekil 2 - Topun yatay hareketi

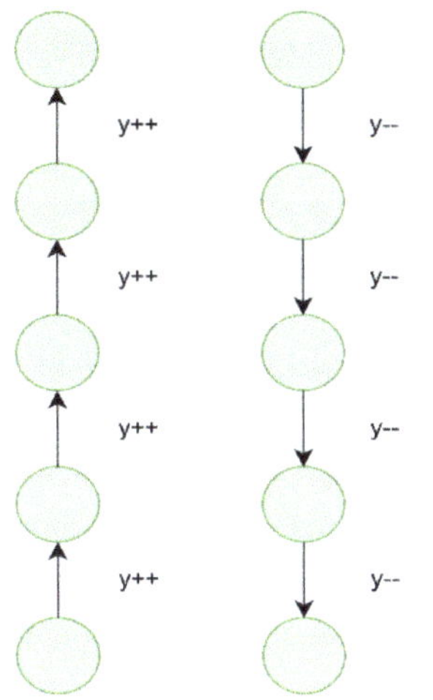


Şekil 3 - Topun dikey hareketi

**Y Ekseni Üzerindeki Hareket**

Dikey hareket, y koordinatının değişimiyle gerçekleşir:

- y++: Top bir piksel yukarı hareket eder

- y--: Top bir piksel aşağı hareket eder

**Çapraz Hareket**

- x ve y koordinatlarının eşzamanlı değişimi ile çapraz hareket elde edilir
- Örneğin; x++ ve y++ aynı anda uygulandığında top 45° açıyla hareket eder
- Koordinatlardaki değişim oranları hareketin açısını belirler:

- x değişimi > y değişimi: Daha yatay bir açı

- x değişimi < y değişimi: Daha dikey bir açı

- x değişimi = y değişimi: 45° açı

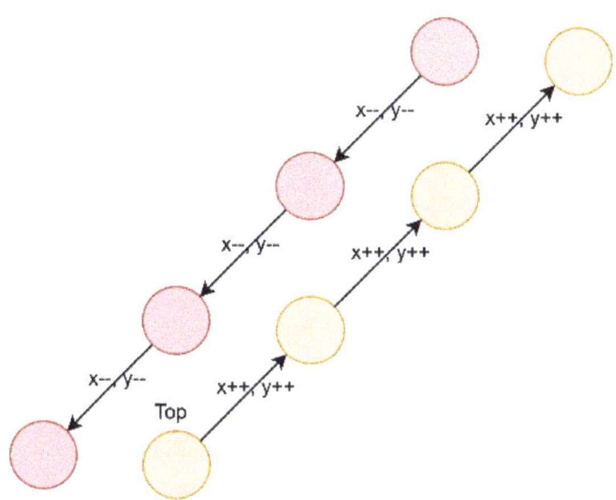


Şekil 4 - Topun çapraz hareketi

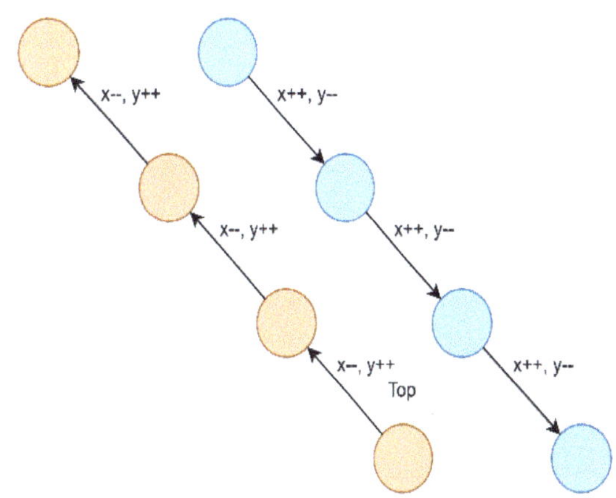


Şekil 5 - Topun çapraz hareketi

**Hareket İllüzyonu**

- Her adımda:

  1. Topun eski pozisyonu silinir

  2. Yeni pozisyonda tekrar çizilir

  3. Bu işlem çok hızlı tekrarlanarak sürekli hareket illüzyonu yaratılır

**Hareketin Kontrolü**

Programcılar x ve y değerlerini manipüle ederek:

- Topun hızını

- Hareket yönünü

- Hareket açısını

hassas bir şekilde kontrol edebilirler.

Bu mekanik, basit görünmesine rağmen Pong oyununun temelini oluşturur ve topun raketlerle etkileşime girmesi, saha sınırlarına çarpması gibi oyun dinamiklerinin tümü bu koordinat sistemine dayanır.

## Ekranın Çizimi Hakkında Bilgi

Ekranın çizimi, oyunun görsel olarak oyuncuya sunulmasını sağlar. Bu işlem, her bir karede (`frame`) ekranın yenilenmesi ve nesnelerin güncel pozisyonlarına göre tekrar çizilmesiyle gerçekleştirilir.

Oyun penceresini istediğimiz ebatlarda yapabiliriz. Bizim oyunumuzda pencere **genişliği** `WINDOW_WIDTH 800` pencere **yüksekliği** `WINDOW_HEIGHT 600` piksel büyüklüğündedir.

**Ana adımlar şunlardır:**

Ekranın Temizlenmesi: Bir önceki çizimden kalan görüntülerin silinmesi için ekran temizlenir.

Nesnelerin Çizilmesi: Top, çubuklar ve diğer oyun elemanları güncel pozisyonlarına göre ekrana çizilir.

Ekranın Güncellenmesi: Yapılan çizimlerin oyuncuya gösterilmesi için ekran yenilenir.

Bu süreç, yüksek bir hızda (örneğin saniyede 60 kez) tekrar edilerek akıcı bir görsel deneyim sağlanır.

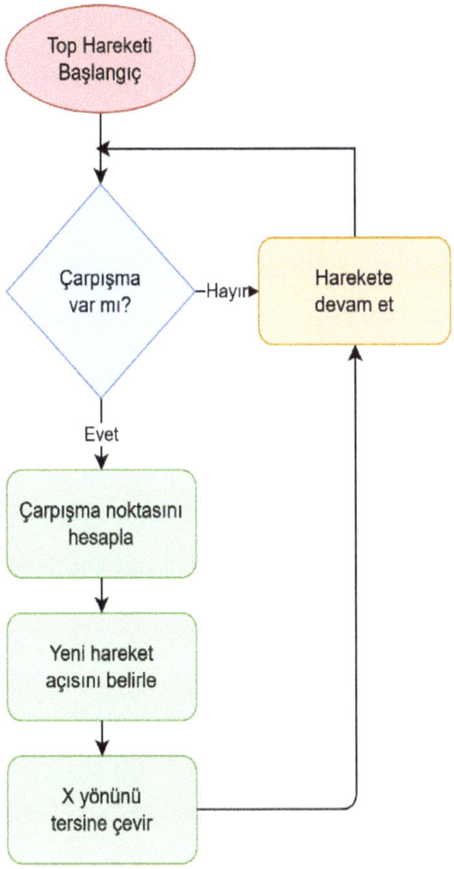


*Şekil 6 - Çarpışmalar*

## Çarpışmalar

Çarpışma, oyundaki iki veya daha fazla nesnenin etkileşime girdiği durumlardır. PONG oyununda, çarpışmalar genellikle top ile **çubuklar** veya top ile **ekranın üst, alt, sağ ve sol sınırları** arasında gerçekleşir.

**Çarpışma algılama şu şekilde yapılır**:

AABB (Axis-Aligned Bounding Box) Kontrolü: Nesnelerin dikdörtgen alanları kullanılarak kesişim olup olmadığı kontrol edilir.

Pozisyon ve Boyut Karşılaştırması: İki nesnenin x ve y koordinatları ile genişlik ve yükseklikleri karşılaştırılır.

Eğer nesnelerin alanları kesişiyorsa, bir çarpışma olduğu kabul edilir ve gerekli işlemler yapılır.

**Çarpınca Ne Olacak?**

**Topun Hareketinin Açıklanması**

Çarpışma gerçekleştiğinde, topun hareket yönünde ve hızında değişiklikler olur:

**Yön Değişimi**:

Top çubuklara çarptığında yatay hızı (dx) tersine döner. Bu, topun geri dönmesini sağlar.

**Açı Ayarı**: Çubukla çarpışmanın topun neresine denk geldiğine bağlı olarak dikey hız (dy) ayarlanır. Böylece top farklı açılarda hareket edebilir.

**Duvar Çarpışmaları**: Top üst veya alt duvara çarptığında dikey hızı (dy) tersine döner, böylece top oyun alanı içinde kalır.

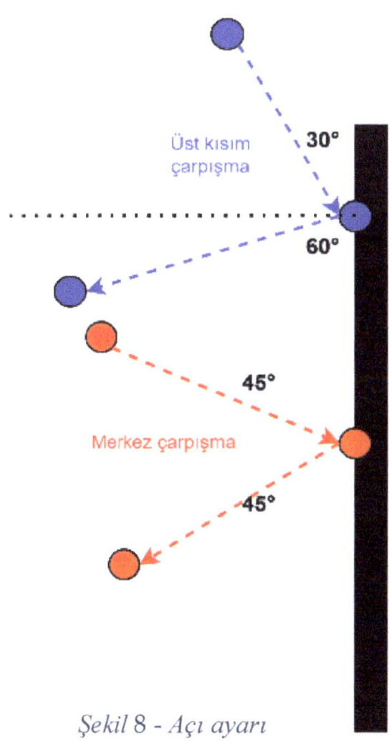


*Şekil 8 - Açı ayarı*

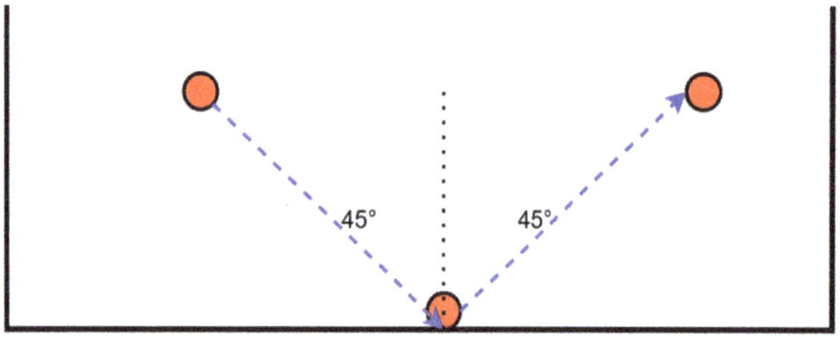


Şekil 7 - Duvar çarpışmaları

Bu mekanizmalar, oyunun dinamik ve tahmin edilemez olmasını sağlar, oyunculara daha zorlu ve eğlenceli bir deneyim sunar.

**PONG Oyununun Çalışma Akışı**

Bu akış diyagramı, PONG oyununun temel çalışma mantığını göstermektedir. Oyun, aşağıdaki adımları takip eder:

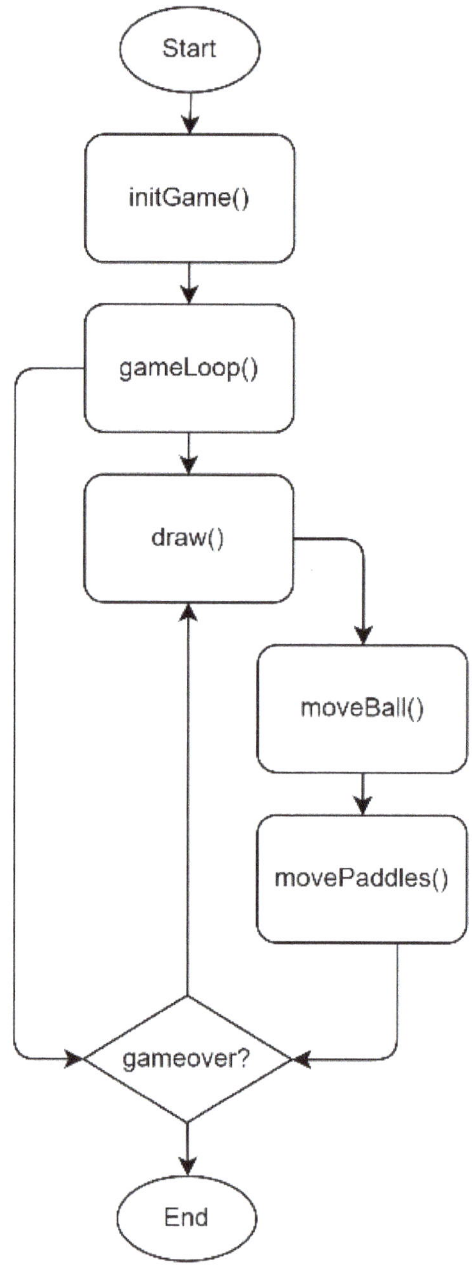


1. **Start** ile oyun başlar ve ilk olarak initGame() fonksiyonu çağrılır. Bu fonksiyon, topun başlangıç konumunu, raketlerin pozisyonlarını ve oyun skorlarını ayarlar.

2. Ardından **gameLoop()** fonksiyonuna girilir. Bu, oyunun ana döngüsüdür ve oyun bitene kadar devam eder. Döngü içinde:

- **draw()** fonksiyonu ekranı temizler ve güncel oyun durumunu (top, raketler, skorlar) çizer

- **moveBall()** fonksiyonu topun pozisyonunu günceller ve çarpışmaları kontrol eder

- **movePaddles()** fonksiyonu kullanıcı girdilerine göre raketleri hareket ettirir

3. Her döngüde **gameover** kontrolü yapılır. Eğer oyun bitmemişse (top raketlerden kaçmamışsa), döngü başa döner ve **draw()** fonksiyonundan devam eder.

4. Eğer **gameover=true** olursa (top raketlerden kaçtıysa), döngüden çıkılır ve oyun End ile sonlanır.

Bu yapı, oyunun sürekli olarak güncellenmesini ve kullanıcı etkileşimine yanıt vermesini sağlar. Döngüsel yapı sayesinde oyun, bir oyuncu kazanana kadar kesintisiz devam eder.

## 5.6. Pong Oyun Kodları

Örnek

```c
#include <SDL2/SDL.h>
#include <stdbool.h>
#include <stdio.h>

```

stdio.h ve stdbool.h kitabın 4. bölümünde input/output işlemleri için tanıtılmıştır.

SDL2/SDL.h grafik kütüphanesi "5.4. PONG Oyun Kodları" bölümde detaylı incelenmiştir

```c
#define WINDOW_WIDTH 800
#define WINDOW_HEIGHT 600
#define PADDLE_WIDTH 15
#define PADDLE_HEIGHT 90
#define BALL_SIZE 10
#define BALL_SPEED 5.0f
#define PADDLE_SPEED 5

```

"6.3. Değişken tanımlama ve ilk değer atama" - Sabit tanımlama yöntemleri bölümünde örnek olarak kullanılmıştır.

```c
typedef struct {
  float x, y;
  float dx, dy;
  SDL_Rect rect;
} Ball;

typedef struct {
  float y;
  SDL_Rect rect;
} Paddle;

Ball ball;
Paddle leftPaddle, rightPaddle;
int scoreLeft = 0, scoreRight = 0;

void initGame() {
// Top başlangıç pozisyonu ve hızı
ball.x = WINDOW_WIDTH / 2;
ball.y = WINDOW_HEIGHT / 2;
ball.dx = BALL_SPEED;
ball.dy = BALL_SPEED / 2;
ball.rect.w = BALL_SIZE;
ball.rect.h = BALL_SIZE;

// Sol çubuk
leftPaddle.y = WINDOW_HEIGHT /2;
leftPaddle.rect.x = 50;
leftPaddle.rect.w = PADDLE_WIDTH;
leftPaddle.rect.h = PADDLE_HEIGHT;

```

Yapılar hakkında detaylı bilgi:

- Bölüm 13: "Yapılar (Structs) ve Birleşimler (Unions)"
- Bölüm 6.1: "C dilinde değişken türleri"

Paddle yapısı hakkında:

- Bölüm 13.1: "Yapıların Tanımlanması ve Kullanımı"
- Bölüm 13.2: "Yapı Değişkenlerine Erişim"

Bölüm 10: "Fonksiyonlar" - initGame() fonksiyonu

Oyun başlangıcında:

- Topun başlangıç konumu (ekranın ortası)
- Topun hareket hızları
- Sol ve sağ çubuğun konumları
- Çubukların boyutları

ayarlanır.

Detaylı bilgi:

- Bölüm 13.2: "Yapı Değişkenlerine Erişim"
- Bölüm 8.1: "Aritmetik Operatörler" (bölme işlemleri)
- Bölüm 6.6: "Değişkenlerin değerlerini değiştirme"

```
43 // Sağ çubuk
44 rightPaddle.y = WINDOW_HEIGHT / 2;
45 rightPaddle.rect.x = WINDOW_WIDTH - 50 - PADDLE_WIDTH;
46 rightPaddle.rect.w = PADDLE_WIDTH;
47 rightPaddle.rect.h = PADDLE_HEIGHT;
48 }
49
```

```
50 void updatePositions() {
51 // Top pozisyonunu güncelle
52 ball.x += ball.dx;
53 ball.y += ball.dy;
54 ball.rect.x = (int)ball.x;
55 ball.rect.y = (int)ball.y;
56
```

Topun ve çubukların mevcut hızlarına göre yeni pozisyonları güncellenir.

54, 55 tam sayıya dönüştürerek ekranda çizilebilir hale getirir.

```
57 // Çubuk pozisyonlarını güncelle
58 leftPaddle.rect.y = (int)leftPaddle.y;
59 rightPaddle.rect.y = (int)rightPaddle.y;
60 }
61
62 void handleCollisions() {
63 // Üst ve alt duvar çarpışmaları
64 if (ball.y <= 0 || ball.y >= WINDOW_HEIGHT - BALL_SIZE) {
65 ball.dy = -ball.dy;
66 }
67
68 // Çubuklarla çarpışma kontrolü
69 if (SDL_HasIntersection(&ball.rect, &leftPaddle.rect)) {
70 ball.dx = fabs(ball.dx); // Sağa yönlendir
71 // Çarpma açısını ayarla
72 float relativeIntersectY = (leftPaddle.y + PADDLE_HEIGHT/2) - ball.y;
73 ball.dy = -(relativeIntersectY / (PADDLE_HEIGHT/2)) * BALL_SPEED;
74 }
75
76 if (SDL_HasIntersection(&ball.rect, &rightPaddle.rect)) {
77 ball.dx = -fabs(ball.dx); // Sola yönlendir
78 // Çarpma açısını ayarla
79 float relativeIntersectY = (rightPaddle.y + PADDLE_HEIGHT/2) - ball.y;
80 ball.dy = -(relativeIntersectY / (PADDLE_HEIGHT/2)) * BALL_SPEED;
81 }
```

çubukların pozisyonları güncellenir.

Çarpınca Ne Olacak? Topun Hareketinin Açıklanması

Çubuklarla çarpışma kontrol edilir, çubuğun durumuna göre çarpma açısı ayarlanır, topum geri dönüş açısı ayarlanır.

```c

// Skor kontrolü
if (ball.x <= 0) {
scoreRight++;
ball.x = WINDOW_WIDTH / 2;
ball.y = WINDOW_HEIGHT / 2;
ball.dx = BALL_SPEED;
ball.dy = BALL_SPEED / 2;
}
if (ball.x >= WINDOW_WIDTH - BALL_SIZE) {
scoreLeft++;
ball.x = WINDOW_WIDTH / 2;
ball.y = WINDOW_HEIGHT / 2;
ball.dx = -BALL_SPEED;
ball.dy = BALL_SPEED / 2;
}
}

```

topun ekranın sol veya sağ kenarından çıkıp çıkmadığını kontrol ederek skor güncellemelerini ve topun başlangıç pozisyonuna sıfırlanmasını yönetir.

Bölüm 5.3: "Pong Oyun Algoritması ve Hareket Mantığı"

Bölüm 9.2: "Koşullar"

```c
int main(int argc, char* argv[]) {
if (SDL_Init(SDL_INIT_VIDEO) < 0) {
printf(“SDL could not initialize! SDL_Error: %s\n”, SDL_GetError());
return 1;
}

```

Programın ana giriş noktası

Bölüm 10.2: "Komut Satırı Argümanları"

Bölüm 15: "Hata Kontrolü"

```c
SDL_Window* window = SDL_CreateWindow(“Pong Game”,
SDL_WINDOWPOS_UNDEFINED, SDL_WINDOWPOS_UNDEFINED,
WINDOW_WIDTH, WINDOW_HEIGHT, SDL_WINDOW_SHOWN);

if (window == NULL) {
printf(“Window could not be created! SDL_Error: %s\n”, SDL_GetError());
return 1;
}

```

SDL kütüphanesi aracılığıyla oyun penceresini oluşturur. Pencere "Pong Game" başlığına sahip olacak, konumu işletim sistemi tarafından belirlenecek

```
SDL_Renderer* renderer = SDL_CreateRenderer(window, -1,
SDL_RENDERER_ACCELERATED | SDL_RENDERER_PRESENTVSYNC);

if (renderer == NULL) {
printf("Renderer could not be created! SDL_Error: %s\n", SDL_GetError());
return 1;
}

initGame();

bool quit = false;
SDL_Event e;

while (!quit) {
// Event handling
while (SDL_PollEvent(&e) != 0) {
if (e.type == SDL_QUIT) {
quit = true;
}
}

```

Bu kod bloğu, oyun grafikleri çizmek için bir renderer (işleyici) oluşturur. SDL_CreateRenderer fonksiyonu, belirtilen pencere (window) için bir renderer oluşturur.

initGame() fonksiyonu çağrılarak oyun başlangıç ayarları yapılır.

quit false olduğu müddetçe döngü daha doğrusu oyun devam edecek.

```
// Çubuk kontrolü
const Uint8* currentKeyStates = SDL_GetKeyboardState(NULL);

if (currentKeyStates[SDL_SCANCODE_W] && leftPaddle.y > 0) {
leftPaddle.y -= PADDLE_SPEED;
}
if (currentKeyStates[SDL_SCANCODE_S] && leftPaddle.y < WINDOW_HEIGHT - PADDLE_HEIGHT) {
leftPaddle.y += PADDLE_SPEED;
}
if (currentKeyStates[SDL_SCANCODE_UP] && rightPaddle.y > 0) {
rightPaddle.y -= PADDLE_SPEED;
}
if (currentKeyStates[SDL_SCANCODE_DOWN] && rightPaddle.y < WINDOW_HEIGHT - PADDLE_HEIGHT) {
rightPaddle.y += PADDLE_SPEED;
}

```

kullanıcıdan gelen klavye girdilerini işleyerek oyun çubuklarının (raketlerin) hareketini kontrol eder.

Bölüm 8.3: "Mantıksal operatörler"
Bölüm 8.2: "İlişkisel Operatörler"

```
updatePositions();
handleCollisions();

// Çizim
SDL_SetRenderDrawColor(renderer, 0, 0, 0, 255);
SDL_RenderClear(renderer);

// Çubukları çiz
SDL_SetRenderDrawColor(renderer, 255, 255, 255, 255);
SDL_RenderFillRect(renderer, &leftPaddle.rect);
SDL_RenderFillRect(renderer, &rightPaddle.rect);

// Topu çiz
SDL_RenderFillRect(renderer, &ball.rect);

// Orta çizgiyi çiz
SDL_SetRenderDrawColor(renderer, 128, 128, 128, 255);
for (int y = 0; y < WINDOW_HEIGHT; y += 20) {
SDL_Rect centerLine = {WINDOW_WIDTH/2 - 2, y, 4, 10};
SDL_RenderFillRect(renderer, &centerLine);
}

SDL_RenderPresent(renderer);
}

SDL_DestroyRenderer(renderer);
SDL_DestroyWindow(window);
SDL_Quit();

return 0;
}
```

oyun döngüsünün önemli adımlarını içerir: top ve raketlerin pozisyonlarını günceller,

çarpışmaları kontrol eder,

oyun nesnelerini (top, çubuklar, orta çizgi) güncel pozisyonlarında çizer.

on olarak, oyun döngüsü bittiğinde (genellikle pencere kapatıldığında), oluşturulan renderer ve window serbest bırakılır.

PONG oyunu için yazdığımız kodlar, bu kitabın birçok bölümünde ele alınan temel programlama kavramlarının somut bir uygulamasını sunmaktadır. Oyunun geliştirilmesi sırasında kullanılan değişkenler, kontrol yapıları, fonksiyonlar ve veri tipleri gibi konular, ilerleyen bölümlerde çok daha detaylı bir şekilde açıklanmaktadır. Dolayısıyla, PONG oyun kodları şu an için karmaşık görünse de, kitabın ilerleyen kısımlarını tamamladığınızda bu kodların her bir satırını daha iyi anlayacak ve kendi projelerinizde benzer mantıkları uygulayabilecek bilgi birikimine sahip olacaksınız.

## Sorular

1. PONG oyununda "ana oyun döngüsü" ne işe yarar? Bir oyunun sürekli çalışmasını ve güncellenmesini nasıl sağlar.
2. Oyun programlamasında "olay işleme (event handling)" neden önemlidir? PONG oyununda hangi olaylar (örneğin, klavye tuşlarına basma) işlenir?
3. PONG oyununda topun, raketlerin ve skorun konumları gibi bilgileri saklamak için hangi C programlama yapıları (değişkenler, diziler, yapılar) kullanılır? Neden bu yapılar tercih edilir?
4. Oyun içindeki hareket, çarpışma tespiti ve çizim gibi işlemler için C dilindeki hangi kontrol yapıları (if-else, döngüler) ve fonksiyonlar kullanılır? Örneklerle açıklayın.
5. PONG oyununda topun raketle çarpışmasını algılayan bir algoritma tasarlayın. Bu algoritma, topun ve raketin konumlarını kullanarak çarpışmayı nasıl tespit eder?
6. PONG oyununda topun hareketini (x ve y eksenindeki hızını) kontrol eden bir algoritma oluşturun. Topun yönünü değiştirmek için hangi mantıksal adımları izlersiniz?
7. PONG oyununun "başlatma" (initialization) aşamasında hangi görevlerin (örneğin, değişkenleri sıfırlama, ekranı hazırlama) yapılması gerektiğini açıklayın.
8. PONG oyunundaki "çizim (rendering)" fonksiyonunun temel amacını ve bu fonksiyonun ekranda neleri çizmesi gerektiğini listeleyin.

### Pratik Ödev ve Mini Projeler

9. Sözde Kod ile Hareket: PONG oyununda bir raketin yukarı ve aşağı hareketini sağlayan bir sözde kod yazın. Klavye tuşlarına (örneğin, 'w' ve 's') basıldığında raketin konumunu nasıl değiştireceğinizi gösterin.
10. Akış Diyagramı ile Çarpışma: Topun ekranın üst veya alt duvarına çarpışması durumunda yön değiştirmesini gösteren bir akış diyagramı çizin.
11. Oyun Mantığı Tasarımı: PONG oyunundaki skor sistemini tasarlayın. Top raketleri geçtiğinde skorun nasıl artacağını ve oyunun nasıl sıfırlanacağını açıklayın. Bu mantığı bir algoritma şeklinde yazın.
12. Geliştirme Önerisi: PONG oyununa eklemek isteyebileceğiniz yeni bir özellik düşünün (örneğin, top hızını artıran bir güçlendirme veya farklı bir oyun modu). Bu yeni özelliği eklemek için hangi programlama kavramlarını (yeni değişkenler, kontrol yapıları, fonksiyonlar) kullanmanız gerektiğini detaylandırın.

# 06 Değişkenler

*"Büyük kod, iyi bir değişken isimlendirmesiyle başlar."*

*Linus Torvalds*

Değişkenler, programlamanın temel yapı taşlarından biridir ve en basit programlarda bile kullanılır. Örneğin, iki sayının toplamını hesaplamak istediğimizde, bu sayıları ve sonucu saklamak için değişkenlere ihtiyaç duyarız.

**Değişkenlerin Kullanım Amaçları**

1. **Veri Saklama**: Kullanıcıdan alınan veya program içinde üretilen verileri geçici olarak bellekte tutmak için.
2. **Hesaplama**: Matematiksel işlemlerde girdi ve sonuçları saklamak için.
3. **Program Akışını Kontrol Etme**: Koşullu ifadelerde ve döngülerde kullanmak için.

Değişken, bir programlama dilinde veri depolamak için kullanılan bir kavramdır. Basitçe ifade etmek gerekirse, değişken bilgisayarın belleğinde ayrılmış ve isimlendirilmiş bir alandır. Bu alan, programın çalışması sırasında değeri değiştirilebilen veya sabit kalabilen verileri tutar.

C programlama dilinde bir değişken tanımladığımızda, derleyici bu değişken için bilgisayarın **RAM**'inde (Random Access Memory) bir yer ayırır. Bu süreç programcı için görünmez olsa da, değişkenlerin nasıl çalıştığını anlamak için bu mekanizmayı bilmek çok önemlidir.

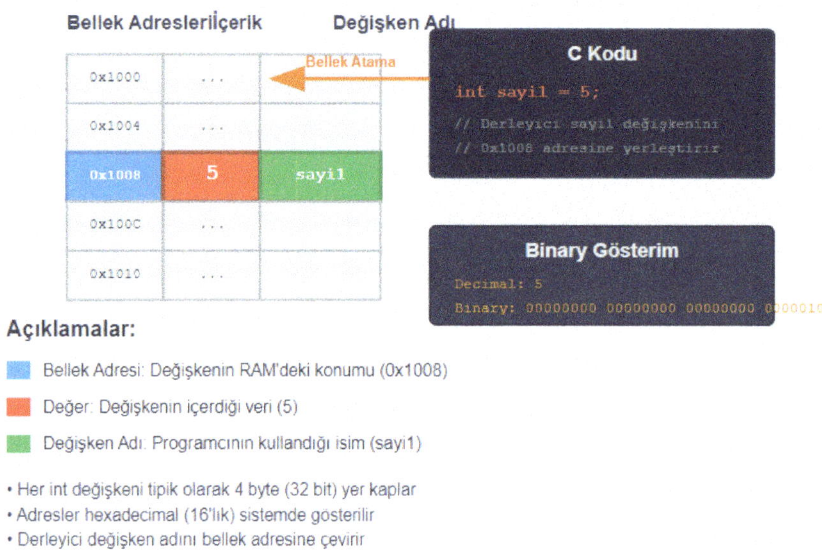


*Şekil 9 - Değişken tanımlama*

`int sayi1 = 5;` Satırında Neler Oluyor?

## Derleyici Aşaması

- int sayi1 = 5;
- Bu kod satırını gördüğünde derleyici şu işlemleri yapar:
- **int** veri tipinin 4 byte yer kapladığını bilir

- RAM'de boş olan 4 byte'lık bir alan bulur
- Bu alana bir adres atar (örneğimizde **0x1008**)
- **sayi1** ismini bu adresle ilişkilendirir
- **5** değerini bu adrese yazar.

İki sayının toplamını hesaplayan bir program örneği üzerinden değişkenlerin kullanımını inceleyelim:

Şimdi bu C kodu üzerinden değişken kavramını açıklayalım:

1. **Değişken Tanımlama:**

- C dilinde, değişkenleri kullanmadan önce tanımlamamız gerekiyor.
- int **sayi1, sayi2, toplam;** satırı ile üç tane tam sayı (integer) değişkeni tanımladık.

2. **Değer Atama:**

- **sayi1** = 5; **ve sayi2** = 7; satırları ile bu değişkenlere ilk değerlerini atadık. C programlama dilinde eşittir işaretinin sağındaki değer, eşittir işaretinin solundaki değişkene aktarılır.
- **toplam = sayi1 + sayi2**; satırı ile toplama işlemini yapıp sonucu `toplam` değişkenine atadık.

Örnek

```
#include <stdio.h>
int main() {
  // Değişkenleri tanımlayalım
  int sayi1, sayi2, toplam;

  // Değişkenlere değer atayalım
  sayi1 = 5;
  sayi2 = 7;

  // Toplama işlemini yapıp sonucu
yeni bir değişkene atayalım
  toplam = sayi1 + sayi2;

  // Sonucu ekrana yazdıralım
  printf("İki sayının toplamı:
%d\n", toplam);

  return 0;
}
```

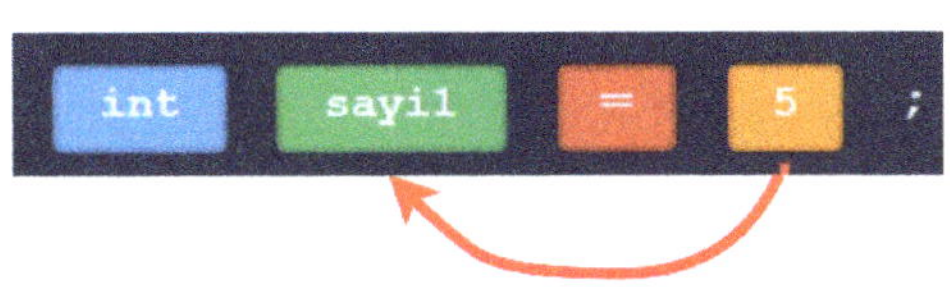


*Şekil 10 - Değer atama*

## 3. Değişkenlerin Kullanımı:

- `printf` fonksiyonu içinde `toplam` değişkenini kullanarak sonucu ekrana yazdırdık.
- `%d` format belirteci, `toplam` değişkeninin değerinin tam sayı olarak yazdırılacağını belirtir.

4. **Değişkenlerin Özellikleri:**

- Her değişkenin bir **veri tipi** var: Bu örnekte hepsi `int` (tam sayı) tipinde.
- Her değişkenin bir **adı** var: `sayi1, sayi2, toplam`.
- Her değişken bir **değer** tutuyor: **5, 7** ve bunların toplamı olan **12**.

Şimdi siz, *Bu iki sayının toplamını değişken kullanmadan da hesaplayabiliriz,* diyebilirsiniz. Örnek olarak:

Örnek

```
int main() {
    printf("Toplam: %d\n", 5 + 7); // 5 ve 7'nin toplamını doğrudan yazdır
    return 0;
}
```

Bu doğru. Yazdığınız kod doğrudur ve iki sabit sayının toplamını doğrudan ekrana yazdırır. Ancak, sayılar kullanıcıdan alınacaksa ve kullanıcının hangi sayıları gireceğini bilmediğimiz durumlarda, bu sayıları değişkenlere aktarmamız gerekir. Örneğin:

Örnek

```
#include <stdio.h>
int main() {
    int sayi1, sayi2, toplam; // Değişkenlerin tanımlanması
    printf("İlk sayıyı girin: ");
    scanf("%d", &sayi1); // İlk sayının kullanıcıdan alınması
    printf("İkinci sayıyı girin: ");
    scanf("%d", &sayi2); // İkinci sayının kullanıcıdan alınması

    toplam = sayi1 + sayi2; // Toplama işlemi ve sonucun değişkene atanması

    printf("Toplam: %d\n", toplam); // Sonucun ekrana yazdırılması
    return 0;
}
```

Bu örnekte, kullanıcıdan alınan sayılar sayi1 ve sayi2 değişkenlerine atanır ve bu değişkenlerin toplamı hesaplanarak ekrana yazdırılır. Değişkenler, kullanıcıdan alınan dinamik girdilerle işlem yapmayı ve bu girdilerin program boyunca kullanılmasını sağlar.

## 6.1. C dilinde değişken türleri

### Sayısal Değişkenler:

### a) Tam Sayılar (Integer):

- **int**: Genellikle 4 byte, -2,147,483,648 ile 2,147,483,647 arası değerler
- **short**: Genellikle 2 byte, -32,768 ile 32,767 arası değerler
- **long**: Genellikle 4 byte veya 8 byte, daha geniş aralık

Örnek

```
int yas = 25;
unsigned int pozitifSayi = 100;
```

- **unsigned**: Sadece pozitif değerler için kullanılır, aralığı iki katına çıkarır

### b) Kayan Noktalı Sayılar (Floating Point):

- **float**: Genellikle 4 byte, yaklaşık 7 basamak hassasiyet
- **double**: Genellikle 8 byte, yaklaşık 15 basamak hassasiyet

Örnek
```
float piSayisi = 3.14159f;
double hassasPi = 3.141592653589793;
```

## Metin Değişkenleri:

- **Karakter (char)**: Tek bir karakteri tutar, 1 byte
- **Karakter Dizisi (string)**: C'de özel bir string tipi yoktur, char dizisi kullanılır

Örnek
```
char harf = 'A';
char isim[20] = "Ahmet";  // 20 karakterlik bir dizi
```

## Mantıksal Değişkenler:

- C'de özel bir boolean tipi yoktur, genellikle int kullanılır
- **0 false**, diğer değerler **true** olarak kabul edilir

Örnek
```
int dogruMu = 1;  // true
int yanlisMi = 0; // false
```

## Diğer Veri Türleri:

### a) Diziler (Arrays):

- Aynı türden elemanların koleksiyonu

Örnek
```
int notlar[5] = {85, 90, 75, 95,80};
```

### b) Yapılar (Structures):

- Farklı veri tiplerini bir arada tutan kullanıcı tanımlı veri tipi

Örnek
```
struct Ogrenci {
  char ad[50];
  int yas;
  float ortalama;
};
struct Ogrenci ali = {"Ali Yılmaz", 20, 3.75};
```

### c) Birlikler (Unions):

- Aynı bellek alanını paylaşan farklı veri tipleri

Örnek
```
union Veri {
  int i;
  float f;
  char str[20];
};
union Veri veri;
veri.i = 10;  // int olarak kullanım
```

**d) Göstericiler (Pointers):**

- Bellek adreslerini tutan özel değişkenler

Örnek

```
int *ptr;
int sayi = 10;
ptr = &sayi;
// sayı'nın adresini ptr'ye ata
```

Bu veri türleri, C programlama dilinde farklı türde verileri saklamak ve işlemek için kullanılır. Programcı, ihtiyaca göre uygun veri türünü seçerek bellek kullanımını optimize edebilir ve veri işleme süreçlerini daha etkili hale getirebilir.

---

*"Değişmeyen tek şey değişimin kendisidir." (Herakleitos)*

---

## 6.2.Değişken İsimlendirme Kuralları ve İyi Uygulamalar

C dilinde değişken isimlendirme kuralları ve iyi uygulamalar şunlardır:

1. **Temel Kurallar:**
   - İsimler harf veya alt çizgi (_) ile başlamalıdır.
   - İsimler sadece harf, rakam ve alt çizgi içerebilir.
   - Büyük/küçük harf duyarlıdır (case-sensitive).
   - C dilinin anahtar kelimeleri (if, while, for vb.) kullanılamaz.

2. **İyi Uygulamalar:**

a) Anlamlı İsimler Kullanın:

- Kötü: int a;
- İyi: int yas;

b) **Camel Case veya Snake Case Kullanın:**

- **Camel Case**: int ogrenciYasi;
- **Snake Case**: int ogrenci_yasi;

c) **Sabitler için büyük harf kullanın:**

- `const int MAX_OGRENCI_SAYISI = 100;`

d) **Kısa ama açıklayıcı isimler tercih edin:**

- **Kötü:** `int x;`

- **İyi**: `int hiz;`

e) **İsimlendirmede tutarlı olun:**

- Aynı projede hem **camel case** hem **snake case** kullanmayın.

f) **Mantıksal değişkenler için soru formu kullanın:**

```
int isCompleted, is_completed, tamamlandiMi;

int hasData, veriVarMi, veri_var_mi;

int isValid, gecerliMi, gecerli_mi;
```

g) **Dizi isimleri çoğul olsun:**

```
int notlar[10];
```

h) **Fonksiyon isimleri eylem içersin:**

```
int ToplamHsapla();
```

**2. Kaçınılması Gerekenler:**

a) Tek harfli değişken isimleri (döngü değişkenleri hariç):

Kötü: `int x, y, z;`
İyi: `int en, boy, yukseklik;`

b) Sayı ile başlayan isimler (geçersiz):

Kötü: `int 1sayi;`

c) Çok uzun isimler:

Kötü: `int buDegiskeninAdiCokUzunVeOkunmasiZor`

d) Benzer isimler:

Kötü: `int deger1, deger2, deger3;`

İyi: `int boy, en, yukseklik;`

**Örnekler**

```
// İyi uygulamalar
int ogrenciSayisi = 25;
float ortalamaNot = 85.5f;
char ilkHarf = 'A';
int MAX_KAPASITE = 100;
// Fonksiyon örneği
double hesaplaOrtalama(int toplam, int adet) {
  return (double)toplam / adet;
}
// Yapı örneği
struct Ogrenci {
  char ad[50];
  int yas;
  float ortalama;
};
```

Bu kuralları ve iyi uygulamaları takip etmek, kodunuzun okunabilirliğini ve bakımını kolaylaştıracaktır. Ayrıca, bir ekip içinde çalışırken, bu tür standartlar üzerinde anlaşmak ve tutarlı bir şekilde uygulamak, kod kalitesini artırır ve iş birliğini kolaylaştırır.

## 6.3. Değişken tanımlama ve ilk değer atama:

C dilinde değişken tanımlama ve ilk değer atama, programlamanın temel adımlarındandır. Bu işlemler, bellek yönetiminin ve veri işlemenin başlangıç noktasını oluşturur.

Değişken Tanımlama: C'de bir değişken tanımlarken önce veri tipini, ardından değişken adını belirtiriz:

Söz Dizimi

```
veri_tipi değişken_adı;
```

Örnek

```
int sayac;
float sicaklik;
char karakter;
```

**İlk Değer Atama (Initialization)**: Değişkeni tanımlarken aynı anda ilk değerini de atayabiliriz:

Söz Dizimi

```
veri_tipi değişken_adı =
ilk_değer;
```

Örnek

```
int yas = 25;
float pi = 3.14159f;
char ilkHarf = ‘A’;
```

Birden fazla değişkeni aynı anda tanımlayıp değer atayabiliriz:

Örnek

```
int x = 10, y = 20, z = 30;
```

Sabit (Constant) Değişkenler: Değeri program boyunca değişmeyen değişkenler için ‘**const**’ anahtar kelimesini kullanırız:

Söz Dizimi

```
const veri_tipi SABIT_ADI =
değer;
```

Örnek

```
const float PI = 3.14159f;
const int MAX_OGRENCI = 100;
```

Sabitler genellikle büyük harfle yazılır ve değerleri değiştirilemez.

## 6.4. Değişkenlerin kapsamı (scope):

C dilinde değişkenlerin kapsamı (scope), değişkenlerin program içinde nerede tanımlandığına ve hangi bölümlerde kullanılabildiğine işaret eder. Bu kapsam kavramı, program yapısını düzenlemede ve değişkenlerin kontrolünde önemli bir rol oynar.

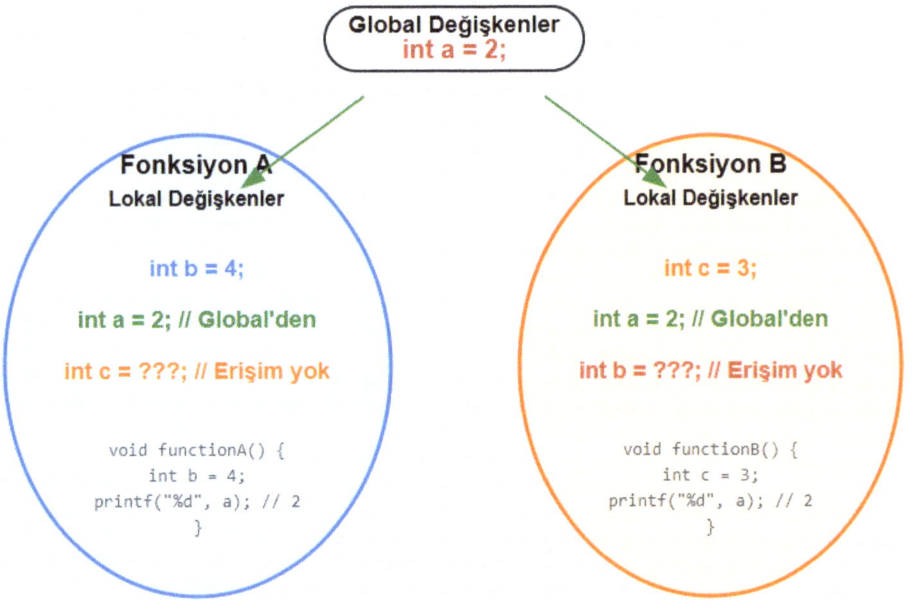


*Şekil 11 - Değişkenlerin kapsamı*

### Yerel Değişkenler:

Bir fonksiyon veya blok içinde tanımlanır. *(Bkz. 10.1 Fonksiyon Kavramı ve Temel Yapısı s.178)*

Sadece tanımlandıkları fonksiyon veya blok içinde kullanılabilir.

Fonksiyon veya blok sona erdiğinde bellekten silinirler.

**Örnek**

```
void ornekFonksiyon() {
  int yerelDegisken = 10; // Yerel değişken
 // yerelDegisken sadece bu fonksiyon içinde kullanılabilir
}
```

### Global Değişkenler:

- Tüm fonksiyonların dışında, genellikle programın başında tanımlanır.
- Program boyunca her yerden erişilebilir.
- Program sonlanana kadar bellekte kalır.

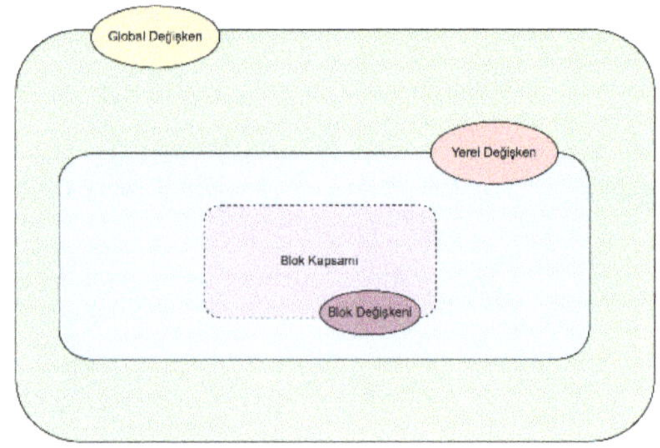


Örnek

```
int globalDegisken = 100; // Global değişken

void birFonksiyon() {
  printf("%d", globalDegisken); // Global değişkene erişim
}
```

Değişken kapsamını doğru kullanmak, kod organizasyonunu iyileştirir, hata riskini azaltır ve programın bakımını kolaylaştırır. Yerel değişkenler veri gizliliğini sağlarken, global değişkenler dikkatli kullanılmalıdır çünkü programın her yerinden erişilebilir olmaları karmaşıklığa yol açabilir. Blok kapsamı ise, değişkenlerin kullanımını sınırlayarak kod okunabilirliğini artırır.

### Blok Kapsamı:

- Süslü parantezler {} ile tanımlanan bir blok içinde geçerlidir.
- Genellikle döngüler veya koşul ifadeleri içinde kullanılır.
- Blok sona erdiğinde değişken yok olur.

Örnek

```
void blokOrnegi() {
  {
    int blokDegiskeni = 5; // Blok kapsamında değişken
    // blokDegiskeni sadece bu blok içinde kullanılabilir
  }
  // Burada blokDegiskeni artık kullanılamaz
}
```

## 6.5. Değişkenlerin yaşam süresi

Değişkenlerin yaşam süresi (lifetime), bir programlama kavramı olarak, bir değişkenin bellekte ne kadar süre var olduğunu ve erişilebilir olduğunu ifade eder. C dilinde, değişkenlerin yaşam süresi, onların nasıl tanımlandığına ve nerede kullanıldığına bağlı olarak değişir. Bu kavramı daha detaylı inceleyebiliriz:

1. **Otomatik Değişkenler** (Automatic Variables):

- Genellikle yerel değişkenler olarak bilinir.
- Bir fonksiyon veya blok içinde tanımlanırlar.
- Yaşam süresi: Tanımlandıkları blok veya fonksiyon başladığında başlar, bittiğinde sona erer.
- Her fonksiyon çağrısında yeniden oluşturulur ve fonksiyon bittiğinde bellekten silinir.

Örnek

```
void ornekFonksiyon() {
  int x = 10; // x bir otoma-
tik değişkendir
  // x burada kullanılabilir
} // Fonksiyon bittiğinde
x'in yaşam süresi sona erer.
```

2. **Statik Değişkenler** (Static Variables):

- 'static' anahtar kelimesi ile tanımlanır.
- Yerel veya global olabilirler.
- Yaşam süresi: Program başladığında başlar, program bittiğinde sona erer.
- Değerleri fonksiyon çağrıları arasında korunur.

Örnek

```
void sayac() {
  static int count = 0; //
Statik yerel değişken
  count++;
  printf("%d\n", count);
}
// count değeri fonksiyon
çağrıları arasında korunur
```

3. **Global Değişkenler**:

- Tüm fonksiyonların dışında tanımlanır.
- Yaşam süresi: Program başladığında başlar, program bittiğinde sona erer.
- Programın herhangi bir yerinden erişilebilir.

Örnek

```
int globalDegisken = 100; //
Global değişken

void birFonksiyon() {
  printf("%d\n", globalDegis-
ken);
}
```

4. **Dinamik Olarak Tahsis Edilen Değişkenler**:

- malloc(), calloc() gibi fonksiyonlarla dinamik olarak bellek tahsis edilir.
- Yaşam süresi: Bellek tahsis edildiğinde başlar, free() fonksiyonu ile bellek serbest bırakılana kadar devam eder.
- Programcının sorumluluğundadır; manuel bellek yönetimi gerektirir.

Örnek

```
int *ptr = (int *)malloc(si-
zeof(int));
*ptr = 10;
// ptr kullanılabilir
free(ptr); // ptr'nin gösterdiği
bellek serbest bırakılır
```

5. **Register Değişkenler**:

- 'register' anahtar kelimesi ile tanımlanır.
- CPU kayıtlarında saklanması önerilir (ama garanti edilmez).
- Yaşam süresi otomatik değişkenlerle aynıdır.

Örnek

```c
void hizliFonksiyon() {
  register int i;
  for(i = 0; i < 1000; i++) {
    // Hızlı işlemler
  }
}
```

Değişkenlerin yaşam sürelerini anlamak, bellek yönetimi ve program akışı açısından önemlidir. Doğru kullanım, programın performansını artırabilir ve bellek sızıntılarını önleyebilir. Özellikle büyük programlarda, değişkenlerin yaşam sürelerini dikkatlice yönetmek, kaynakların verimli kullanılmasını sağlar.

## 6.6. Değişken değerlerini değiştirme ve güncelleme

Değişken değerlerini değiştirme ve güncelleme: Değişkenlerin değerleri, atama operatörü (=) kullanılarak değiştirilebilir. Ayrıca aritmetik işlemler **(+, -, *, /)** ve artırma/azaltma operatörleri **(++, --)** ile de güncellenebilir. Örnek: **x = x + 1**; veya **x++**;

*Problem: Bir öğrencinin notunu güncelleyen ve sınıf ortalamasını hesaplayan bir program yazalım.*

Örnek

```c
#include <stdio.h>
int main() {
  int ogrenciNotu = 75;
  float sinifOrtalamasi = 70.5;
  int ogrenciSayisi = 30;
  // Öğrenci notunu güncelleme
  ogrenciNotu += 5;  // Öğrencinin notunu 5 puan artır
  // Sınıf ortalamasını güncelleme
  sinifOrtalamasi = (sinifOrtalamasi * ogrenciSayisi + ogrenciNotu) / (ogrenciSayisi + 1);
  ogrenciSayisi++;
  printf("Güncellenmiş öğrenci notu: %d\n", ogrenciNotu);
  printf("Yeni sınıf ortalaması: %.2f\n", sinifOrtalamasi);
  return 0;
}
```

### Bu örnekte:

1. Doğrudan atama:
   `ogrenciNotu = 75;`
2. Artırma operatörü:
   `ogrenciNotu += 5;`
3. Aritmetik işlemlerle güncelleme:
   Sınıf ortalaması hesaplanırken
4. Artırma operatörü:
   `ogrenciSayisi++;`

Değişken değerlerini güncelleme, programın akışı içinde verileri dinamik olarak değiştirmemizi sağlar. Bu, programların esnek ve interaktif olmasını mümkün kılar. Yukarıdaki örnekte, basit matematiksel işlemler ve atama operatörleri kullanarak değişken değerlerini nasıl güncelleyebileceğimizi gördük.

## 6.7. Değişkenler arası tip dönüşümleri (type casting)

Değişkenler arası tip dönüşümleri (type casting): Bir veri tipinden başka bir veri tipine dönüşüm yapma işlemidir. **Otomatik (implicit)** veya **açık (explicit)** olarak yapılabilir.

Örnek: `int x = (int)3.14; // float'tan int'e` açık dönüşüm

İşte birkaç örnek:

Tam Sayıdan Ondalıklı Sayıya Dönüşüm:

Örnek

```
int tamSayi = 5;

float ondalikli = (float)tamSayi;

printf("Tam sayı: %d, Ondalıklı: %.1f\n",
tamSayi, ondalikli);
```

Çıktı:

```
Tam sayı: 5, Ondalıklı: 5.0
```

Ondalıklı Sayıdan Tam Sayıya Dönüşüm:

Örnek

```
float ondalikli = 7.8;

int tamSayi = (int)ondalikli;

printf("Ondalıklı: %.1f, Tam sayı: %d\n",
ondalikli, tamSayi);
```

Çıktı:

```
Ondalıklı: 7.8, Tam sayı: 7
```

Karakter ve Tam Sayı Arasında Dönüşüm:

Örnek

```
char karakter = 'A';

int asciiDeger = (int)karakter;

printf("Karakter: %c, ASCII değeri: %d\n",
karakter, asciiDeger);
```

Çıktı:

```
Karakter: A, ASCII değeri: 65
```

Örnek

```
int sayi = 66;

char yeniKarakter = (char)sayi;

printf("Sayı: %d, Karakter karşılığı:
%c\n", sayi, yeniKarakter);
```

Çıktı:

```
Sayı: 66, Karakter karşılığı: B
```

## 6.8. Değişkenlerle ilgili yaygın hatalar ve bunlardan kaçınma yolları:

Yaygın hatalar arasında değişkenleri tanımlamadan kullanmak, yanlış veri tipi kullanmak ve kapsamı (scope) yanlış anlamak yer alır. Bu hatalardan kaçınmak için değişkenleri kullanmadan önce tanımlamak, doğru veri tipini seçmek ve kapsamı dikkatlice yönetmek önemlidir.

Değişkenlerle ilgili yaygın hatalar ve bunlardan kaçınma yolları oldukça önemli bir konudur. İşte birkaç örnek:

1. **Tanımlanmamış Değişken Kullanımı:**

Hata

```c
int main() {
    int x;
    printf("%d", x);  // Hata: x'e
değer atanmamış
    return 0;
}
```

Çözüm

```c
int main() {
    int x = 0;  // Başlangıç değeri
atanmış
    printf("%d", x);
    return 0;
}
```

**Kaçınma Yolu**: Değişkenleri kullanmadan önce mutlaka tanımlayın ve ilk değer atayın.

2. **Yanlış Veri Tipi Kullanımı:**

Hata

```c
float sonuc = 5 / 2;  // Sonuç 2.0
olacak, 2.5 değil
printf("%.1f", sonuc);
```

Çözüm

```c
float sonuc = 5.0 / 2.0;  // En az
bir sayıyı float yapın
printf("%.1f", sonuc);
```

**Kaçınma Yolu**: İşlemlerde doğru veri tiplerini kullanın, gerektiğinde tip dönüşümü yapın.

3. **Değişken Kapsam (Scope) Hatası:**

Hata

```c
void fonksiyon() {
  int x = 10;
}

int main() {
  printf("%d", x);  // Hata: x bu
kapsamda tanımlı değil
  return 0;
}
```

Çözüm

```c
int x;  // Global değişken

void fonksiyon() {
  x = 10;
}
int main() {
  fonksiyon();
  printf("%d", x);
  return 0;
}
```

**Kaçınma Yolu**: Değişkenlerin kapsamına dikkat edin, gerektiğinde global değişkenler kullanın.

4. **Sabit (Constant) Değişkeni Değiştirme Girişimi:**

Hata

```c
const int MAX = 100;
MAX = 200;  // Hata: const değişken
değiştirilemez
```

Çözüm

```c
#define MAX 100  // Makro kullanımı
// veya
const int MAX = 100;  // Sadece oku-
ma amaçlı kullanın
```

**Kaçınma Yolu**: const değişkenleri değiştirmeye çalışmayın, sabit değerler için #define kullanmayı düşünün.

### 5. Dizi Sınırlarını Aşma:

Hata

```
int dizi[5] = {1, 2, 3, 4, 5};
dizi[5] = 6;  // Hata: Dizi sınır-
ları dışına erişim
```

Çözüm

```
int dizi[6] = {1, 2, 3, 4, 5,6};
// Doğru boyut
// veya
int dizi[5] = {1, 2, 3, 4, 5};
if (index < 5) {
    dizi[index] = 6;  // Sınır kont-
rolü
}
```

**Kaçınma Yolu**: Dizi boyutlarını doğru tanımlayın ve erişimlerde sınır kontrolü yapın.

## 6.9. Değişkenlerin bellek kullanımı ve performans etkileri:

Farklı veri tipleri farklı miktarda bellek kullanır ve bu durum programın performansını doğrudan etkileyebilir. Veri tiplerini doğru seçmek, hem bellek verimliliği hem de işlem hızı açısından kritik öneme sahiptir.

### C Dilinde Temel Veri Tiplerinin Bellek Kullanımı

| Veri Tipi | Boyut (Byte) | Değer Aralığı | Kullanım Alanı | Performans Notu |
|---|---|---|---|---|
| char | 1 | -128 ile 127 | Karakter, küçük sayılar | En hızlı işlem |
| unsigned char | 1 | 0 ile 255 | Byte veriler, küçük pozitif sayılar | En hızlı işlem |
| short | 2 | -32,768 ile 32,767 | Orta büyüklükte sayılar | Hızlı işlem |
| unsigned short | 2 | 0 ile 65,535 | Orta büyüklükte pozitif sayılar | Hızlı işlem |
| int | 4 | -2,147,483,648 ile 2,147,483,647 | Genel amaçlı sayılar | Standart hız |
| unsigned int | 4 | 0 ile 4,294,967,295 | Büyük pozitif sayılar | Standart hız |
| long | 8 | -9,223,372,036,854,775,808 ile 9,223,372,036,854,775,807 | Çok büyük sayılar | Daha yavaş |
| unsigned long | 8 | 0 ile 18,446,744,073,709,551,615 | Çok büyük pozitif sayılar | Daha yavaş |
| float | 4 | ±3.4E±38 (7 basamak) | Ondalıklı sayılar | Orta hız |
| double | 8 | ±1.7E±308 (15 basamak) | Yüksek hassasiyetli ondalık | Yavaş |
| long double | 16 | En yüksek hassasiyet | Bilimsel hesaplamalar | En yavaş |

**Doğru veri tipi seçimi:**

- **Bellek kullanımını** 2-8 kat azaltabilir
- **İşlem hızını** %20-50 artırabilir
- **Cache performansını** önemli ölçüde iyileştirir
- **Enerji tüketimini** düşürür (mobil uygulamalarda kritik)

**Altın Kural:** İhtiyacınız olan en küçük veri tipini kullanın, ancak işlem kolaylığını da göz önünde bulundurun.

## Sorular

1. Bir programlama dilinde "değişken" ne anlama gelir? Neden programlamada değişkenlere ihtiyaç duyarız?
2. "Değişken ismi" ve "değişkenin değeri" arasındaki farkı açıklayın. Değişken isimlendirme kurallarına örnekler vererek doğru ve yanlış isimlendirme örneklerini gösterin.
3. C dilindeki temel veri tiplerini (örneğin, int, float, double, char) listeleyerek her birinin hangi tür verileri saklamak için kullanıldığını açıklayın.
4. Her bir veri tipinin bellekte ne kadar yer kapladığını ve bu durumun neden önemli olduğunu belirtin.
5. C dilinde bir değişkeni tanımlamanın ve ona ilk değer atamanın (başlatma) farklı yollarını gösterin.
6. Aşağıdaki tanımlamalarda bir hata olup olmadığını belirtin ve varsa nedenini açıklayın:

```c
int 1sayi;

float pi-sayisi = 3.14;

char ilk_harf = 'A';
```

7. Kullanıcıdan adını ve yaşını alıp bunları ekrana yazdıran bir C programı yazın. Bu programda hangi değişken tiplerini kullanırsınız?
8. Bir değişkenin değerini program içinde nasıl değiştirebileceğinizi açıklayın ve basit bir örnek kod parçacığı yazın.
9. Değişkenler ve sabitler (constants) arasındaki farklar nelerdir? C dilinde sabit tanımlamanın farklı yollarını (örneğin, const anahtar kelimesi ile) gösterin. Sabit kullanmanın programlamadaki avantajları nelerdir?

# 07 ENUMLAR

*"Matematiksel bir eğilimin yanı sıra, kişinin anadiline olağanüstü düzeyde hakim olması, yetkin bir programcının en hayati varlığıdır."*

*Edsger W. Dijkstra*

*"Her kişi yiyemez baldaki tadı,*

*her kuşun rızkı değildir inci, mercân."*

*Yunus Emre*

C programlama dilinde enumeration (enum), sabit değerlerin daha anlamlı ve okunabilir isimlerle kullanılmasını sağlayan, kullanıcı tanımlı bir veri tipidir. Enum'lar, bir grup ilişkili sabit değeri bir araya getirerek kodun okunabilirliğini ve bakımını artırır. Bu bölümde, enum'ların ne olduğunu, nasıl tanımlandığını ve kullanıldığını öğreneceğiz.

## 7.1. Enumeration Nedir?

Enumeration, bir programda kullanılacak sabit değerlerin anlamlı isimlerle temsil edilmesini sağlayan bir yapıdır. Bu yapı sayesinde kod daha anlaşılır hale gelir ve hata yapma olasılığı azalır. Enum'lar genellikle birbiriyle ilişkili sabit değerleri gruplamak için kullanılır, örneğin günler, aylar, yönler veya renkler gibi.

**Neden Enum Kullanılır?**

**Okunabilirlik**: Anlamlı isimler kullanarak kodun daha anlaşılır olmasını sağlar.

**Bakım Kolaylığı**: Sabit değerlerde değişiklik yapıldığında kodun geri kalanını etkilemeden güncellenebilir.

**Tip Güvenliği**: Derleyici, enum tiplerinin uygun şekilde kullanılmasını sağlar ve hataları erken tespit eder.

## 7.2. Enum Tanımlama ve Kullanımı

Enum tanımlamak için **enum** anahtar kelimesi kullanılır:

Söz Dizimi

```
enum EnumAdı {
  Sabit1,
  Sabit2,
  // ...
};
```

Örnek

```
enum Renk {
  KIRMIZI,
  YESIL,
  MAVI
};
```

**Varsayılan** olarak, enum sabitlerine tamsayı değerler atanır ve bu değerler 0'dan başlar.

| Enum Sabiti | Değer |
|---|---|
| KIRMIZI | 0 |
| YESIL | 1 |
| MAVI | 2 |

```
enum Renk {
  KIRMIZI = 10,
  YESIL = 20,
  MAVI = 30
};
```

Enum sabitlerine **özel değerler** atayabiliriz:

| Enum Sabiti | Değer |
|---|---|
| KIRMIZI | 10 |
| YESIL | 20 |
| MAVI | 30 |

Bu örnekte, **Renk** adında bir enum tanımladık ve içinde üç sabit değer belirledik: KIRMIZI, YESIL, MAVI.

## 7.3. Enum Üyelerine Erişim ve Atama

Enum üyelerini kullanırken doğrudan isimleriyle atama yapabilirsiniz.

Örnek

```
#include <stdio.h>
enum Gun {
  PAZARTESI,
  SALI,
  CARSAMBA,
  PERSEMBE,
  CUMA,
  CUMARTESI,
  PAZAR
};
int main() {
  enum Gun bugun;
  bugun = CARSAMBA;
  if (bugun == CARSAMBA) {
    printf("Bugün Çarşamba.\n");
  }
  return 0;
}
```

Gun adında bir Enum tanımlanıyor.

Haftanın günleri sırayla sayısal değerlere karşılık gelir: Pazartesi=0…

**bugun** adında **Gun** türünde bir değişken tanımlanır.

**CARSAMBA** değeri atanır

**Çıktı:**

Bugün Çarşamba.

### Değerlerin Görüntülenmesi

Enum sabitlerinin değerlerini görmek için tamsayı olarak yazdırabilirsiniz.

Örnek

```
#include <stdio.h>

enum Renk {
  KIRMIZI = 1,
  YESIL = 3,
  MAVI = 5
};

int main() {
  printf("KIRMIZI: %d\n", KIRMIZI);
  printf("YESIL: %d\n", YESIL);
  printf("MAVI: %d\n", MAVI);

  return 0;
}
```

**Çıktı:**

```
KIRMIZI: 1
YESIL: 3
MAVI: 5
```

## 7.4. Enum ile Switch-Case Kullanımı

Enum'lar, switch-case yapılarıyla birlikte kullanıldığında kodun okunabilirliğini ve bakımını artırır. (Bkz. Switch-case s.159)

Örnek

```
include <stdio.h>

enum Islem {
    TOPLAMA,
    CIKARMA,
    CARPMA,
    BOLME
};

int main() {
    enum Islem islem = CARPMA;
    int a = 10, b = 5, sonuc;

    switch (islem) {
        case TOPLAMA:
            sonuc = a + b;
            break;
        case CIKARMA:
            sonuc = a - b;
            break;
        case CARPMA:
            sonuc = a * b;
            break;
        case BOLME:
            sonuc = a / b;
            break;
        default:
            printf("Geçersiz işlem.\n");
            return 1;
    }

    printf("Sonuç: %d\n", sonuc);

    return 0;
}
```

**Çıktı:**

```
Sonuç: 50
```

## 7.5. Enum Kullanımında En İyi Uygulamalar

**Anlamlı İsimler Kullanın**: Enum ve üyeleri için açıklayıcı isimler seçin.

**Tip Güvenliğine Dikkat Edin**: Enum değişkenlerine uygun olmayan değerler atamayın.

**Sabit Değerlerden Kaçının**: Magic number olarak adlandırılan doğrudan sayı kullanımından kaçının, bunun yerine enum sabitlerini kullanın.

**Kod Standartlarına Uyun**: Projenizde belirlenen kodlama standartlarına uygun enum tanımları yapın.

**Varsayılan Değerleri Kontrol Edin**: Enum'ların varsayılan başlangıç değerlerinin 0 olduğunu unutmayın; gerektiğinde özel değerler atayın.

## 7.6. Örnek Uygulamalar ve Alıştırmalar

Tanım: Ayları temsil eden bir enum ve mevsimleri belirleyen bir fonksiyon yazın.

Örnek

```
#include <stdio.h>

enum Aylar {
  OCAK = 1,
  SUBAT,
  MART,
  NISAN,
  MAYIS,
  HAZIRAN,
  TEMMUZ,
  AGUSTOS,
  EYLUL,
  EKIM,
  KASIM,
  ARALIK
};
```

```
void mevsimBul(int ay) {
  if (ay >= MART && ay <= MAYIS) {
    printf("İlkbahar\n");
  } else if (ay >= HAZIRAN && ay <= AGUSTOS) {
    printf("Yaz\n");
  } else if (ay >= EYLUL && ay <= KASIM) {
    printf("Sonbahar\n");
  } else if (ay == ARALIK || ay == OCAK || ay ==SUBAT) {
    printf("Kış\n");
  } else {
    printf("Geçersiz ay.\n");
  }
}

int main() {
  int ay = TEMMUZ;
  mevsimBul(ay);

  return 0;
}
```

**Çıktı:** Yaz

## Özet

Bu bölümde, C dilinde enumeration (enum) yapısını inceledik. Enum'lar, sabit değerleri anlamlı isimlerle kullanmamızı sağlayarak kodun okunabilirliğini ve bakımını artırır. Enum'ların nasıl tanımlandığını, kullanıldığını ve programlarda nasıl uygulandığını öğrendik. Ayrıca, enum'ların tip güvenliği, switch-case yapılarıyla kullanımı ve ileri seviye konularına değindik.

## Anahtar Noktalar:

**Enum Tanımlama**: enum anahtar kelimesi kullanılarak yapılır.

**Varsayılan Değerler**: Sabitlere otomatik olarak 0'dan başlayan tamsayı değerler atanır.

**Özel Değer Atama**: Sabitlere istenen değerler atanabilir.

**Tip Güvenliği**: Enum tipine uygun değerler kullanılmalıdır.

**Switch-Case ile Kullanım**: Enum'lar kontrol yapılarında kodu daha okunabilir hale getirir.

**İleri Seviye Konular**: Bit maskeleriyle kullanım, anonim enum'lar ve bellek optimizasyonu gibi konular.

Enum'lar, özellikle büyük ve karmaşık projelerde kodun daha düzenli ve anlaşılır olmasını sağlar. Sabit değerleri anlamlı isimlerle kullanmak, hem kod yazarken hata yapma olasılığını azaltır hem de kodun bakımını kolaylaştırır.

## Sonuç

Enum'lar, C programlama dilinde önemli ve kullanışlı bir araçtır. Kodunuzda sabit değerler kullanmanız gerektiğinde, enum'ları tercih ederek kodunuzu daha okunabilir ve sürdürülebilir hale getirebilirsiniz. Bu bölümde öğrendiklerinizi pratik uygulamalarla pekiştirerek projelerinizde etkin bir şekilde kullanabilirsiniz.

## Sorular

1. "Enumeration (Enum)" veri tipi ne anlama gelir? Enum kullanmanın en temel amacı nedir?
2. Neden sabit tamsayılar yerine enum kullanmayı tercih ederiz? enum'un kod okunabilirliği ve hata olasılığını azaltma konusundaki faydalarını açıklayın.
3. C dilinde basit bir enum yapısı nasıl tanımlanır? Örnek bir enum yapısı yazın.
4. Tanımlanan bir enum'dan nasıl değişken oluşturulur? Oluşturulan değişkene nasıl bir değer atanır?
5. Varsayılan olarak enum içindeki elemanlara hangi değerler atanır?
6. enum elemanlarına özel değerler atamak mümkün müdür? Özel değer atama kuralını ve bir örnekle nasıl yapıldığını gösterin.
7. Aşağıdaki enum yapısının her bir elemanının alacağı değeri yazın:

```c
enum Aylar {Ocak = 1, Subat, Mart, Nisan, Mayis};
```

8. Bir hafta içindeki günleri temsil eden bir enum tanımlayın ve kullanıcının girdiği güne göre ekrana günün ismini yazdıran bir program yazın.
9. Bir oyun için yönleri temsil eden bir enum tanımlayın (KUZEY, GUNEY, DOGU, BATI)ve bir karakterin hareketini simüle edin.
10. Bir dosya sisteminde dosya izinlerini (okuma, yazma, çalıştırma) temsil eden bir enum ve bu izinleri kontrol eden bir fonksiyon yazın.

# 08 OPERATÖRLER

*"Her işin bir püf noktası vardır."*

*(Türk Atasözü)*

*"Matematiğin dili sembollerdedir."*

*Josiah Willard Gibbs*

Programlama dillerinde operatörler, değişkenler ve değerler üzerinde işlemler yapmak için kullanılır. Operatörler sayesinde aritmetik hesaplamalar yapabilir, karşılaştırmalar gerçekleştirebilir ve mantıksal ifadeler oluşturabilirsiniz. Bu bölümde, farklı operatör türlerini ve bunların kullanımını inceleyeceğiz.

**Operatörlerin Tanımı**

Operatörler, belirli bir işlemi gerçekleştirmek için kullanılan sembollerdir. Operatörler genellikle bir veya daha fazla operanda uygulanır. **Operand**, operatörün işlem yaptığı veri veya değişkendir.

Bu ifadede **+** bir operatördür ve **5** ile **3** operandlardır.

Örnek

```
int a = 5 + 3;
```

## 8.1. Aritmetik Operatörler

Aritmetik operatörler, sayısal değerler üzerinde temel matematiksel işlemleri yapmak için kullanılır.

| Operatör | Adı | Açıklama | Örnek Kod | Sonuç |
|---|---|---|---|---|
| + | Toplama | İki değeri toplar. | int toplam = 10 + 5; | toplam = 15 |
| - | Çıkarma | İkinci değeri birinciden çıkarır. | int fark = 10 - 5; | fark = 5 |
| * | Çarpma | İki değeri çarpar. | int carpim = 10 * 5; | carpim = 50 |
| / | Bölme | Birinci değeri ikinci değere böler. Tamsayı bölmede kesir atılır. | int bolum = 10 / 3; | bolum = 3 |
| / | Ondalıklı Bölme | Ondalıklı sayı kullanıldığında sonuç da ondalıklı olur. | double bolum = 10.0 / 3.0; | bolum = 3.333 |
| % | Modülüs (Kalan) | Birinci sayının ikinci sayıya bölümünden kalanı verir. | int kalan = 10 % 3; | kalan = 1 |

## 8.2. İlişkisel Operatörler

İlişkisel operatörler, iki değeri karşılaştırmak için kullanılır ve sonuç olarak `true` (doğru) veya `false` (yanlış) değerini döndürür.

| Operatör | Adı | Açıklama | Örnek Kod | Sonuç (true/false) |
|---|---|---|---|---|
| == | Eşittir | İki değerin eşit olup olmadığını kontrol eder. | 10 == 5 | false |
| != | Eşit Değil | İki değerin eşit olmadığını kontrol eder. | 10 != 5 | true |
| > | Büyüktür | Soldaki değerin sağdakinden büyük olup olmadığını kontrol eder. | 10 > 5 | true |
| < | Küçüktür | Soldaki değerin sağdakinden küçük olup olmadığını kontrol eder. | 10 < 5 | false |
| >= | Büyük Eşit | Soldaki değerin sağdakinden büyük veya eşit olup olmadığını kontrol eder. | 10 >= 10 | true |
| <= | Küçük Eşit | Soldaki değerin sağdakinden küçük veya eşit olup olmadığını kontrol eder. | 10 <= 5 | false |

## 8.3. Mantıksal operatörler

Mantıksal operatörler, birden fazla koşulu birleştirmek veya bir koşulun tersini almak için kullanılır.

### Mantıksal VE Operatörü (&&)

**Doğruluk Tablosu:**

| A (Koşul 1) | B (Koşul 2) | A && B (Sonuç) |
|---|---|---|
| 0 | 0 | 0 |
| 0 | 1 | 0 |
| 1 | 0 | 0 |
| 1 | 1 | 1 |

Örnek

```
if (a > 0 && b > 0) {
    // a ve b pozitif sayılardır
}
```

(Bkz. if-else Yapısı s.148)

Her iki koşul da doğruysa sonuç doğrudur.

### Mantıksal VEYA Operatörü ( || )

Koşullardan en az biri doğruysa sonuç doğrudur.

| A (Koşul 1) | B (Koşul 2) | A && B (Sonuç) |
|---|---|---|
| 0 | 0 | **0** |
| 0 | 1 | **1** |
| 1 | 0 | **1** |
| 1 | 1 | **1** |

Örnek

```
if (a > 0 || b > 0) {
    // a veya b pozitif sayıdır
}
```

### Mantıksal DEĞİL Operatörü ( ! )

Koşulun tersini alır.

| A (Koşul 1) | !A (Sonuç) |
|---|---|
| 0 | 1 |
| 1 | 0 |

Örnek

```
if (!(a > 0)) {
    // a pozitif değildir
}
```

## 8.4. Atama Operatörleri

Atama operatörleri, bir değişkene değer atamak veya mevcut değeri üzerinde işlem yaparak yeni bir değer atamak için kullanılır.

| Operatör | Adı | Açıklama | Örnek Kod | Sonuç |
|---|---|---|---|---|
| = | Basit Atama | Sağdaki değeri soldaki değişkene atar. | int a = 10; | a = 10 |
| += | Toplayarak Atama | a += 5 → a = a + 5 | a += 5; | a = a + 5 |
| -= | Çıkararak Atama | a -= 3 → a = a - 3 | a -= 3; | a = a - 3 |
| *= | Çarparak Atama | a *= 2 → a = a * 2 | a *= 2; | a = a * 2 |
| /= | Bölerek Atama | a /= 2 → a = a / 2 | a /= 2; | a = a / 2 |
| %= | Modülüs ile Atama | a %= 3 → a = a % 3 | a %= 3; | a = a % 3 |

## 8.5. Artırma ve Azaltma Operatörleri

Artırma (++) ve azaltma (--) operatörleri, bir değişkenin değerini bir artırmak veya bir azaltmak için kullanılır. Bu operatörler, özellikle sayaç işlemleri ve döngülerde sıkça tercih edilir. Operatörler ön ek (prefix) ve son ek (postfix) olarak iki şekilde kullanılabilir; bu da işlemin yapılma sırasını etkiler.

| Operatör | Adı | Kullanımı | Örnek Kod | Açıklama / Sonuç |
|---|---|---|---|---|
| **++a** | Ön Ek Artırma | Önce artırır, sonra kullanır | `int a = 5;` `int b = ++a;` | a = 6, b = 6 |
| **a++** | Son Ek Artırma | Önce kullanır, sonra artırır | `int a = 5;` `int b = a++;` | b = 5, a = 6 |
| **--a** | Ön Ek Azaltma | Önce azaltır, sonra kullanır | `int a = 5;` `int b = --a;` | a = 4, b = 4 |
| **a--** | Son Ek Azaltma | Önce kullanır, sonra azaltır | `int a = 5;` `int b = a--;` | b = 5, a = 4 |

### 8.6. Bit Seviyesi Operatörleri

Bit düzeyinde işlemler yapmak için kullanılır. Genellikle düşük seviye programlama ve performans optimizasyonu için kullanılır.

| Operatör | Adı | Açıklama | Örnek Kod | İşlem / Sonuç |
|---|---|---|---|---|
| **&** | Bit VE (AND) | İki sayının bitlerini VE işlemine tabi tutar. | int c = 5 & 3; | 0101 & 0011 = 0001 → c = 1 |
| **`** | ` | Bit VEYA (OR) | İki sayının bitlerini VEYA işlemine tabi tutar. | `int c = 5 |
| **^** | Bit Özel VEYA (XOR) | İki sayının bitlerini özel VEYA işlemine tabi tutar. | int c = 5 ^ 3; | 0101 ^ 0011 = 0110 → c = 6 |
| **~** | Bit DEĞİL (NOT) | Sayının tüm bitlerini tersine çevirir. | int b = ~5; | ~0000 0101 = 1111 1010 → -6 |
| **<<** | Sol Kaydırma | Bitleri sola doğru kaydırır (çarpma etkisi yapar). | int b = 5 << 1; | 0000 0101 << 1 = 0000 1010 → 10 |
| **>>** | Sağ Kaydırma | Bitleri sağa doğru kaydırır (bölme etkisi yapar). | int b = 5 >> 1; | 0000 0101 >> 1 = 0000 0010 → 2 |

## 8.7. Koşul (Ternary) Operatörü (?:)

Üç operandlı tek operatördür. Koşullu ifadeleri kısa şekilde yazmak için kullanılır.

Örnek

```
int a = 10;
int b = (a > 5) ? 1 : 0;
// a 5'ten büyük olduğu için b = 1
```

## 8.8. Virgül Operatörü (,)

Birden fazla ifadeyi bir arada yazmak için kullanılır.

En sağdaki ifadenin değeri alınır.

Örnek

```
int a = (b = 3, b + 2);
// b = 3 atanır, a = 5 olur
```

## 8.9. Diğer Operatörler

| Operatör | Adı | Açıklama | Örnek Kod | Sonuç / Açıklama |
|---|---|---|---|---|
| **sizeof** | Boyut Operatörü | Bir veri türünün veya değişkenin bellekte kapladığı alanı byte cinsinden verir. | int a;<br>size_t b = sizeof(a); | b = 4 (genellikle, sisteme göre değişir) |
| & | Adres Operatörü | Bir değişkenin bellek adresini verir. | int a = 10;<br>int *ptr = &a; | ptr, a'nın adresini tutar |
| * | İşaretçi Değer Operatörü | Bir işaretçinin gösterdiği bellek adresindeki değeri verir. | int a = 10;<br>int *ptr = &a;<br>int b = *ptr; | b = 10 |

## 8.10. Örnek Uygulama: Operatörlerin Kullanımı

Aşağıda, farklı operatörlerin kullanımını gösteren örnek bir C programı verilmiştir.

Örnek

```
#include <stdio.h>

int main() {
  int a = 10, b = 3;
  int sonuc;

  // Aritmetik Operatörler
  sonuc = a + b;
  printf("Toplama: %d + %d = %d\n", a, b, sonuc)
  sonuc = a - b;
  printf("Çıkarma: %d - %d = %d\n", a, b, sonuc);
  sonuc = a * b;
  printf("Çarpma: %d * %d = %d\n", a, b, sonuc);
  sonuc = a / b;
  printf("Bölme: %d / %d = %d\n", a, b, sonuc);
  sonuc = a % b;
  printf("Modülüs: %d %% %d = %d\n", a, b, sonuc);

  // İlişkisel Operatörler
  printf("a eşit mi b'ye? %d\n", a == b);
  printf("a büyük mü b'den? %d\n", a>b);

  // Mantıksal Operatörler
  printf("a > 5 ve b < 5? %d\n", (a > 5) && (b < 5));
  printf("a < 5 veya b < 5? %d\n", (a < 5) || (b < 5));

  // Artırma ve Azaltma Operatörleri
  a++;
  printf("a'nın artırılmış değeri: %d\n", a);
  b--;
  printf("b'nin azaltılmış değeri: %d\n", b);

  // Koşul Operatörü
  sonuc = (a > b) ? a : b;
  printf("a ve b'nin büyük olanı: %d\n", sonuc);

  // Bit Seviyesi Operatörler
  sonuc = a & b;
  printf("a & b: %d\n", sonuc);

  sonuc = a | b;
  printf("a | b: %d\n", sonuc);

  // Boyut Operatörü
  printf("int tipinin boyutu: %zu byte\n", sizeof(int));

  return 0;
}
```

**Çıktı:**

```
Toplama: 10 + 3 = 13
Çıkarma: 10 - 3 = 7
Çarpma: 10 * 3 = 30
Bölme: 10 / 3 = 3
Modülüs: 10 % 3 = 1
a eşit mi b'ye? 0
a büyük mü b'den? 1
a > 5 ve b < 5? 1
a < 5 veya b < 5? 1
a'nın artırılmış
değeri: 11
b'nin azaltılmış
değeri: 2
a ve b'nin büyük
olanı: 11
a & b: 2
a | b: 11
int tipinin boyutu:
4 byte
```

Operatörler, programlamanın temel taşlarından biridir ve değişkenler üzerinde işlem yapmamızı sağlar. Bu bölümde, çeşitli operatörleri ve bunların nasıl kullanıldığını inceledik. Operatörlerin doğru ve etkili bir şekilde kullanımı, programınızın işlevselliğini ve performansını artıracaktır.

## Alıştırmalar

1. C dilinde bulunan başlıca operatör türleri (aritmetik, ilişkisel, mantıksal, atama, arttırma/azaltma, vb.) nelerdir? Her bir operatör türüne birer örnek verin.
2. C dilinde kullanılan temel aritmetik operatörler (+, -, *, /) nelerdir? % (mod alma) operatörünün işlevi nedir ve hangi durumlarda kullanılır?
3. Aşağıdaki C kodunun çıktısı ne olur? Nedenini açıklayın.

```
int a = 9, b = 4;

float c = (float)a / b;

printf("Sonuc: %f\n", c);
```

4. İlişkisel operatörler (<, >, <=, >=, ==, !=) ne için kullanılır? Bu operatörlerin döndürdüğü değerler nelerdir?
5. Mantıksal operatörler (&&, ||, !) ne işe yarar? Bir if koşulunda birden fazla şartı birleştirmek için bu operatörleri nasıl kullanırsınız? Örnek bir kod parçacığı yazın.
6. = (basit atama) ve bileşik atama operatörleri (+=, -=, *=, /=, %=) arasındaki farkı açıklayın. Bileşik atama operatörleri kullanmanın programlamadaki avantajı nedir?
7. Aşağıdaki kodu, bileşik atama operatörü kullanarak yeniden yazın:

```
int x = 4;

x = x + 11;
```

8. ++ (arttırma) ve -- (azaltma) operatörlerinin "prefix" (++i) ve "postfix" (i++) kullanımları arasındaki fark nedir? Bir örnekle bu farkı açıklayın.
9. Aşağıdaki kodun çıktısı ne olur? Nedenini adım adım açıklayın.

```
int i = 5, j = 5;

printf("i++: %d\n", i++);

printf("++j: %d\n", ++j);

printf("i'nin yeni degeri: %d\n", i);
```

# 09 KONTROL YAPILARI

*Gel Gel Ne Olursan Ol Yine Gel*

*Mevlana*

Kontrol yapıları, bir programın akışını yönlendiren ve belirli koşullara göre farklı kod bloklarının çalıştırılmasını sağlayan programlama araçlarıdır. Bu yapılar, programcılara kodlarını daha esnek ve dinamik bir şekilde yazma imkanı verir. Temel olarak üç ana kontrol yapısı vardır:

1. **Sıralı Yapı (Sequence):**

   - Komutların yukarıdan aşağıya doğru sırayla çalıştırılmasıdır.

   - En basit kontrol yapısıdır.

2. **Koşullar - Seçim Yapıları (Selection):**

   - Belirli koşullara göre farklı kod bloklarının çalıştırılmasını sağlar.

   - Örnek: if, else if, else, switch-case ifadeleri

3. **Döngüler - Tekrar Yapıları (Iteration):**

   - Belirli bir kod bloğunun tekrar tekrar çalıştırılmasını sağlar.

   - Örnek: for, while, do-while döngüleri

Bu yapılar sayesinde programcılar:

- Koşullu işlemler yapabilir

- Tekrarlayan görevleri otomatikleştirebilir

- Program akışını dinamik olarak yönetebilir

Kontrol yapıları, yapısal programlamanın temel taşlarından biridir ve modern programlama dillerinin çoğunda benzer şekillerde bulunur. Bu yapılar, kodun daha okunabilir, bakımı kolay ve hata ayıklaması daha basit olmasını sağlar.

## 9.1. Sıralı Yapı

**Sıralı Yapı (Sequence)**, programlama dillerinde kullanılan en basit kontrol yapılarından biridir. Programın yukarıdan aşağıya doğru sırayla komutları çalıştırdığı bir yapıdır.

Başka bir deyişle, sıralı yapıda her bir komut bir önceki komutun tamamlanmasının ardından çalıştırılır ve tüm işlemler belirli bir sıraya göre ilerler.

Örnek

```c
#include <stdio.h>

int main() {
  int a = 5;
  int b = 10;
  int toplam;
  // Sıralı yapı burada devrede: komutlar sırayla
çalıştırılıyor
  toplam = a + b;  // Önce toplama işlemi yapılır
  printf("Toplam: %d\n", toplam);
 // Daha sonra sonuç ekrana yazdırılır

  return 0;
}
```

**Şema:**

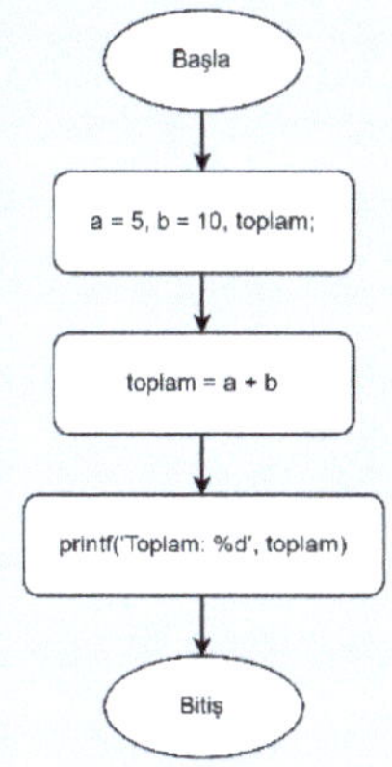


## 9.2. Koşullar

*"Önce düşün, sonra iş yap." (Türk Atasözü)*

Koşullu İfadeler (Selection/Branching)

Koşullu ifadeler, yapısal programlamanın temel taşlarından biridir ve programların belirli durumlara göre farklı davranmasını sağlar. Bu yapılar, programcılara kodlarını daha esnek ve dinamik hale getirme imkanı sunar. Koşullu ifadeler sayesinde, programlar kullanıcı girişlerine, hesaplama sonuçlarına veya dış faktörlere bağlı olarak farklı yollar izleyebilir.

En yaygın kullanılan koşullu ifade türleri arasında if-else yapısı, else if zincirleri ve switch-case ifadeleri bulunur. Bu yapılar, programın akışını kontrol etmek, belirli koşullar altında farklı kod bloklarını çalıştırmak ve karmaşık karar verme mekanizmaları oluşturmak için kullanılır. Koşullu ifadelerin doğru ve etkili kullanımı, programların daha akıllı, daha verimli ve daha kullanıcı dostu olmasını sağlar.

- if-else Yapısı
- else if Kullanımı
- switch-case Yapısı (dile bağlı olarak)
- Koşullu Operatörler

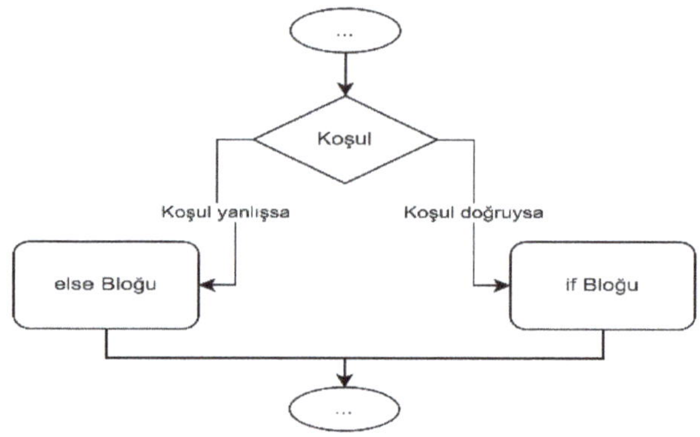


## if-else Yapısı

## Problem: Klima Soğutma Sistemi

Bir evde kullanılan klima, sıcaklığı belirli bir seviyede tutmak için soğutma modunda çalışır. Ancak, klima sistemi belirli koşullara bağlı olarak çalışır veya durur. Sistem, oda sıcaklığını hedef sıcaklığa düşürmek için aşağıdaki mantığı kullanır:

1. **Başlangıç Koşulu:** Klima, başlangıçta kapalıdır.
2. **Koşul 1:** Eğer oda sıcaklığı 25°C'nin üzerindeyse, klima soğutma modunda çalışır.
3. **Koşul 2:** Eğer oda sıcaklığı 25°C'nin altına düşerse, klima kapanır.

Bu algoritmaya göre kod örneği:

Örnek

```
#include <stdio.h>

int main() {
  int sicaklik;
  printf("Sıcaklığı giriniz: ");
  scanf("%d", &sicaklik);
  if (sicaklik > 25) {
    printf("Klimayı soğutma modunda çalıştır\n");
  } else {
    printf("Klimayı kapat\n");
  }
  return 0;
}
```

**Şema:**

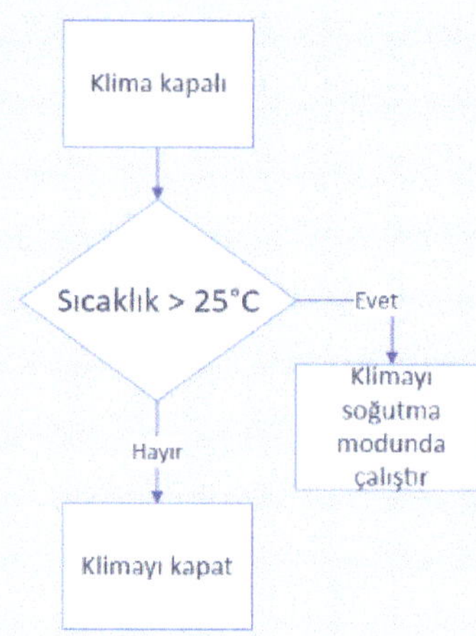


Bu kod:

1. Kullanıcıdan sıcaklık değerini alır.
1. Sıcaklık 25°C'den yüksekse, "Klimayı soğutma modunda çalıştır" mesajını yazdırır.
2. Sıcaklık 25°C veya daha düşükse, "Klimayı kapat" mesajını yazdırır.

Bu konuda bizim için önemli olan bu 4 satırlık kod. Kodları açıklayalım.

1. `if (sicaklik > 25) {`

- Bu satır bir koşul ifadesi başlatır.
- Parantez içindeki **`sicaklik > 25`** bir karşılaştırma işlemidir.
- Bu işlem, **`sicaklik`** değişkeninin 25'ten büyük olup olmadığını kontrol eder.
- Eğer bu koşul doğruysa (sıcaklık 25'ten büyükse), içindeki kod bloğu çalıştırılır.

Örnek

```
if (sicaklik > 25) {
    printf("Klimayı soğutma modunda çalıştır\n");
} else {
    printf("Klimayı kapat\n");
}
```

2. `printf("Klimayı soğutma modunda çalıştır\n");`

- Bu satır, sıcaklık 25'ten büyük olduğunda çalıştırılır.
- Ekrana "Klimayı soğutma modunda çalıştır" mesajını yazdırır.
- `\n` karakteri, mesajdan sonra yeni bir satıra geçilmesini sağlar.

3. } else {

- Bu kısım, `if` koşulu sağlanmadığında (yani sıcaklık 25 veya daha düşük olduğunda) çalıştırılacak kod bloğunu başlatır.

4. `printf("Klimayı kapat\n");`

- Bu satır, sıcaklık 25 veya daha düşük olduğunda çalıştırılır.
- Ekrana "Klimayı kapat" mesajını yazdırır.

5. Son kapanan süslü parantez `}`, `else` bloğunun ve genel `if-else` yapısının sonunu belirtir.

Bu yapı, "**eğer-değilse**" mantığını uygular:

- Eğer sıcaklık 25'ten büyükse, klimayı çalıştır.
- Değilse (yani sıcaklık 25 veya daha düşükse), klimayı kapat.

Bu tür koşullu ifadeler, programın farklı durumlara göre farklı davranmasını sağlar ve karar verme mekanizmalarının temelini oluşturur.

## else if Kullanımı

Programlamada sıkça karşılaşılan durumlardan biri, birden fazla koşulu kontrol etme ihtiyacıdır. Bu gibi durumlarda "**else if**" yapısı oldukça kullanışlıdır. "else if" ifadesi, ilk "if" koşulu sağlanmadığında devreye girer ve yeni bir koşul kontrolü sağlar.

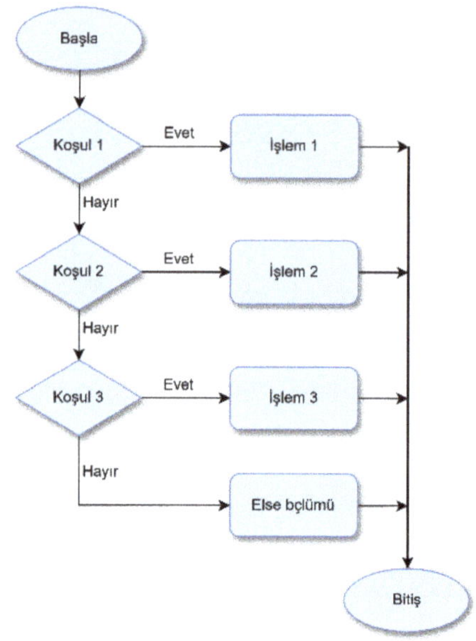


*Şekil 12 - else if temel yapısı*

### Temel Yapı

"else if" yapısının genel kullanımı şu şekildedir:

Söz Dizimi

```
if (koşul1) {
    // koşul1 doğruysa çalışacak kod
} else if (koşul2) {
    // koşul1 yanlış ve koşul2 doğruysa çalışacak kod
} else if (koşul3) {
    // koşul1 ve koşul2 yanlış, koşul3 doğruysa çalışacak kod
} else {
    // hiçbir koşul sağlanmadığında çalışacak kod
}
```

## Örnek: Not Değerlendirme Sistemi

Bir öğrencinin notunu değerlendiren ve buna göre bir mesaj veren bir program yazalım. Bu örnekte "**else if**" kullanımının nasıl faydalı olabileceğini göreceğiz.

Bu örnekte:

- İlk olarak kullanıcıdan bir not değeri alıyoruz.
- Sonra bu notu farklı aralıklara göre kontrol ediyoruz.
- Her "else if" ifadesi, bir önceki koşulun sağlanmadığı durumda kontrol edilir.
- Eğer hiçbir koşul sağlanmazsa (yani not 50'nin altındaysa), "else" bloğu çalışır.

Bu yapı sayesinde, her not aralığı için ayrı bir mesaj verebiliyoruz. "else if" kullanmak, kodun daha düzenli ve anlaşılır olmasını sağlar. Ayrıca, performans açısından da avantajlıdır çünkü bir koşul sağlandığında diğer koşullar

Örnek

```
#include <stdio.h>
int main() {
  int not_degeri;
  printf("Öğrencinin notunu giriniz
(0-100): ");
  scanf("%d", &not_degeri);
  if (not_degeri >= 90) {
    printf("Harika! 10 aldınız.\n");
  } else if (not_degeri >= 80) {
    printf("Çok iyi! 9 aldınız.\n");
  } else if (not_degeri >= 70) {
    printf("İyi! 8 aldınız.\n");
  } else if (not_degeri >= 60) {
    printf("Fena değil. 7 aldınız.\n");
  } else if (not_degeri >= 50) {
    printf("Geçtiniz. 6 aldınız.\n");
  } else {
    printf("Maalesef kaldınız.\n");
  }
  return 0;
}
```

## Uygulama Problemi: Akıllı Klima Kontrol Mantığı

### Senaryo

Bir akıllı ev otomasyon projesi üzerinde çalışıyorsunuz ve göreviniz, bir klimanın karar verme mantığını C dilinde programlamak. Geliştireceğiniz sistem, odanın mevcut sıcaklığına ve kullanıcının belirlediği çalışma moduna göre klimanın hangi ayarda çalışması gerektiğini (soğutma, ısıtma, fan veya kapalı) belirleyecektir. Bu problemin amacı, **if-else-if** kontrol yapılarını ve mantıksal operatörleri kullanarak karmaşık karar mekanizmalarını nasıl kuracağınızı pekiştirmektir.

### Gereksinimler

Programınız aşağıdaki adımları izlemelidir:

1. **Kullanıcı Girdileri:**
   - Kullanıcıdan oda sıcaklığını tam sayı (int) olarak alın.

- Kullanıcıdan tercih ettiği modu bir tam sayı (int) olarak alın. Modlar aşağıdaki gibi olmalıdır:
  1. : Enerji Tasarrufu Modu
  2. : Konfor Modu
  3. : Gece Modu

2. **Karar Kuralları:**

Klimanın çalışma durumu, aşağıdaki tabloya göre belirlenmelidir:

| Sıcaklık Aralığı | Enerji Tasarrufu Modu (1) | Konfor Modu (2) | Gece Modu (3) |
|---|---|---|---|
| 30°C ve üzeri | Maksimum soğutma | Maksimum soğutma | Maksimum soğutma |
| 25°C - 29°C | Orta seviye soğutma | Yüksek seviye soğutma | Düşük seviye soğutma |
| 20°C - 24°C | Kapalı | Düşük seviye soğutma | Fan modu |
| 20°C altı | Kapalı | Düşük seviye ısıtma | Orta seviye ısıtma |

**Çıktı:**

Hesaplanan klima çalışma durumunu anlaşılır bir mesajla ekrana yazdırın.

## Göreviniz

Yukarıdaki gereksinimleri karşılayan bir C programı yazınız. Programınızın ana mantığını, **if-else-if** ve mantıksal operatörler (**&&**) kullanarak oluşturun. Bu problemde **iç içe if (nested if)** yapısı kullanmaktan kaçınarak **else if** zincirleri kurma pratiği yapmanız hedeflenmektedir.

## İpuçları

Sıcaklık aralıklarını ve mod seçimini tek bir **if** veya **else if** koşulu içinde birleştirmek için **&& (VE)** mantıksal operatörünü kullanabilirsiniz.

Örneğin: `if (sicaklik >= 25 && sicaklik <= 29 && mod == 1)`

Tüm koşullar sağlandıktan sonra hiçbirine uymayan durumlar (örneğin geçersiz mod seçimi) için en sonda bir **else** bloğu ile kullanıcıyı bilgilendirebilirsiniz.

## Beklenen Çıktı Örnekleri

Örnek

```
Sıcaklığı giriniz (°C): 27
Tercih ettiğiniz modu giriniz (1: Enerji, 2: Konfor, 3: Gece): 2
Klima: Yüksek seviye soğutma
```

Problemin çözümü

```
#include <stdio.h>

int main() {
  int sicaklik;
  int mod;

  // Kullanıcıdan girdi alma
  printf("Sıcaklığı giriniz (°C): ");
  scanf("%d", &sicaklik);

  printf("Tercih ettiğiniz modu giriniz (1: Enerji tasarrufu, 2: Konfor, 3:
Gece): ");
  scanf("%d", &mod);

  // Sıcaklık ve kullanıcı tercihini kontrol etme
  if (sicaklik >= 30) {
    printf("Klima: Maksimum soğutma\n");
  } else if (sicaklik >= 25 && sicaklik <= 29 && mod == 1) {
    printf("Klima: Orta seviye soğutma\n");
  } else if (sicaklik >= 25 && sicaklik <= 29 && mod == 2) {
    printf("Klima: Yüksek seviye soğutma\n");
  } else if (sicaklik >= 25 && sicaklik <= 29 && mod == 3) {
    printf("Klima: Düşük seviye soğutma\n");
  } else if (sicaklik >= 20 && sicaklik <= 24 && mod == 1) {
    printf("Klima: Kapalı\n");
  } else if (sicaklik >= 20 && sicaklik <= 24 && mod == 2) {
    printf("Klima: Düşük seviye soğutma\n");
  } else if (sicaklik >= 20 && sicaklik <= 24 && mod == 3) {
    printf("Klima: Fan modu\n");
  } else if (sicaklik < 20 && mod == 1) {
    printf("Klima: Kapalı\n");
  } else if (sicaklik < 20 && mod == 2) {
    printf("Klima: Düşük seviye ısıtma\n");
    } else if (sicaklik < 20 && mod == 3) {
        printf("Klima: Orta seviye ısıtma\n");
    } else {
        printf("Geçersiz giriş!\n");
    }

    return 0;
}
```

## Nested if

"Nested if" yapıları, bir **if** veya **else if** bloğunun içinde başka bir if ifadesi kullanılması durumudur. Bu, daha karmaşık karar mekanizmalarını uygulamak ve birden fazla koşulun birbiriyle ilişkili olduğu durumları yönetmek için kullanılır. Bir dış koşul doğru olduğunda, içteki if ifadesinin koşulu kontrol edilir. Bu yapı, programın daha detaylı ve hiyerarşik kararlar almasını sağlar.

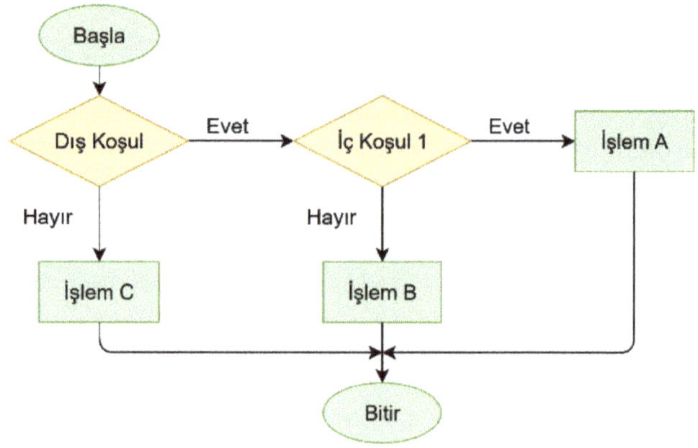


*Şekil 13 - Nested if yapısı*

Söz dizimi

```
if (Dis Kosul) { // Dış koşul doğruysa çalışır
  if (Ic Kosul 1) { // İç koşul 1 doğruysa bu blok çalışır
    // İşlem A
  } else { // İç koşul 1 yanlışsa bu blok çalışır
    // İşlem B
  }
} else { // Dış koşul yanlışsa bu blok çalışır
  // İşlem C
}
```

İç içe if (Nested if) konusunu daha iyi anlamak için aşağıda verilen Akıllı Klima Kontrol Sistemi problemine bakalım.

**Akıllı Klima Kontrol Sistemi**

Bir akıllı ev sisteminde kullanılmak üzere bir klima kontrol programı yazmanız isteniyor. Bu program, oda sıcaklığını ve nem oranını dikkate alarak klimanın nasıl çalışması gerektiğine karar verecek.

**Gereksinimler:**

1. Kullanıcıdan oda sıcaklığını (°C cinsinden) ve nem oranını (% cinsinden) alın.
2. Aşağıdaki kurallara göre klimanın çalışma modunu belirleyin:
   - Eğer sıcaklık 30°C ve üzerindeyse:
     - Nem oranı %70 ve üzerindeyse: "Klima: Soğutma modunda, Nem Alma: Açık"
     - Nem oranı %70'in altındaysa: "Klima: Soğutma modunda, Nem Alma: Kapalı"

- Eğer sıcaklık 25°C ile 30°C arasındaysa:
    - Nem oranı %60 ve üzerindeyse: "Klima: Soğutma modunda, Nem Alma: Açık"
    - Nem oranı %60'ın altındaysa: "Klima: Fanı çalıştır"
- Eğer sıcaklık 20°C ile 25°C arasındaysa:
    - Nem oranı %70 ve üzerindeyse: "Klima: Nem Alma modunda"
    - Nem oranı %70'in altındaysa: "Klima: Standby modunda"
- Eğer sıcaklık 20°C'nin altındaysa:
    - Nem oranından bağımsız olarak: "Klima: Isıtma modunda"

3.Belirlenen modu ekrana yazdırın.

**Görev:**

Bu gereksinimleri karşılayan bir C programı yazın. Programınızda, sıcaklık ve nem koşullarını **iç içe if (nested if)** yapıları kullanarak kontrol edin.

```
#include <stdio.h>

int main() {
  float sicaklik;
  float nem;

  // Kullanıcıdan girdi alma
  printf("Oda sıcaklığını giriniz (°C):
");
  scanf("%f", &sicaklik);
  printf("Nem oranını giriniz (%%): ");
  scanf("%f", &nem);

  // Sıcaklık ve nem koşullarını kontrol
etme
  if (sicaklik >= 30) {
    if (nem >= 70) {
      printf("Klima: Soğutma modunda, Nem
Alma: Açık\n");
    } else {
      printf("Klima: Soğutma modunda, Nem
Alma: Kapalı\n");
    }
  } else if (sicaklik >= 25) {
    if (nem >= 60) {
      printf("Klima: Soğutma modunda,
Nem Alma: Açık\n");
    } else {
      printf("Klima: Fanı çalış-
tır\n");
    }
  } else if (sicaklik >= 20) {
    if (nem >= 70) {
      printf("Klima: Nem Alma modun-
da\n");
    } else {
      printf("Klima: Standby modun-
da\n");
    }
  } else {
    printf("Klima: Isıtma modunda\n");
  }

  return 0;
}
```

## Switch-case

*"Hayat seçimlerdir. Seçim yapmak ise bir sanattır." (Paulo Coelho)*

**Switch-case** yapısı, bir değişkenin alabileceği farklı değerlere göre program akışını yönlendirmek için kullanılan bir koşul yapısıdır. Switch-case, çok sayıda if-else yapısı kullanmak yerine daha okunabilir ve düzenli bir çözüm sunar. Genellikle sabit sayıda duruma göre farklı işlemler yapılacağı durumlarda tercih edilir.

Söz dizimi

```
switch (değişken) {
    case sabit1:
// Eğer değişkenin değeri sabit1 ise bu kod bloğu çalışır
        break;
    case sabit2:
        // Eğer değişkenin değeri sabit2 ise bu kod bloğu çalışır
        break;
    ...
    default:
        // Eğer değişken yukarıdaki sabitlerin hiçbiriyle eşleşmezse bu kod bloğu çalışır
}
```

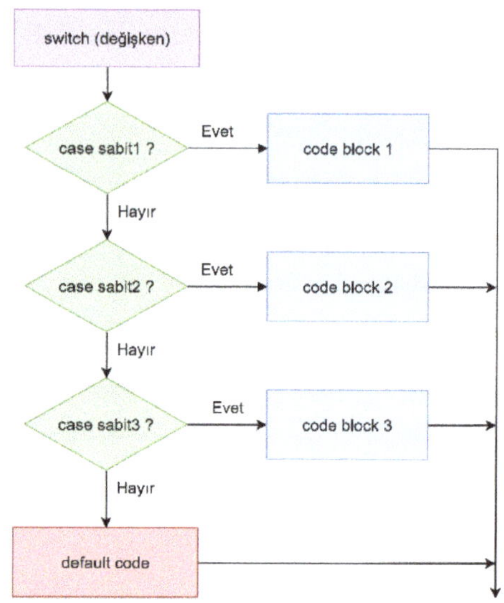


*Figure 10 - switch - case*

**Neden ve ne zaman swith case yapısını kullanmalıyız?**

Eğer bir değişkeni **sabit** değerlere (örneğin sayılar veya karakterler) karşı kontrol ediyorsanız, **switch-case** yapısı daha uygun ve daha okunaklıdır.

Örneğin: **char**, **int** veya **sabit** enum tipleri gibi sınırlı değer kümeleri.

**Switch-Case Kullanılmaması Gereken Durumlar:**

1. **Mantıksal veya Aralık Karşılaştırmaları:**

Eğer bir koşul belirli bir **aralık** veya **mantıksal** ifadeye dayanıyorsa (örneğin, $x > 10$ veya $x \% 2 == 0$ gibi), switch-case kullanamazsınız. Bu tür durumlar **if-else** ile daha uygun yönetilir.

## Örnek:

Kullanıcıdan 1 ile 7 arasında bir sayı alarak, bu sayıya karşılık gelen günü ekrana yazdıran bir program yazın. Eğer kullanıcı geçersiz bir sayı (1-7 dışında) girerse, kullanıcıya "Geçersiz bir gün numarası girdiniz. Lütfen 1-7 arasında bir sayı giriniz." mesajı gösterilsin.

Örnek

```
#include <stdio.h>

int main() {
  int gun;
  // Kullanıcıdan bir sayı al
  printf("Bir gün numarası giriniz (1-
7): ");
  scanf("%d", &gun);
  // Girilen sayı için switch-case ya-
pısı
  switch (gun) {
    case 1:
      printf("Pazartesi\n");
      break;
    case 2:
      printf("Salı\n");
      break;
    case 3:
      printf("Çarşamba\n");
      break;
    case 4:
      printf("Perşembe\n");
      break;
    case 5:
      printf("Cuma\n");
      break;
    case 6:
      printf("Cumartesi\n");
      break;
    case 7:
      printf("Pazar\n");
      break;
    default:
      printf("Geçersiz bir gün numa-
rası girdiniz. Lütfen 1-7 arasında
bir sayı giriniz.\n");
      break;
  }
  return 0;
}
```

**Programın Açıklamaları:**

1. **Kullanıcı Girdisi**: Kullanıcıdan 1 ile 7 arasında bir sayı istenir. Bu sayı gun değişkenine atanır.
2. **Switch-Case Yapısı**: Kullanıcının girdiği sayı 1 ile 7 arasında olup olmadığına göre, uygun gün ismi yazdırılır.
   - 1 için "Pazartesi", 2 için "Salı" ve bu şekilde devam eder.
   - Eğer kullanıcı 1 ile 7 arasında olmayan bir sayı girerse, default bloğu devreye girer ve "Geçersiz bir gün numarası" mesajı yazdırılır.
3. **Break**: Her case bloğunun sonunda break; kullanarak bir sonraki bloğa geçilmesi engellenir.

Bu program, 1 ile 7 arasındaki bir sayıya göre haftanın gününü yazdırır ve geçersiz bir giriş yapıldığında uyarı verir.

**Switch-case yapısının başka bir örneği:**

**Problem Tanımı:**

Kullanıcıdan 1 ile 12 arasında bir ay numarası (1: Ocak, 2: Şubat, ..., 12: Aralık) alın ve bu ayın hangi mevsimde olduğunu ekrana yazdıran bir program yazın. Eğer kullanıcı geçersiz bir ay numarası girerse, "Geçersiz bir ay numarası girdiniz." şeklinde bir uyarı verin. Bu sorunu çözmek için **switch-case** yapısını kullanın.

**Mevsimlere Göre Aylar:**

- **Kış**: Aralık (12), Ocak (1), Şubat (2)
- İlkbahar: Mart (3), Nisan (4), Mayıs (5)
- **Yaz**: Haziran (6), Temmuz (7), Ağustos (8)
- **Sonbahar**: Eylül (9), Ekim (10), Kasım (11)

Örnek

```
#include <stdio.h>

int main() {
  int ay;

  // Kullanıcıdan ay numarasını al
  printf("Bir ay numarası giriniz (1-
12): ");
  scanf("%d", &ay);

  // Girilen ay numarasına göre swit-
ch-case yapısı
  switch (ay) {
    case 12:
    case 1:
    case 2:
      printf("Kış Mevsimi\n");
      break;
    case 3:
    case 4:
    case 5:
      printf("İlkbahar Mevsimi\n");
      break;
    case 6:
    case 7:
    case 8:
      printf("Yaz Mevsimi\n");
      break;
    case 9:
    case 10:
    case 11:
      printf("Sonbahar Mevsimi\n");
      break;
    default:
      printf("Geçersiz bir ay numarası
girdiniz. Lütfen 1-12 arasında bir sayı
giriniz.\n");
      break;
  }
  return 0;
}
```

**Switch-case** yapısı, belirli bir değişkenin alabileceği sabit değerlere göre farklı işlemler yapmak için kullanılan bir kontrol yapısıdır. Genellikle **if-else** yapısına göre daha düzenli ve okunaklıdır. Switch-case, özellikle bir değişkenin çok sayıda sabit değerle karşılaştırılması gerektiğinde tercih edilir, çünkü bu tür durumlarda if-else blokları yerine kodun daha anlaşılır olmasını sağlar. Switch-**case**, **char**, **int** veya sabit **enum** değerleri ile çalışır ve her durum için bir case bloğu tanımlanır. Bu yapının sonunda genellikle bir **break**; ifadesi kullanılarak, programın diğer case bloklarına geçmeden durması sağlanır. Ayrıca, değişkenin hiçbir case ile eşleşmediği durumda kullanılacak **default** bloğu, programın esnekliğini artırır.

## 9.3. Döngüler - Tekrar Yapıları (Iteration)

Diyelim ki ekrana 1'den 10'a kadar olan sayıları yazdırmak istiyoruz. Bunu yapmak için aşağıdaki gibi bir kod yazabiliriz:

Örnek

```
#include <stdio.h>

int main() {
  printf("Sayı: 1\n");
  printf("Sayı: 2\n");
  printf("Sayı: 3\n");
// ...
  printf("Sayı: 10\n");
  return 0;
}
```

**Çıktı:**

```
Sayı: 1
Sayı: 2
...

Sayı: 10
```

Bu şekilde aynı işlemi tekrar tekrar yazarak sonuca ulaşabiliriz. Ancak, ya 1'den 10'a değil de 100'e veya daha büyük bir sayıya kadar olan sayıları yazdırmamız gerekirse? Bu durumda, her sayıyı ayrı ayrı yazmak çok mantıklı olmaz. Tekrarlayan bu işlemleri elle yapmak hem zaman kaybı olur hem de kodun okunabilirliğini azaltır. Ayrıca, bu yaklaşım bilgisayarın otomasyonu ve verimliliği artırma prensibiyle de çelişir. *Bilgisayarların temel işlevlerinden biri, tekrarlayan görevleri hızlı ve verimli bir şekilde otomatikleştirmektir.*

İşte tam bu noktada **döngüler** devreye girer. Döngüler, yukarıdaki sıralı yapıdan çıkarak, aynı işlemi tekrar tekrar yazmak yerine, daha etkili bir yöntem sunar ve bize programlama sürecinde büyük kolaylık sağlar. Döngüler, belirli bir koşul sağlandığı sürece işlemleri tekrar ettirerek kodu daha kısa, daha anlaşılır ve esnek hale getirir.

Döngüler, bir programlama yapısıdır ve belirli bir kod bloğunun bir koşul sağlandığı sürece tekrar tekrar çalıştırılmasını sağlar. C dilinde döngüler, aynı işlemleri tekrar etme gereksinimi duyduğumuzda kullanılır ve kodun daha kısa ve verimli olmasını sağlar. C dilinde üç temel döngü yapısı vardır: **for**, **while**, ve **do-while** döngüleri.

### for Döngüsü

for döngüsü, belirli bir sayıda tekrarlanması gereken işlemler için kullanılır.

Döngü genellikle üç bölümden oluşur: **başlatma**, **koşul** ve **güncelleme**.

Söz Dizimi

```
for (başlatma; koşul; güncelleme) {
  // Tekrar edilecek kodlar
}
```

**Başlatma**:
Döngü değişkenini başlatır. Bu kısım döngü başlamadan önce bir kez çalışır.

- **Koşul**: Döngünün devam edip etmeyeceğini kontrol eden ifadedir. Koşul doğru olduğu sürece döngü devam eder.
- **Güncelleme**: Döngü her tekrar ettiğinde başlatma değişkenini günceller.

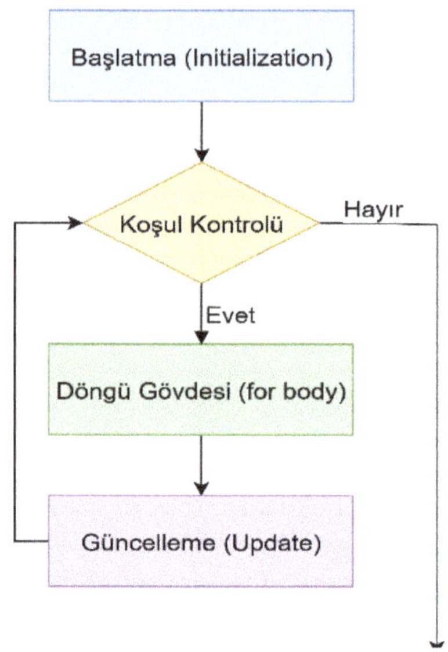


*Figure 11 - For döngüsü*

Daha önce yazdığımız ***Sayı: 1, Sayı: 2 ...*** gibi örneği bu kez ***Sayı: 100'e*** kadar genişletelim. Ancak bu sefer **döngü** kullanarak daha az kodla aynı işlemi gerçekleştirelim.

Örnek

```c
#include <stdio.h>

int main() {
  for (int i = 0; i < 100; i++) {
    printf("Sayı: %d\n", i);
  }
  return 0;
}
```

**Çıktı:**

```
Sayı: 1
Sayı: 2
...

Sayı: 99
```

Bu kod, C programlama dilinde yazılmış bir döngü örneğidir. Aşağıda her bir bölümünü adım adım açıklayalım:

`for (int i = 0; i < 100; i++)` Bu satır, for döngüsü ile başlar. For döngüsü, belirli bir sayıda tekrarlanacak bir işlem tanımlar. Bu döngü üç kısımdan oluşur:

**Başlatma** (`int i = 0`): Döngü başlamadan önce bir sayaç olan i değişkeni 0'a eşitlenir. i bu döngüde kullanılan bir sayaçtır. *(Bkz. 6.3. Değişken tanımlama ve ilk değer atama: s.86)*

**Koşul** (`i < 100`): Döngünün devam etmesi için geçerli olan koşuldur. Bu durumda, i 100'den küçük olduğu sürece döngü devam eder.

**Artırma** (i++): Her döngü tekrarından sonra i değişkeni bir artırılır. Yani, döngü her çalıştığında i değeri 1 artar. *(Bkz. 8.5. Artırma ve Azaltma Operatörleri s.107)*

```c
printf("Sayı: %d\n", i);
```

Bu satır, döngü her tekrar ettiğinde ekrana "Sayı: i" şeklinde bir çıktı verir. %d, bir tam sayı (integer) ifadesidir ve bu formata göre i değişkeninin değeri yazdırılır. Örneğin, döngü ilk kez çalıştığında ekrana "Sayı: 0", ikinci kez çalıştığında "Sayı: 1" ve bu şekilde devam eder. Döngü 99'a kadar çalışır, yani "Sayı: 99" da ekrana yazdırılır.

### while Döngüsü

While döngüsü, belirli bir koşul sağlandığı sürece bir kod bloğunu tekrar tekrar çalıştırmak için kullanılan bir döngü yapısıdır. **For döngüsü** gibi sabit sayıda tekrarlar için değil, genellikle bir koşulun sürekli kontrol edilmesi gerektiği durumlarda durumlarda kullanılır. Bu döngü, koşul doğru olduğu sürece çalışmaya devam eder ve koşul yanlış olduğunda döngü sona erer.

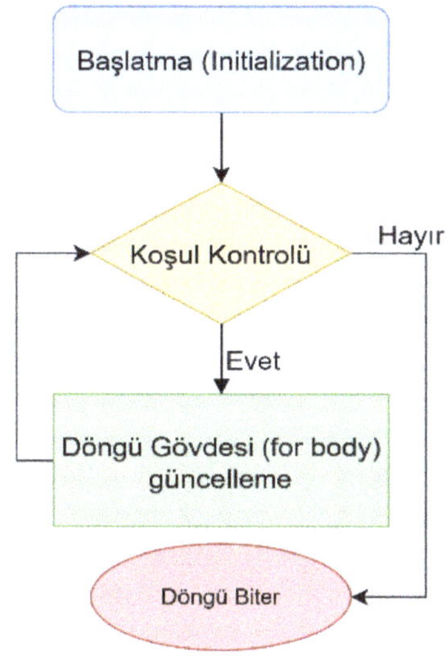


Söz Dizimi

```
while (koşul) {
  // Tekrar edilecek kodlar
}
```

**while döngüsü için basit bir örnek:**

Problem: Kullanıcıdan pozitif sayılar alarak toplamlarını hesaplayan, negatif sayı girildiğinde durmanın programı.

Örnek

```
#include <stdio.h>

int main() {
  int sayi;
  int toplam = 0;
  printf("Pozitif sayilar girin (negatif
sayi girerseniz program durur):\n");
  printf("Sayi girin: ");
  scanf("%d", &sayi);
  while (sayi >= 0) {
    toplam += sayi;
    printf("Sayi girin: ");
    scanf("%d", &sayi);
  }
  printf("Girilen pozitif sayilarin top-
lami: %d\n", toplam);
  return 0;
}
```

While döngüsü koşulu başta kontrol eder, bu nedenle eğer kullanıcı ilk sayı olarak negatif bir değer girerse, döngü hiç çalışmaz ve toplam 0 olarak kalır. Döngünün çalışabilmesi için koşulun (sayi >= 0) ilk kontrolde doğru olması gerekir.

Bu özellik, döngüye girişin koşula bağlı olduğu durumlarda kullanışlıdır.

**While Döngüsünün Kullanım Alanları:**

While döngüsü, koşulun önceden bilinmediği ve döngüye girişin şartlı olduğu durumlarda tercih edilir. Başlıca kullanım alanları şunlardır:

**Veri doğrulama işlemleri**: Kullanıcıdan geçerli bir değer alınana kadar tekrar sorma (örneğin, 1-10 arasında sayı isteme).

**Dosya okuma işlemleri**: Dosya sonuna kadar veri okuma, çünkü dosyanın ne kadar büyük olduğu önceden bilinmeyebilir.

**Menü sistemleri**: Kullanıcı çıkış seçeneğini seçene kadar menüyü gösterme.

**Matematiksel hesaplamalar**: Belirli bir hassasiyete ulaşılana kadar iteratif hesaplama yapma (örneğin, karekök bulma algoritmaları).

**Oyun döngüleri**: Oyuncu kaybedene veya çıkış yapana kadar oyunun devam etmesi.

**Ağ bağlantıları**: Bağlantı kurulana kadar deneme yapma veya veri gelene kadar bekleme.

While döngüsünün en büyük avantajı, döngüye girişin koşula bağlı olması ve hiç çalışmayabilme esnekliği sunmasıdır.

## do-while Döngüsü

Do-while döngüsü, C dilinde kullanılan bir döngü yapısıdır ve en önemli özelliği, koşulun döngünün sonunda kontrol edilmesidir. Bu, do-while döngüsünün en az bir kez çalışmasını garanti eder, çünkü koşul en sonunda kontrol edilir. Yani, koşul ilk başta yanlış olsa bile, döngü bir kez çalıştırılır. Bu döngü genellikle bir işlemin en az bir kez yapılmasının garanti edilmesi gerektiği durumlarda kullanılır.

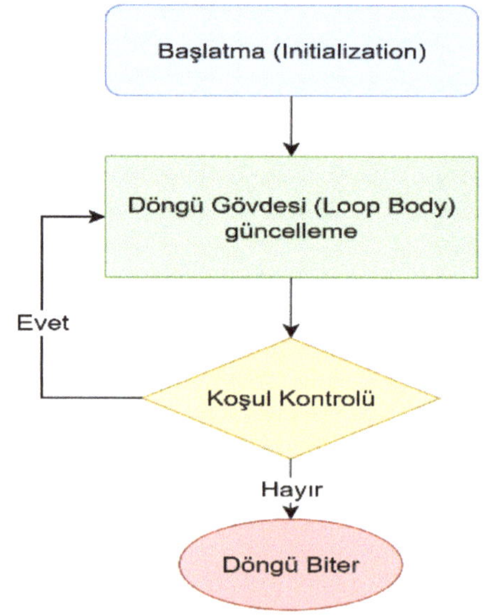


Figure 12 - do while döngüsü

While döngüsü koşulu başta kontrol ederken, do-while döngüsü koşulu sonda kontrol eder, bu nedenle do-while döngüsünde koşul başlangıçta yanlış olsa bile döngü gövdesi en az bir kez mutlaka çalışır.

Söz Dizimi

```
do {
  // Tekrar edilecek kodlar
} while (koşul);
```

- **do**: Döngü bloğu burada başlar ve döngü gövdesi çalıştırılır.
- **koşul**: Döngü gövdesi çalıştıktan sonra koşul kontrol edilir. Eğer koşul doğruysa döngü tekrar başa döner, yanlışsa döngü sona erer.

**Do-While** Döngüsünün Çalışma Mantığı:

1. Döngü bloğu çalıştırılır.
2. Koşul kontrol edilir:
   - Eğer koşul **doğru** ise döngü tekrarlanır.
   - Eğer koşul **yanlış** ise döngü sona erer ve program akışı döngüden çıkar.

**Do-While Döngüsüne Örnek:**

Örneğin, kullanıcıdan pozitif bir sayı alınana kadar tekrar tekrar giriş isteyen bir program düşünelim:

Örnek

```
#include <stdio.h>


int main() {

    int sayi;


    do {

        printf("Lütfen pozitif bir
sayı giriniz: ");

        scanf("%d", &sayi);

    } while (sayi <= 0);


    printf("Girdiğiniz pozitif sayı:
%d\n", sayi);

    return 0;

}
```

Bu örnekte, **do-while** döngüsü kullanılarak kullanıcıdan pozitif bir sayı alınıncaya kadar tekrar tekrar giriş istenir. Döngü en az bir kez çalışacağı için, kullanıcı en az bir kez giriş yapmak zorundadır. Eğer kullanıcı negatif veya sıfır bir sayı girerse, döngü devam eder ve kullanıcıya tekrar pozitif bir sayı girmesi istenir.

**Do-while** döngüsü, C dilinde özellikle en az bir kez çalışması garanti edilen döngülerde tercih edilir. Bu döngü yapısı, kullanıcıdan geçerli bir giriş alınana kadar tekrarlamak gibi pratik kullanımlarıyla programcıların işini kolaylaştırır.

## 9.4. Yıldız Desen Problemleri

Bu bölümde, döngüler kullanılarak yıldız (*) deseni oluşturan problemler sırasıyla yer almaktadır. Problemler, kolaydan zora doğru sıralanmış olup, her biri açıklamalı olarak verilmiştir. Bu problemler, öğrencilerin döngü yapılarını kullanarak desen oluşturma mantığını kavramalarına yardımcı olacaktır.

**Problem 1: Basit Yıldız Satırı**

Bu problemde, kullanıcıdan alınan sayıya göre yan yana belirli sayıda yıldız (*) yazdıracağız.

| KOD | ÇIKTI |
|---|---|
| <pre>#include <stdio.h><br><br>int main() {<br>  int n=6; // Yıldız sayısı<br><br>  // Yıldızları yazdır<br>  for (int sayac = 0; sayac < n; sayac++) {<br>    printf("*");<br>  }<br>  return 0;<br>}</pre> | (n=6):<br><br>****** |

**Açıklama:**

- sayac değişkeni, 0'dan başlayarak n'den küçük olduğu sürece döngüyü çalıştırır.
- Her döngü adımında bir * yazdırılır.
- Sonuç olarak yan yana n adet yıldız yazdırılır.
- Eğer printf("*\n") kodunda "\n" eklersek ne olacak?

**Problem 2: Yıldız Kare Deseni**

Bu problemde, **n** değerine göre **n×n** boyutunda yıldızlardan oluşan bir kare desen oluşturacağız.

Çözüm mantığı şu şekildedir: Bir önceki problemde tek bir satırda **n adet yıldız** yazdıran döngümüz vardı. Bu döngüyü **iç döngü** haline getirip, dış döngü ile n kez tekrarlarsak her iterasyonda bir satır yıldız yazılacaktır. Böylece n satır ve n sütundan oluşan kare bir desen elde ederiz.**Algoritma:**

- Dış döngü: Satır sayısını kontrol eder (n kez tekrarlar)

- İç döngü: Her satırda n adet yıldız yazdırır
- Her satır tamamlandığında alt satıra geçmek için **\n** kullanılır

Bu yaklaşım, iç içe döngülerin temel mantığını anlamamızı sağlar ve daha karmaşık desen problemlerinin temelini oluşturur..

| KOD | ÇIKTI |
|---|---|
| `for (int satirSayac = 0; satirSayac < n; satirSayac++) {`<br>`    for (int sayac = 0; sayac < n; sayac++) {`<br>`        printf("*");`<br>`    }`<br>`    printf("\n");`<br>`}` | **(n=4):**<br><br>****<br>****<br>****<br>**** |

**Problem 3: Yıldız Üçgen Deseni**

Bu problemde, her satırda artan sayıda yıldız olacak şekilde bir üçgen oluşturacağız.

- Dış döngü (**satirSayac**), **1**'den **n**'e kadar **artar** ve satır sayısını belirler.
- İç döngü (**sayac**), her satırda **satirSayac** kadar yıldız yazdırır.
- Bu şekilde, her satırda bir önceki satıra göre bir fazla yıldız yazdırılır.

| KOD | ÇIKTI |
|---|---|
| `for (int satirSayac = 1; satirSayac <= n; satirSayac++) {`<br>`    for (int sayac = 1; sayac <= satirSayac; sayac++) {`<br>`        printf("*");`<br>`    }`<br>`    printf("\n");`<br>`}` | **(n=4):**<br><br>*<br>**<br>***<br>**** |

**Problem 4: Ters Üçgen Deseni**

Bu problemde, her satırda azalan sayıda yıldız olacak şekilde ters bir üçgen oluşturacağız.

| KOD | ÇIKTI |
|---|---|
| <pre>for (int satirSayac = n; satirSayac >= 1; satirSayac--) {<br>    for (int sayac = 1; sayac <= satirSayac; sayac++) {<br>        printf("*");<br>    }<br>    printf("\n");<br>}</pre> | **(n=4):**<br><br>****<br>***<br>**<br>* |

- Dış döngü (satirSayac), n'den 1'e kadar azalır ve satır sayısını belirler. (problem 3 le kıyasla)
- İç döngü (sayac), her satırda satirSayac kadar yıldız yazdırır.
- Bu şekilde, her satırda bir önceki satıra göre bir eksik yıldız yazdırılır.

**Problem 5: Baklava Deseni**

Bu problemde, yıldızları kullanarak baklava şeklinde bir desen oluşturacağız.

**Açıklama:**

- **Üst Üçgen:**
- satirSayac 1'den n'e kadar artar.
- İlk iç döngü, boşlukları yazdırarak yıldızları ortalar.
- İkinci iç döngü, her satırda artan sayıda yıldız yazdırır.
- **Alt Ters Üçgen:**
- satirSayac n-1'den 1'e kadar azalır.
- İlk iç döngü, boşlukları yazdırarak desenin simetrik olmasını sağlar.
- İkinci iç döngü, her satırda azalan sayıda yıldız yazdırır.
- Sonuç olarak, üst üste konmuş bir üçgen ve ters üçgen ile baklava deseni oluşur.

<table>
<tr><th>KOD</th><th>ÇIKTI</th></tr>
<tr><td>

```
#include <stdio.h>
int main() {
  int n=5; // Satır sayısını tutmak için n değişkeni
  // Üst Üçgen
  for (int satirSayac = 1; satirSayac <= n; satirSayac++) {
    // Baştaki boşlukları bas
    for (int sayac = satirSayac; sayac < n; sayac++) {
      printf(" "); // Bir boşluk basar
    }
    // Yıldızları bas
    for (int sayac = 1; sayac <= (2 * satirSayac - 1); sayac++) {
      printf("*"); // Bir yıldız basar
    }
    printf("\n"); // Her satırdan sonra yeni satıra geç
  }
  // Alt Ters Üçgen
  for (int satirSayac = n - 1; satirSayac >= 1; satirSayac--) {
    // Baştaki boşlukları bas
    for (int sayac = n; sayac > satirSayac; sayac--) {
      printf(" "); // Bir boşluk basar
    }
    // Yıldızları bas
    for (int sayac = 1; sayac <= (2 * satirSayac - 1); sayac++) {
      printf("*"); // Bir yıldız basar
    }
    printf("\n"); // Her satırdan sonra yeni satıra geç
  }
  return 0;
}
```

</td><td>

**(n=3):**

```
  *
 ***
*****
 ***
  *
```

</td></tr>
</table>

## Alıştırmalar

1. Programlamada kontrol yapıları (decision-making and loop constructs) neden önemlidir? Hangi durumlarda hangi kontrol yapısını kullanmayı tercih ederiz?
2. if, else if ve else bloklarının kullanım amacını ve birbiriyle olan ilişkisini açıklayın. Bir if-else yapısı içinde iç içe if-else kullanmak ne anlama gelir?
3. Kullanıcıdan bir sayı alarak bu sayının pozitif, negatif veya sıfır olduğunu bulan bir program yazın.
4. switch-case yapısının işlevi nedir ve hangi durumlarda if-else if zincirine göre daha avantajlıdır?
5. break ve default anahtar kelimelerinin switch yapısındaki önemini açıklayın.
6. Kullanıcının girdiği 1 ile 7 arasındaki bir sayıya göre haftanın gününü ekrana yazdıran bir program yazın. (Örn: 1 girilirse "Pazartesi" yazsın.)
7. for döngüsünün temel yapısını (başlatma, koşul, artırma/azaltma) açıklayın ve bir döngünün kaç kez çalışacağını nasıl belirleyeceğinizi gösterin.
8. 1'den 100'e kadar olan sayıların toplamını hesaplayan bir program yazın.
9. while ve do-while döngüleri arasındaki temel fark nedir? Bu fark, döngünün ne zaman çalıştığı üzerinde nasıl bir etkiye sahiptir?
10. Kullanıcı "e" veya "E" harfine basana kadar "Devam etmek istiyor musunuz?" sorusunu soran ve yanıtı bekleyen bir program yazın.
11. break ve continue deyimlerinin döngüler içindeki işlevini ve aralarındaki farkı açıklayın. Her birine örnek bir kullanım senaryosu verin.
12. 1 ile 100 arasında 3 ve 5'e tam bölünen sayıları ekrana yazdıran bir program
13. Kullanıcının girdiği pozitif bir tam sayının faktöriyelini (n!) hesaplayan bir programın algoritmasını ve kodunu yazın. (for veya while döngüsü kullanın).
14. Kullanıcının girdiği bir sayıya kadar (örneğin 10) Fibonacci serisini ekrana yazdıran bir programın algoritmasını ve kodunu yazın. (Seri: 0, 1, 1, 2, 3, 5, 8, ...).
15. Kullanıcının girdiği iki sayının En Büyük Ortak Bölenini (EBOB) ve En Küçük Ortak Katını (EKOK) bulan bir programın algoritmasını ve kodunu yazın.
16. Kullanıcının girdiği bir sayının basamaklarını ters çevirerek ekrana yazdıran bir programın algoritmasını ve kodunu yazın. (Örn: 1234 girilince, ekrana 4321 yazsın).
17. Kullanıcının girdiği bir tamsayının asal sayı olup olmadığını bulan bir programın algoritmasını ve kodunu yazın. Bu programda döngü ve koşul yapılarını etkin bir şekilde kullanın.

**Yıldız ve Sayı Problemleri**

- Bu problemlerin her biri için algoritma, sözde kod ve C kodu yaz

| | |
|---|---|
| Kullanıcının girdiği bir sayıya (n) göre, n satır yüksekliğinde yıldızlardan oluşan bir dik üçgen çizen bir program yazın. | ****<br>***<br>**<br>* |
| Kullanıcının girdiği bir sayıya göre, merkezlenmiş yıldızlardan oluşan bir piramit çizen bir program yazın. |    *<br>  ***<br> *****<br>******* |
| Kullanıcının girdiği bir sayıya göre, içe boş yıldızlardan oluşan bir kare çizen bir program yazın. | ****<br>*   *<br>*   *<br>**** |
| Kullanıcının girdiği bir sayıya göre, her satırda o satırın numarasını yazdıran bir dik üçgen oluşturan bir program yazın. | 1<br>22<br>333<br>4444 |
| Geliştirilmiş Versiyon: Her satırda 1'den başlayarak o satırın numarasına kadar olan sayıları yazdırın. | 1<br>12<br>123<br>1234 |
| Kullanıcının girdiği bir sayıya göre, her satırda 1'den başlayarak artan ve sonra azalan sayılardan oluşan bir üçgen oluşturan bir program yazın. |    1<br>  121<br> 12321<br>1234321 |
| Kullanıcının girdiği bir sayıya göre, aşağıdaki gibi bir desen oluşturan bir program yazın. | 1<br>2 3<br>4 5 6<br>7 8 9 10 |

## Zor problemler

**I. Sayı Aralığı Analizi**

Kullanıcıdan iki tam sayı alınız (başlangıç ve bitiş).

Bu aralıktaki:

Tek sayıları

Çift sayıları

3'e ve 5'e tam bölünen sayıları ayrı ayrı listeleyiniz ve her bir grubun toplamını hesaplayınız.

**II. Sayı Tahmin Oyunu (Kontrollü Döngü)**

Bilgisayar 1 ile 50 arasında bir sayı tutar.

Kullanıcı bu sayıyı tahmin etmeye çalışır.

Yanlış tahminde "Daha büyük" veya "Daha küçük" uyarısı verilir

Kullanıcı doğru tahmin edene kadar oyun devam eder

Kaç denemede bildiği ekrana yazdırılır

**III. Palindrom Sayı Kontrolü**

Kullanıcıdan pozitif bir tam sayı alınız.

Bu sayının:

Palindrom (tersi kendisine eşit) olup olmadığını

Kaç basamaklı olduğunu döngü ve kontrol yapıları kullanarak belirleyiniz.

IV. **Fibonacci Serisi Analizi**

Kullanıcıdan bir N değeri alınız.

N elemanlı Fibonacci serisini yazdırınız ve:

Serideki tek sayıların toplamını

Serideki çift sayıların sayısını ekrana yazdırınız.

# 10 FONKSİYONLAR

*Yazılım geliştirmede en temel sorun karmaşıklıktır. Karmaşıklıkla uğraşmanın tek bir temel yolu vardır:*

***böl ve yönet***

*Bjarne Stroustrup* [16]

## 10.1. Fonksiyon Kavramı ve Temel Yapısı

### Fonksiyon nedir?

**Fonksiyon**, programlamada belirli bir işi gerçekleştiren, genellikle bir isme sahip ve bir grup komut içeren bir kod bloğudur. Fonksiyonlar, aynı işlemleri tekrar tekrar yazmak yerine, bir işi bir kez tanımlayıp, gerektiğinde bu işlemi çağırarak çalıştırma imkanı sağlar. Bu sayede kodunuzu daha düzenli, anlaşılır ve tekrar kullanılabilir hale getirebilirsiniz.

Bir fonksiyon, belirli bir girdiyi alıp (parametreler), o girdilere göre işlem yapar ve çıktıyı döndürür (geri dönüş değeri). Bu, fonksiyonları daha esnek ve güçlü yapar.

### Fonksiyonların Temel Avantajları:

- **Kodun Yeniden Kullanılabilirliği**: Bir fonksiyonu bir kez tanımlayıp program içinde istediğiniz kadar çağırabilirsiniz.
- **Kodun Anlaşılabilirliği**: Kodunuzu bölüp parçalara ayırarak her parçayı belirli bir iş için tasarlayabilirsiniz. Bu, kodun anlaşılmasını kolaylaştırır.
- **Bakım Kolaylığı**: Kodun belirli bölümlerinde değişiklik yapmanız gerektiğinde sadece ilgili fonksiyonu değiştirmeniz yeterlidir.

### Fonksiyonun Yapısı (C Dili İçin)

Bir fonksiyon C dilinde aşağıdaki biçimde tanımlanır:

Söz Dizimi

```
dönüş_tipi fonksiyon_adı(parametre_tipi parametre1, parametre_tipi para-
metre2, ...) {
  // Fonksiyonun yaptığı işlemler
  return geri_dönüş_değeri; // Eğer varsa geri dönüş değeri
}
```

Bir fonksiyon genellikle dört ana bileşenden oluşur:

1. **Dönüş Tipi**: Fonksiyonun hangi türde bir değer döndüreceğini belirtir. Örneğin **int, float, char** veya hiçbir değer döndürmeyecekse **void**.

2. **Fonksiyon Adı**: Fonksiyonu çağırmak için kullanılan isimdir. Tanımlayıcı (identifier) kurallarına uymalıdır.

3. **Parametreler**: Fonksiyona dışarıdan gönderilen değerlerdir. Parametre listesi boşsa **void** yazılabilir.

4 **Fonksiyon Gövdesi**: Süslü parantez {} içerisinde yer alır ve fonksiyonun gerçekleştireceği işlemleri içerir.

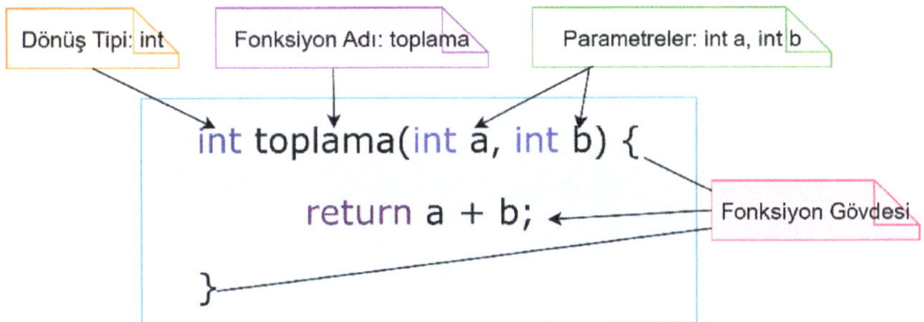


## Fonksiyon çağırma (invocation)

Yukardaki **toplama** fonksiyonunu main fonksiyonu içinde şu şekilde çağırabiliriz. **toplama** fonksiyonu bizden **iki adet** int **tipinde parametre** beklemektedir ((int a, int b). Fonksiyonu çağırırken, ismini yazarız ve parantez içinde gerekli sayıda parametreyi **virgülle ayırarak** veririz. Bu örnekte **4** ve **7** değerlerini girdik.

Fonksiyonun tanımında kaç parametre varsa, çağrılırken de aynı sayıda ve uygun türde parametre verilmelidir. Aksi halde derleyici hata verir.

| KOD | ÇIKTI |
|---|---|
| `#include <stdio.h>`<br><br>`int toplama(int a, int b) {`<br>`    return a + b;`<br>`}`<br><br>`int main() {`<br>`    int sonuc = toplama(4, 7);`<br>`    printf("Toplam: %d\n", sonuc);`<br>`    return 0;`<br>`}` | Toplam: 11 |

### Fonksiyon main'den Sonra Yazılırsa

Eğer **toplama** fonksiyonunu **main** fonksiyonundan sonra yazmak istersen, **önceden bir bildirimi (prototip)** yapılmalıdır. Bu prototip, derleyiciye bu fonksiyonun var olduğunu önceden haber verir.

Örnek

```
#include <stdio.h>
// Fonksiyon prototipi
int toplama(int a, int b);
int main() {
    int sonuc = toplama(10, 20);
    printf("Sonuç: %d\n", sonuc);
    return 0;
}
// Fonksiyonun tanımı main'den sonra
int toplama(int a, int b) {
    return a + b;
}
```

## Neden Fonksiyonlara ihtiyac var?

Aynı işlemleri tekrar tekrar yazmak, kodu hem uzatır hem de karmaşıklaştırır. Fonksiyonlar, bu tekrarları önleyerek kodu daha düzenli, sade ve yeniden kullanılabilir hale getirir.

Bunu basit bir örnekle açıklayalım:

**Problemi** düşünelim:

*Dikdörtgen şeklinde 3 tarla var. Her biri 2 sıra dikenli telle çevrilecek. Toplam ne kadar tel gerekir?*

Bu problemi önce **fonksiyon kullanmadan**, sonra da **fonksiyon kullanarak** çözdüğümüzde aradaki farkı net bir şekilde göreceğiz.

**Örnek: fonksiyon kullanmadan**

```
#include <stdio.h>

int main()
{
  // dikdortgen seklinde 3 tarla var 2 sira dikenli   telle sarilmalidir. ne kadar tel gerekecek?
    // tarla 1
  int a1=21,b1=60, cevre1;
  cevre1=(a1+b1)*4;
  printf("tarlanin cevresi: %d metredir\n", cevre1);
    // tarla 2
  int a2=32,b2=81, cevre2;
  cevre2=(a2+b2)*4;
  printf("tarlanin cevresi: %d metredir\n", cevre2);
  // tarla 3
  int a3=33,b3=18, cevre3;
  cevre3=(a3+b3)*4;
  printf("tarlanin cevresi: %d metredir\n\n", cevre3);
  int toplam=cevre1+cevre2+cevre3;
  printf("Toplam %d metre dikenli tel gerekir",toplam);
  return 0;
}
```

**Örnek: fonksiyon kullanarak**

```
#include <stdio.h>

    int tarla(int a, int b){
        return (a+b)*4;
    }

int main()
{
    int toplam;
    toplam=tarla(12,32)+tarla(25,43)+tarla(4,5);

    printf("Toplam %d metre dikenli tel gerekir",toplam);

    return 0;
}
```

## Fonksiyonların amacı ve faydaları

## Fonksiyonun Çeşitleri:

- Dönüş Değeri Olan Fonksiyonlar: Bu tür fonksiyonlar, bir sonuç döndürürler. Örneğin, bir sayının karesini alan fonksiyon bir tam sayı döndürür.

- Dönüş Değeri Olmayan Fonksiyonlar (Void): Bu tür fonksiyonlar işlem yaparlar ancak bir sonuç döndürmezler. Örneğin, ekrana bir mesaj yazdıran bir fonksiyon void türünde olabilir.

Parametreli ve Parametresiz Fonksiyonlar

- Parametreli Fonksiyonlar: Bu fonksiyonlar dışarıdan aldıkları verileri işlerler. Örneğin, toplama işlemi yapan bir fonksiyon iki sayıyı parametre olarak alır.

- Parametresiz Fonksiyonlar: Bu fonksiyonlar dışarıdan bir veri almazlar, yalnızca kendi içinde belirli işlemleri gerçekleştirirler.

Parametresiz ve dönüş değeri olmayan (void) Fonksiyon Örneği:

Örnek

```
#include <stdio.h>

// Parametresiz fonksiyon
void merhaba() {
    printf("Merhaba, Dünya!\n");
}

int main() {
    merhaba(); // Parametresiz fonksiyonu çağır
    return 0;
}
```

## Sonuç:

Fonksiyonlar, programlama dünyasında çok önemli bir rol oynar. C dilinde fonksiyonlar kullanarak kodunuzu modüler, okunabilir ve yeniden kullanılabilir hale getirebilirsiniz. Fonksiyonlar sayesinde karmaşık işlemleri basitleştirebilir, kodunuzu daha anlaşılır ve yönetilebilir hale getirebilirsiniz.

## Alıştırmalar

1. Matematiksel işlemler için **math.h** kütüphanesini kullanmadan üs alma fonksiyonu yazabiliriz. Bunun için, üssü pozitif bir tam sayı olan üs alma işlemi şu şekilde ifade edilebilir:

xn=x×x×x…(n kez)x^n = x \times x \times x \dots \text{(n kez)}xn=x×x×x…(n kez)

Bu algoritmayı kullanarak bir üs alma fonksiyonu oluşturabiliriz. Aşağıda **taban** ve **üs** değerlerini alan ve üssü hesaplayan bir fonksiyonun basit bir örneği yer alıyor.

## 10.2. C Programlarında main() Fonksiyonu ve Komut Satırı Argümanları

### main() Fonksiyonunun Temel Kullanımı

C programlarında main fonksiyonu programın giriş noktasıdır ve genellikle iki farklı şekilde tanımlanır:

***Parametresiz main() Fonksiyonu ve Komut Satırı Argümanları ile main() Fonksiyonu***

| Örnek:<br>**Parametresiz main() Fonksiyonu** | Örnek:<br>**Komut Satırı Argümanları ile main() Fonksiyonu** |
|---|---|
| `int main(void) {`<br>`  // Program kodları`<br>`  return 0;`<br>`}` | `int main(int argc, char *argv[]) {`<br>`  // Kodlar`<br>`  return 0;`<br>`}` |
| Bu kullanım, programa komut satırından argüman geçirilmeyeceği durumlarda tercih edilir. | Bu kullanım, programa çalışma zamanında komut satırından parametre geçirilebilmesini sağlar. |

**Komut Satırı Argümanları**

**argc (Argument Count)** - Argüman Sayısı

- Komut satırından programa geçirilen **toplam argüman sayısını** tutar
- **Program adı da bir argüman olarak sayıldığı** için minimum değer 1'dir
- Hiç argüman geçilmese bile **argc = 1** olur

**argv (Argument Vector) - Argüman Dizisi**

- Komut satırı argümanlarını içeren **karakter işaretçileri dizisidir**
- **argv[0]** her zaman programın adını veya çalıştırılma yolunu içerir

- **argv[1]** ile **argv[argc-1]** arası kullanıcı tarafından girilen argümanlardır
- **argv[argc]** değeri her zaman **NULL**'dur

Not: **char *argv[]** ve **char **argv** ifadeleri tamamen eşdeğerdir ve birbirinin yerine kullanılabilir.

**Pratik örnek:**

Aşağıdaki program çağrılma örneğini ele alalım:

```bash
./program merhaba dünya 123
```

**Bu durumda:**

argc = 4

argv[0] = "./program"

argv[1] = "merhaba"

argv[2] = "dünya"

argv[3] = "123"

argv[4] = NULL

## Önemli Notlar

- Tüm komut satırı argümanları **string (karakter dizisi)** olarak gelir
- Sayısal değerler kullanılacaksa **atoi()**, **atof()** gibi fonksiyonlarla dönüştürülmelidir
- **argv** dizisinin son elemanı her zaman **NULL** işaretçisidir
- Argüman kontrolü yapmak için **argc** değerini kontrol etmek önemlidir

### Argümanların İşlenmesi

Kullanıcıdan alınan argümanlar string (karakter dizisi) olarak gelir. Sayısal işlemler yapmak istiyorsanız, bu argümanları uygun veri tiplerine dönüştürmelisiniz.

<table>
<tr><th>Örnek:<br>Parametresiz main() Fonksiyonu</th><th>Örnek:<br>Komut Satırı Argümanları ile main() Fonksiyonu</th></tr>
<tr><td><pre>#include <stdio.h>

int main(int argc, char *argv[]) {
    printf("Argüman sayısı: %d\n",
argc);

    for (int i = 0; i < argc; i++) {
        printf("Argüman %d: %s\n", i,
argv[i]);
    }

    return 0;
}</pre></td><td><pre>$ ./program deneme.txt 123</pre>
Çıktı:
<pre>Argüman sayısı: 3
Argüman 0: ./program
Argüman 1: deneme.txt
Argüman 2: 123</pre></td></tr>
</table>

## Örnek Programlar

### Pratik örnek: İki Sayıyı Toplama

<table>
<tr><th>KOD</th><th>bash</th></tr>
<tr><td><pre>#include <stdio.h>
#include <stdlib.h>

int main(int argc, char *argv[]) {
  if (argc != 3) {
    printf("Kullanım: %s sayı1 sayı2\n",
argv[0]);
    return 1;
  }
  int sayi1 = atoi(argv[1]);
  int sayi2 = atoi(argv[2]);
  int toplam = sayi1 + sayi2;

  printf("%d + %d = %d\n", sayi1, sayi2,
toplam);

  return 0;
}</pre></td><td><pre>$ ./program 10 20</pre>
Çıktı:
<pre>10 + 20 = 30</pre></td></tr>
</table>

Not: **atoi** fonksiyonu, **string** ifadeleri **tamsayıya** dönüştürür.

**Pratik örnek 2: Dosya İçeriğini Okuma**

Kullanıcıdan bir dosya adı alarak dosyanın içeriğini ekrana yazdıran bir program.

| KOD | bash |
|---|---|
| (kod aşağıda) | **Çalıştırma**<br>`./program metin.txt`<br><br>**Çıktı:**<br>`Dosya içeriği burada görün-tülenir` |

```c
#include <stdio.h>

int main(int argc, char *argv[]) {
  if (argc != 2) {
    printf("Kullanım: %s dosya_adı\n", argv[0]);
    return 1;
  }
  FILE *dosya = fopen(argv[1], "r");
  if (dosya == NULL) {
    perror("Dosya açılamadı");
    return 1;
  }
  char satir[256];
  while (fgets(satir, sizeof(satir), dosya)) {
    printf("%s", satir);
  }
  fclose(dosya);

  return 0;
}
```

## 10.3. IoT (Nesnelerin İnterneti) ve C Programlama

**IoT (Internet of Things - Nesnelerin İnterneti)**, günlük yaşamda kullandığımız nesnelerin internet bağlantısı ile akıllı hale getirilmesi teknolojisidir. Akıllı ev sistemleri, endüstriyel sensörler, giyilebilir teknolojiler IoT örnekleridir.

Şekil 15 - *Raspberry PI ile IoT Led Kontrolü* [18]

**IoT Sisteminin Temel Bileşenleri:**

**Sensörler**: Çevreden veri toplama (sıcaklık, nem, hareket)

- **Aktüatörler**: Fiziksel etkileşim (LED, motor, buzzer)
- **Mikroişlemci**: Veri işleme ve karar verme
- **İletişim Modülü**: WiFi, Bluetooth, LoRa ile veri gönderme

**C Dilinin IoT'deki Rolü:**

- **Düşük seviye kontrol**: Donanım ile doğrudan iletişim
- **Bellek verimliliği:** Kısıtlı kaynaklı cihazlar için ideal

- **Gerçek zamanlı çalışma**: Hızlı tepki süresi
- **Taşınabilirlik**: Farklı mikroişlemcilerde çalışabilir

**Pratik örnek 3: IoT LED Kontrol Sistemi**

Bir akıllı ev sisteminde bulunan LED'leri uzaktan kontrol etmek istiyoruz. Bu sistem:

- **Uzaktan Kontrol**: Komut satırı ile LED açma/kapama
- **Çoklu LED Desteği**: Farklı LED'leri ayrı ayrı kontrol
- **Otomatik Zamanlayıcı**: Belirtilen süre sonra otomatik kapatma
- **Basit Komut Yapısı**: Kullanıcı dostu arayüz

| KOD | bash |
|---|---|
| (aşağıdaki kod) | (aşağıdaki komutlar) |

**KOD**

```c
#include <stdio.h>
#include <stdlib.h>
#include <string.h>

// Windows için sleep fonksiyonu
#ifdef _WIN32
  #include <windows.h>
  #define sleep(x) Sleep((x)*1000)  // Sleep milisani-
ye alır
#else
  #include <unistd.h>  // Unix/Linux için
#endif

void control_led(int led_id, char* action) {
  printf("LED-%d: %s\n", led_id,
      strcmp(action, "on") == 0 ? "ACIK" : "KAPALI");

  // Gerçek IoT'de GPIO pin kontrolü olurdu
  // gpio_write(led_pin, strcmp(action, "on") == 0 ?
HIGH : LOW);
}

void print_usage(char* prog_name) {
  printf("IoT LED Kontrol Sistemi\n");
  printf("Kullanim: %s <led_id> <on/off> [sure]\n",
prog_name);
  printf("Ornek: %s 1 on 5\n", prog_name);
}
```

**bash**

```bash
# Derleme
gcc -o led_control led_
control.c

# LED 1'i aç ./led_control
1 on

# LED 2'yi 10 saniye aç,
sonra otomatik kapat ./
led_control 2 on 10

# LED 3'ü kapat ./led_
control 3 off
```

Çıktı Örnekleri

```
$ ./led_control 1 on 5

LED-1: AÇIK ✓

LED 5 saniye sonra
kapanacak...

LED-1: KAPALI ✗
```

```c
int main(int argc, char *argv[]) {
  if (argc < 3) {
    print_usage(argv[0]);
    return 1;
  }
  int led_id = atoi(argv[1]);
  char* action = argv[2];
  int duration = (argc > 3) ? atoi(argv[3]) : 0;
  printf("Akilli Ev LED Kontrol Sistemi\n");
  // LED kontrolü
  control_led(led_id, action);

  // Süre belirtilmişse otomatik kapatma
  if (duration > 0 && strcmp(action, "on") == 0) {
    printf("LED %d saniye sonra kapanacak...\n",
duration);
    sleep(duration);
    control_led(led_id, "off");
  }

  return 0;
}
```

**Kullanım Örnekleri**

bash

```bash
# Derleme
gcc -o led_control led_control.c

# Salon LED'ini aç
./led_control 1 on

# Yatak odası LED'ini 10 saniye aç, sonra otomatik kapat
./led_control 2 on 10

# Mutfak LED'ini kapat
./led_control 3 off

# Çıktı örnekleri
$ ./led_control 1 on 5
🏠 Akıllı Ev LED Kontrol Sistemi
LED-1: AÇIK ✓
⏰ LED 5 saniye sonra kapanacak...
LED-1: KAPALI ✗
```

### Gerçek IoT Uygulamasına Dönüştürme

Bu program gerçek IoT cihazında şu şekilde genişletilebilir:

- **GPIO Kütüphanesi**: Raspberry Pi'de WiringPi, Arduino'da digitalWrite()
- **WiFi Bağlantısı**: ESP32, ESP8266 modülleri ile uzaktan erişim
- **MQTT Protokolü**: IoT standart iletişim için
- **Web Arayüzü**: Mobil uygulama veya web paneli

Bu basit örnek, IoT sistemlerinin temel mantığını ve C dilinin bu alandaki kullanımını göstermektedir.

## İpuçları ve En İyi Uygulamalar

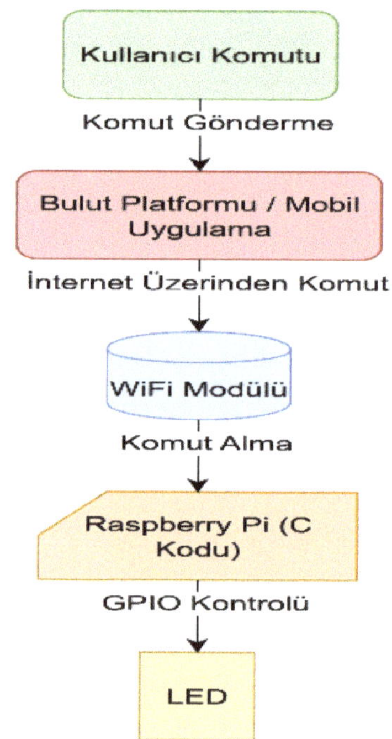


**Kullanıcı Dostu Olun**: Hata mesajları ve kullanım bilgileri vererek kullanıcıların programınızı daha rahat kullanmasını sağlayın.

**Argümanları Doğrulayın**: Beklenen argüman tiplerini ve değerlerini kontrol edin.

**Güvenli Dönüşümler Kullanın**: atoi, atof gibi fonksiyonlar yerine strtol, strtod gibi daha güvenli fonksiyonları kullanmayı düşünebilirsiniz.

**Dokümantasyon Ekleyin**: Programınızın nasıl kullanılacağına dair dokümantasyon veya **--help** seçeneği ekleyin.

**Esneklik Sağlayın**: Opsiyonel argümanlar ve varsayılan değerler belirleyerek programınızı daha esnek hale getirin.

Bu bölüm ile birlikte, C programlarında komut satırı argümanlarının gücünü ve esnekliğini kullanarak daha dinamik ve kullanıcı dostu uygulamalar geliştirebilirsiniz.

## Özet

Bu bölümde, C programlarında komut satırı argümanlarının nasıl kullanılacağını öğrendik. main fonksiyonunun parametrelerini kullanarak programlarımıza dışarıdan veri girişi sağlayabiliriz. Bu sayede programlarımız daha esnek ve dinamik hale gelir.

## Alıştırmalar

1. Fonksiyon nedir ve bir programı neden fonksiyonlara ayırırız? Fonksiyon kullanmanın en temel faydaları nelerdir?
2. Bir fonksiyonun "fonksiyon prototipi", "fonksiyon tanımı" ve "fonksiyon çağrısı" kavramlarını açıklayın.
3. C'de bir fonksiyonu tanımlarken hangi bilgileri belirtmeniz gerekir?
4. Bir fonksiyonun parametre alması ve bir değer döndürmesi ne anlama gelir? void geri dönüş tipi ne zaman kullanılır?
5. Aşağıdaki fonksiyon prototipini yorumlayın: int topla(int a, int b);
6. Fonksiyon içinde tanımlanan "yerel değişkenler" ile ana programda tanımlanan "global - küresel değişkenler" arasındaki farkı açıklayın. Neden genellikle yerel değişkenler kullanmayı tercih ederiz?
7. Toplama Fonksiyonu: İki tamsayı parametresi alıp toplamlarını geri döndüren bir topla fonksiyonu yazın. main fonksiyonunda bu fonksiyonu çağırarak sonucu ekrana yazdırın.
8. Çift-Tek Kontrol Fonksiyonu: Bir tamsayı parametresi alıp sayının çift olması durumunda 1, tek olması durumunda ise 0 geri döndüren bir tekCiftKontrol fonksiyonu yazın.
9. Alan Hesaplama Fonksiyonu: Bir dikdörtgenin en ve boy parametrelerini alıp alanını geri döndüren bir fonksiyon yazın.
10. Dizinin Ortalaması: Bir tamsayı dizisi ve dizinin boyutunu parametre olarak alıp dizideki elemanların ortalamasını hesaplayan ve geri döndüren bir fonksiyon yazın.
11. Rekürsif (özyinelemeli) fonksiyon nedir? Bir fonksiyonun kendisini çağırmasının mantığını bir örnekle (örneğin faktöriyel hesaplama) açıklayın.
12. Komut satırından girilen bir metni tersine çevirip ekrana yazdıran bir program yazın.
13. Kullanıcıdan iki sayı ve bir işlem türü alarak (+, -, *, /) sonucu hesaplayan ve hata kontrolü yapan bir program yazın.
14. Komut satırından sınırsız sayıda sayı alarak bu sayıların ortalamasını hesaplayan bir program yazın.

**Projeler**

**15.** Basit bir menü tabanlı hesap makinesi programı tasarlayın. Bu programda toplama, çıkarma, çarpma ve bölme işlemleri için ayrı fonksiyonlar oluşturun. main fonksiyonunda kullanıcıya bir menü gösterin ve seçimine göre ilgili fonksiyonu çağırın.

16. **Geometrik Şekiller Alan ve Çevre Hesaplayıcı**

- Problem: Kullanıcının seçtiği geometrik şeklin (daire, kare, dikdörtgen) alan ve çevre değerlerini hesaplayan bir program yazın.
- Fonksiyonlar:
  - daire_alani_hesapla(float yaricap)
  - daire_cevresi_hesapla(float yaricap)
  - kare_alani_hesapla(float kenar)
  - kare_cevresi_hesapla(float kenar)
  - dikdortgen_alani_hesapla(float en, float boy)
  - dikdortgen_cevresi_hesapla(float en, float boy)
- İstenen: **main** fonksiyonunda bir menü oluşturun. Kullanıcı bir şekil seçtiğinde, ilgili fonksiyonları çağırarak hesaplamaları yapın ve sonuçları ekrana yazdırın. Bu proje ile fonksiyonların modülerlik ve kod tekrarını önleme faydaları vurgulanabilir.

**17. Sayının Basamak İşlemleri (Fonksiyon Kullanımı)**

Problem:

Kullanıcıdan pozitif bir tam sayı alın. Bu sayı üzerinde çeşitli basamak işlemleri yapan fonksiyonlar tasarlayınız. Ana program yalnızca fonksiyon çağrılarından oluşmalıdır.

İstenen Fonksiyonlar:

int basamakSayisi(int n) -> Sayının basamak sayısını döndürür.<br>
int basamakToplami(int n) -> Basamakların toplamını döndürür.<br>
int tersCevir(int n) -> Sayının tersini döndürür.<br>
int palindromMu(int n) -> Palindrom ise 1, değilse 0 döndürür.<br>
int armstrongMu(int n) -> Armstrong sayı ise 1, değilse 0 döndürür.

Kurallar:

palindromMu() fonksiyonu, sayının tersini almak için tersCevir() fonksiyonunu kullanmalıdır.

armstrongMu() fonksiyonu, basamak sayısını basamakSayisi() fonksiyonundan alarak parçalı bir mantıkla yazılmalıdır.

Girilen sayı pozitif değilse kullanıcıdan tekrar giriş alınmalıdır.

1.

# 11 İŞARETÇİLER (POİNTERS)

*"Bir ok, nişan almadan atılırsa hedefi bulamaz." (Kaşgarlı Mahmud)*

*"Ona milyar dolarlık hatam diyorum. 1965'te null referansını icat etmemdi... Bu, sayılamayacak kadar çok hataya, zafiyete ve sistem çökmesine yol açtı..."* [17]

*Hoare, C. A. R.*

## 11.1. İşaretçi Nedir?

İşaretçiler, C programlama dilinin en güçlü ve esnek özelliklerinden biridir. **Bir işaretçi, bellekteki bir değişkenin adresini tutan özel bir değişkendir.** Bu sayede programcılar, bellek üzerinde doğrudan işlem yapabilir, dinamik bellek yönetimi gerçekleştirebilir ve veri yapıları üzerinde daha esnek kontrol sağlayabilirler.

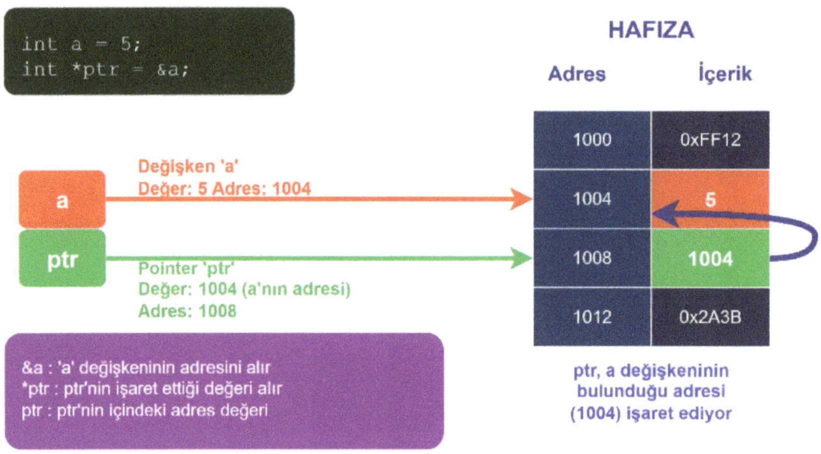


*Şekil 16 - Değişken ve işaretçi adresleri*

### Neden İşaretçiler Kullanılır?

- **Bellek Yönetimi**: Dinamik bellek tahsisi ve serbest bırakma işlemlerini yönetmek için.
- **Fonksiyonlara Referans Geçişi**: Büyük veri yapılarının kopyalanmasını önleyerek bellek ve performans optimizasyonu sağlar.
- **Veri Yapıları Oluşturma**: Bağlı listeler, ağaçlar ve diğer dinamik veri yapılarının oluşturulmasında kullanılır.
- **Verimlilik**: Bellek ve işlemci kaynaklarını daha verimli kullanmayı sağlar.

## 11.2. İşaretçi Değişkenlerin Tanımlanması ve Kullanımı

Bir işaretçi değişkenini tanımlamak için veri tipinin önüne * operatörü eklenir.

**Söz Dizimi**

```
veri_türü *işaretçi_adı;
```

**Örnek**

```
int *ptr;          // Bir tamsayı işaretçisi
char *cptr;        // Bir karakter işaretçisi
float *fptr;       // Bir float işaretçisi
double *dptr;      // Bir double işaretçisi
```

**İşaretçi Ataması:**

Bir işaretçiye bir değişkenin adresini atamak için & (adres operatörü) kullanılır.

Örnek
```
int a = 5;
int *ptr = &a;  // 'a' değişkeninin adresini 'ptr' işaretçisine atıyoruz
```

**& Operatörü (Adres Operatörü)**

Bir değişkenin bellekteki adresini almak için kullanılır.

Örnek
```
int a = 5;
printf("a'nın adresi: %p\n", &a);
```

*** Operatörü (Dereference Operatörü)**

Bir işaretçinin işaret ettiği bellekteki değere erişmek için kullanılır.

Örnek
```
int a = 5;
int *ptr = &a;
printf("ptr'nin işaret ettiği değer: %d\n", *ptr);
```

## Tam Örnek:

<table>
<tr><th>KOD</th><th>ÇIKTI</th></tr>
<tr><td>

```
#include <stdio.h>

int main() {
  int a = 5;
  int *ptr = &a;
  printf("a'nın değeri: %d\n", a);
  printf("a'nın adresi: %p\n", &a);
  printf("ptr'nin değeri (a'nın adresi):
%p\n", ptr);
  printf("ptr'nin işaret ettiği değer:
%d\n", *ptr);
  return 0;
}
```

</td><td>

```
(a'nın değeri: 5
a'nın adresi: 0x7ffeefbff5ac
ptr'nin değeri (a'nın adresi): 0x7f-
feefbff5ac
ptr'nin işaret ettiği değer: 5
```

</td></tr>
</table>

## 11.3. İşaretçiler ve Fonksiyonlar

İşaretçiler, fonksiyonlara değişkenleri referans olarak geçirmek ve fonksiyonlardan bellek adresleri döndürmek için kullanılır. Bu, özellikle büyük veri yapılarını kopyalamadan işlemeyi ve fonksiyon içinde yapılan değişikliklerin orijinal değişkene yansımasını sağlar.

Fonksiyona İşaretçi Parametresi Geçirmek:

Örnek

```
#include <stdio.h>

void degeriArttir(int *num) {
  (*num)++;  // num işaretçisinin işaret ettiği değeri bir artır
}
int main() {
  int sayi = 10;
  degeriArttir(&sayi);
  printf("sayi değeri: %d\n", sayi);  // Çıktı: 11
  return 0;
}
```

**Fonksiyondan İşaretçi Döndürmek:**

Örnek

```
#include <stdio.h>

int* buyukOlaniBul(int *a, int *b) {
  if(*a > *b)
    return a;
  else
    return b;
}
int main() {
  int x = 10, y = 20;
  int *buyuk = buyukOlaniBul(&x, &y);
  printf("Büyük olan değer: %d\n", *buyuk);  // Çıktı: 20

  return 0;
}
```

## 11.4. İşaretçiler ve Diziler

Diziler ve işaretçiler arasında yakın bir ilişki vardır. Bir dizinin adı, o dizinin ilk elemanının adresini temsil eden bir işaretçi gibidir.

**Örnek:**

| KOD | ÇIKTI |
|---|---|
| `#include <stdio.h>`<br><br>`int main() {`<br>`  int dizi[5] = {10, 20, 30, 40, 50};`<br>`  int *ptr = dizi;  // 'dizi' ismi, dizi[0]'ın adresini tutar`<br><br>`  for(int i = 0; i < 5; i++) {`<br>`    printf("dizi[%d]: %d, *(ptr + %d): %d\n", i, dizi[i], i, *(ptr + i));`<br>`  }`<br>`  return 0;`<br>`}` | `dizi[0]: 10, *(ptr + 0): 10`<br>`dizi[1]: 20, *(ptr + 1): 20`<br>`dizi[2]: 30, *(ptr + 2): 30`<br>`dizi[3]: 40, *(ptr + 3): 40`<br>`dizi[4]: 50, *(ptr + 4): 50` |

Not: **ptr + i** ifadesi, işaretçinin i eleman sonrasını işaret eder.

## 11.5. İşaretçilerle String İşlemleri

C dilinde string'ler null karakter ('**\0**') ile sonlandırılmış karakter dizileridir. İşaretçiler, string manipülasyonlarında esneklik sağlar.

**Örnek: Karakter Dizisini İşaretçi ile Gezmek**

| KOD | ÇIKTI |
|---|---|
| `#include <stdio.h>`<br><br>`int main() {`<br>`  char metin[] = "Merhaba";`<br>`  char *ptr = metin;`<br><br>`  while(*ptr != '\0') {`<br>`    printf("%c ", *ptr);`<br>`    ptr++;`<br>`  }`<br>`  printf("\n");`<br>`  return 0;`<br>`}` | `M e r h a b a` |

## Örnek: String Karşılaştırma

Problem: Bir C programı yazarak, kullanıcıdan alınan iki farklı kelimenin aynı olup olmadığını kontrol etmeniz istenmektedir. Bu kontrolü yaparken, standart kütüphanedeki strcmp() fonksiyonunu kullanmadan, kendi yazdığınız bir fonksiyonu (stringKarsilastir) kullanmalısınız.

**stringKarsilastir fonksiyonu**, iki metni karakter karakter karşılaştırır. `while` döngüsü, iki metinden biri bitene veya farklı bir karakter bulunana kadar devam eder. Döngü bittiğinde, fonksiyon farklı olan ilk karakterlerin ASCII değerleri arasındaki farkı döndürür. Metinler tamamen aynıysa, `\0` karakterlerinin farkı olan `0` değerini döndürür. `main` fonksiyonu, bu fonksiyondan dönen değere göre metinlerin aynı veya farklı olduğunu belirleyip ekrana yazdırır

Örnek

```
#include <stdio.h>

int stringKarsilastir(char *str1, char *str2) {
  while(*str1 && *str2 && *str1 == *str2) {
    str1++;
    str2++;
  }
  return *str1 - *str2;
}

int main() {
  char *metin1 = "Merhaba";
  char *metin2 = "Merhaba";

  if(stringKarsilastir(metin1, metin2) == 0) {
    printf("Metinler aynı.\n");
  } else {
    printf("Metinler farklı.\n");
  }

  return 0;
}
```

## Özet

Bu bölümde işaretçilerin temellerini, tanımlanmasını ve kullanımını öğrendik. İşaretçiler, doğru kullanıldığında programlara büyük esneklik ve güç katar. Ancak, dikkatli olunmazsa bellek sızıntıları, çökme ve belirsiz davranışlar gibi ciddi hatalara yol açabilir. İşaretçilerle çalışırken bellek yönetimine ve tip güvenliğine dikkat etmek önemlidir.

## Alıştırmalar

1. Bir "işaretçi" (pointer) nedir? Bir işaretçi, sıradan bir değişkenden nasıl farklıdır? İşaretçinin bellekte tuttuğu değer neyi temsil eder?

2. & (adres operatörü) ve * (dolaylı erişim/dereference operatörü) operatörlerinin işlevlerini açıklayın.

3. C dilinde bir işaretçi nasıl tanımlanır? Aşağıdaki değişken için bir işaretçi tanımlayın ve bu işaretçiye değişkenin adresini atayın:

```
int sayi = 10;
```

4. Bir işaretçi kullanarak, işaret ettiği değişkenin değerini nasıl değiştirebilirsiniz? Örnek bir kod parçacığı yazın.

5. Bir fonksiyona bir değişkeni referansla çağırmanın (pointer kullanarak) amacı nedir?

6. İki tamsayı parametresi alan ve bu iki sayının değerini yer değiştiren bir swap fonksiyonu yazın. Bu fonksiyon, ana programdaki orijinal değişkenlerin değerlerini değiştirmelidir.

7. malloc ve free fonksiyonları ne işe yarar? Dinamik bellek yönetiminin ne olduğunu ve neden ihtiyaç duyulduğunu açıklayın.

8. malloc kullanarak 5 elemanlı bir tamsayı dizisi için bellek ayırın, bu diziye değerler atayın ve işlem bittikten sonra belleği free ile serbest bırakın.

**Proje**

9. Bir öğrenci not yönetim sistemi programı yazın. Bu programda, öğrenci sayısı başlangıçta bilinmediği için malloc kullanarak notları tutacak dinamik bir dizi ayırın. Kullanıcıdan notları alarak diziye kaydedin. Daha sonra bu notların ortalamasını, en yüksek ve en düşük notu bulan fonksiyonlar yazın. Bu fonksiyonlara diziyi işaretçi olarak gönderin.

10. Bir karakter dizisi (string) için strlen (dizi uzunluğu), strcpy (dizi kopyalama) ve strrev (diziyi ters çevirme) gibi fonksiyonları işaretçiler ve döngüler kullanarak kendiniz implemente edin.

## 11. Pointer ile Değer Değiştirme ve Sıralama

Kullanıcıdan üç tam sayı alın (a, b, c). Bu değerleri pointer kullanarak küçükten büyüğe sıralayan bir program yazınız.

İstenenler:

void swap(int *x, int *y) fonksiyonu ile iki değeri adres üzerinden yer değiştiriniz.

void sirala3(int *a, int *b, int *c) fonksiyonu, yalnızca karşılaştırma ve swap() çağrıları kullanarak sıralama yapmalıdır.

Kurallar:

Değerler doğrudan atanmayacak, tüm değişimler pointer ile yapılacaktır.

main() fonksiyonunda kullanıcıdan değerler alınacak ve sıralama sonucu ekrana yazdırılacaktır.

## 12. Pointer ile Metin İşlemleri (char *)

Kullanıcıdan bir metin alınız ve bu metin üzerinde *char pointer (char ) kullanarak işlem yapan fonksiyonlar yazınız.

İstenen Fonksiyonlar:

int uzunluk(const char *p) → Metnin uzunluğunu döndürür (sonlandırıcı '\0' hariç).

int kelimeSayisi(const char *p) → Metindeki kelime sayısını döndürür.

void tersYazdir(const char *p) → Metni tersten ekrana yazdırır.

Kurallar:

Metin üzerinde dolaşma işlemleri [] kullanılmadan, yalnızca pointer ilerleterek yapılmalıdır.

main() fonksiyonunda metin okunmalı ve fonksiyonlar çağrılarak sonuçlar ekrana yazdırılmalıdır.

# 12

# DİZİ VE STRİNG İŞLEMLERI

*"Birlikten kuvvet doğar." (Türk Atasözü)*

*"Türlü çiçeklerle bezenmiş dağlar." (Karacaoğlan)*

C dilinde **diziler** ve **stringler** programlamada çok önemli bir yer tutar. Diziler, aynı türden birden fazla veriyi saklamak için kullanılırken, stringler (C dilinde karakter dizisi olarak bilinir) metin tabanlı verilerin tutulması için kullanılır. Diziler ve stringlerle ilgili işlemler, veri saklama, işleme ve manipülasyon konularında önemli kolaylıklar sağlar.

## 12.1. Dizi (Array) Nedir?

**Dizi** (array), aynı türdeki veri elemanlarını ardışık bir şekilde hafızada saklayan bir veri yapısıdır. Her bir eleman, dizinin bir indeksi ile erişilebilir. Diziler genellikle aynı türde birden fazla değeri saklamamız gerektiğinde kullanılır (örneğin, birden fazla sayıyı veya karakteri saklamak için).

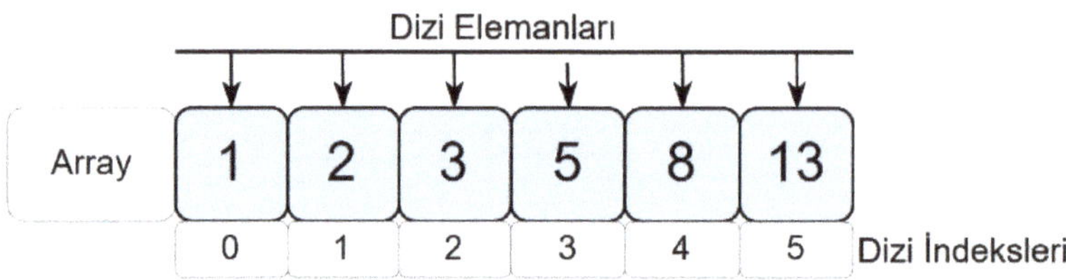


### Dizi Söz Dizimi

Dizi tanımlarken, hangi türden veri tutacağını ve kaç eleman içereceğini belirtmeliyiz:

Söz Dizimi

```
tür dizi_adı[boyut];
```

- **tür**: Dizinin elemanlarının veri tipi (`**int**`, `**char**`, `**float**` gibi).
- **dizi_adı**: Dizinin ismi.
- **boyut**: Dizinin içinde kaç eleman saklanacağını belirten sayı.

### Dizi Örneği:

Aşağıda, 6 elemanlı bir `int` dizisi örneği gösterilmiştir:

Örnek

```
#include <stdio.h>

int main() {
  int sayilar[6] = {1, 2, 3, 5, 8, 13}; // 6 elemanlı bir dizi
  // Dizinin elemanlarını ekrana yazdırma
  for (int i = 0; i < 6; i++) {
    printf("sayilar[%d] = %d\n", i, sayilar[i]);
  }
  return 0;
}
```

## 12.2. Dizi Elemanlarına Erişim:

Dizi elemanlarına **indeks** (sıra numarası) kullanarak erişiriz. Dizi indeksleri 0'dan başlar; yani, ilk eleman `dizi_adı[0]`, ikinci eleman `dizi_adı[1]` vb. şeklindedir.

Örnek

- `sayilar[0] = 10;`
- `sayilar[1] = 20;`
- `sayilar[4] = 50;`

### String (Karakter Dizisi) Nedir?

C dilinde **string**, aslında sonu `**null**` karakteri (`'\0'`) ile biten bir karakter dizisidir. C dilinde stringler doğrudan bir veri tipi değildir, bunun yerine karakter dizisi olarak ele alınırlar. Stringler, metin tabanlı verilerle çalışmayı sağlar.

### String Tanımlama:

C dilinde string tanımlamanın birkaç yolu vardır:

1. Karakter dizisi kullanarak:

```
char isim[10] = {'A', 'h', 'm', 'e', 't', '\0'};
```

1. Çift tırnak içinde doğrudan string kullanarak:

```
char isim[] = "Ahmet";
```

### String Örneği:

Aşağıda bir stringi tanımlayan ve ekrana yazdıran bir örnek:

| KOD | ÇIKTI |
|---|---|
| `#include <stdio.h>`<br>`int main() {`<br>`  char isim[] = "Ahmet"; // Karakter dizisi (string)`<br>`  printf("İsim: %s\n", isim); //Stringi ekrana yazdırma`<br>`  return 0;`<br>`}` | **İsim: Ahmet** |

## 12.3. Neden dizileri kullanmalıyız

Diziler, programlamada aynı türde birden fazla veriyi tek bir yapı altında tutmamızı sağlar. Peki, neden dizileri kullanmalıyız ve bunların avantajları nelerdir? Diziler, aynı türde çok sayıda veriyle işlem yaparken kodu daha verimli ve düzenli hale getirir. Özellikle veri sayısının arttığı durumlarda, dizilerle çok daha az satır kod yazarak aynı işlemleri gerçekleştirmek mümkündür.

Diziler kullanmadan da bazı problemleri çözmek mümkün olsa da, bu durum genellikle kodun karmaşıklığını ve hata yapma riskini artırır. Aşağıdaki örneklerde, az sayıda eleman içeren bir problemde bile dizilerin nasıl daha az satır kod ile çözüme ulaştığını görebilirsiniz. Gerçek hayattaki problemlerde eleman sayısı arttıkça bu fark çok daha belirgin hale gelir.

**Problem**

Bir haftanın her günü için sıcaklık değerlerini tutan bir program yazın. Öncelikle diziler kullanılmadan sıcaklıklar ve günler için ayrı değişkenler tanımlayın ve haftanın her günü için sıcaklıkları ekrana yazdırın. Daha sonra aynı problemi diziler kullanarak çözün ve dizilerle çözümün nasıl daha verimli olduğunu gösterin. Hem dizisiz hem de dizili çözümde ortalama sıcaklığı hesaplayın ve karşılaştırın.

**Diziler kullanmadan**

```
#include <stdio.h>
int main() {
  // Haftanın günleri için sıcaklıkları
tek tek tanımlıyoruz
  float pazartesi = 23.5;
  float sali = 24.1;
  float carsamba = 22.8;
  float persembe = 25.0;
  float cuma = 26.3;
  float cumartesi = 27.0;
  float pazar = 24.7;
// sıcaklıkları ekrana yazdırma
  printf("Pazartesi: %.1f derece\n",
pazartesi);
  printf("Salı: %.1f derece\n", sali);
  printf("Çarşamba: %.1f derece\n", car-
samba);
  printf("Perşembe: %.1f derece\n", per-
sembe);
  printf("Cuma: %.1f derece\n", cuma);
  printf("Cumartesi: %.1f derece\n",
cumartesi);
  printf("Pazar: %.1f derece\n", pazar);
```

**Dizi kullannarak**

```
#include <stdio.h>
int main() {
// Haftanın günlerine ait sıcaklıkları
bir diziye tanımlıyoruz
  float sicakliklar[7] = {23.5, 24.1,
22.8, 25.0, 26.3, 27.0, 24.7};
  char *gunler[7] = {"Pazartesi",
"Salı", "Çarşamba", "Perşembe", "Cuma",
"Cumartesi", "Pazar"};
// Sıcaklıkları ekrana yazdırma
  for (int i = 0; i < 7; i++) {
    printf("%s: %.1f derece\n", gun-
ler[i], sicakliklar[i]);
  }
```

| Diziler kullanmadan | Dizi kullanıldı |
|---|---|
| `// Ortalama sıcaklığı hesaplayıp ekrana yazdırıyoruz`<br>`float ortalama = (pazartesi + sali + carsamba + persembe + cuma + cumartesi + pazar) / 7;`<br>`printf("Haftalık ortalama sıcaklık: %.1f derece\n", ortalama);`<br><br>`return 0;`<br>`}` | `// Ortalama sıcaklığı hesaplama`<br>`float toplam = 0;`<br>`for (int i = 0; i < 7; i++) {`<br>`toplam += sicakliklar[i];`<br>`}`<br>`float ortalama = toplam / 7;`<br>`printf("Haftalık ortalama sıcaklık: %.1f derece\n", ortalama);`<br>`return 0;`<br>`}` |

Diziler kullanarak aynı işlemleri daha az satır kod ile gerçekleştirebildiğimizi görüyoruz. Dizisiz çözümde her bir değişkeni tek tek tanımlayıp işlem yapmamız gerekirken, diziler sayesinde aynı türdeki verileri bir yapı altında topluyoruz ve tekrar eden işlemleri döngülerle kolayca yönetebiliyoruz. Gerçek hayattaki büyük problemleri çözerken diziler, kodun okunabilirliğini ve sürdürülebilirliğini önemli ölçüde artırır.

*"Bölüşürsek tok oluruz, bölünürsek yok oluruz." (Yunus Emre)*

## 12.4. String Fonksiyonları

C dilinde stringlerle çalışmak için **string.h** kütüphanesindeki fonksiyonlar kullanılır. Bu fonksiyonlar stringleri kopyalamak, birleştirmek, karşılaştırmak gibi birçok işlem için kullanılır. Aşağıda en yaygın kullanılan **string** fonksiyonları verilmiştir:

1. `**strlen()**`: Stringin uzunluğunu döndürür.
2. **strcpy()**`: Bir stringi başka bir stringe kopyalar.
3. `**strcat()**`: İki stringi birleştirir.
4. `**strcmp()**`: İki stringi karşılaştırır.

Örnek

```
#include <stdio.h>
#include <string.h>

int main() {
  char isim1[20] = "Ahmet";
  char isim2[20];

  // isim1 stringini isim2'ye kopyala
  strcpy(isim2, isim1);
  printf("İsim2: %s\n", isim2);

  // String uzunluğu bulma
  int uzunluk = strlen(isim1);
  printf("İsim1 uzunluğu: %d\n", uzunluk);

  return 0;
}
```

### Dizi ve String Arasındaki Farklar:

- **Dizi**: Aynı türden birçok veri tutar. Örneğin, bir `**int**` dizisi birden fazla tam sayı saklayabilir. Dizi elemanları arasında bağlantı yoktur, her biri bağımsızdır.
- **String (Karakter Dizisi):** Sadece karakterlerden oluşur ve sonu `**null**` karakteri (`'\0'`) ile biter. Stringlerin sonlandırıcı karakteri (`'\0'`) diğer karakter dizilerinden farkını oluşturur.

### Dizi ve String İşlemleri İçin Kullanışlı Yöntemler:

**1. Dizi İçi Döngüler**: Dizilerle çalışırken genellikle for veya while döngüleri ile dizi elemanlarına erişilir.

Örnek

```
for (int i = 0; i < boyut; i++) {
    // Dizi elemanlarına erişim
}
```

**2. String Karşılaştırmaları**: String karşılaştırması yapmak için `**strcmp()**` fonksiyonu kullanılır.

Örnek

```
if (strcmp(string1, string2) == 0)
{
    // Stringler eşittir
}
```

**3. Dizi Kopyalama** String veya dizi kopyalama işlemi yapılırken karakter karakter kopyalama ya da `**strcpy()**` fonksiyonu kullanılır.

### Dizi ve Stringlerin Kullanım Alanları:

- **Diziler**: Diziler genellikle birden fazla veriyi saklama ve bu verilere hızlı bir şekilde erişme gereksinimi olan durumlarda kullanılır (örneğin, öğrenci notları, sıcaklık verileri, vb.).

- **Stringler**: Metin işleme gereksinimi olduğunda stringler kullanılır (örneğin, kullanıcı isimleri, dosya adları, metin işleme uygulamaları).

Dizi ve string işlemleri, C dilinde programlamanın temel yapı taşlarındandır. Diziler ve stringlerle çalışmak, verilerin saklanmasını, işlenmesini ve manipüle edilmesini kolaylaştırır. Diziler aynı türde çoklu veriyi saklarken, stringler metin verilerini yönetmek için kullanılır ve özellikle `**string.h**` kütüphanesindeki fonksiyonlar stringlerle çalışmayı çok daha kolay hale getirir.

## 12.5. Dizi ve String İşlemleri:

### Dizilere eleman ekleme,

C dilinde diziler sabit boyutlu olduğu için eleman ekleme işlemi, dizinin boş pozisyonlarına yapılır. Dinamik eleman takibi için genellikle bir boyut değişkeni kullanırız.

### Dizinin Sonuna Eleman Ekleme

Dizinin sonuna eleman eklemek en basit işlemdir. Bu durumda diğer elemanları kaydırmaya gerek yoktur; yeni eleman doğrudan son pozisyona yerleştirilir.

### Temel Mantık

1. Mevcut eleman sayısını takip ederiz.
2. Yeni elemanı **dizi[boyut]** pozisyonuna yerleştiririz.
3. Boyut değişkenini 1 artırırız.

Örnek

```
// Maksimum 10 elemanlı dizi tanımla
int dizi[10] = {13, 5, 8, 21}; // İlk 4
eleman dolu
int boyut = 4; // Mevcut eleman sayısı
// Yeni eleman ekle
int yeni_eleman = 34;
// Dizi kapasitesi kontrolü
if(boyut < 10) {
  dizi[boyut] = yeni_eleman; // 4. indekse
(5. pozisyona) ekle
  boyut++; // Boyutu 5 yap
}
```

### Güvenlik Kontrolü

Diziye eleman eklemeden önce mutlaka dizinin kapasitesini kontrol etmeliyiz. C dilinde diziler sabit boyutludur ve sınırları aşarsak "buffer overflow" hatası oluşur. Bu hata programın çökmesine veya güvenlik açıklarına neden olabilir.

### Dizinin Ortasına Eleman Ekleme

Dizinin ortasına eleman eklememiz gerektiğinde durum daha karmaşıktır. Bu işlem için:

1. **Mevcut diziyi yazdırma** - İşlem öncesi durumu görme
2. **Elemanları kaydırma** - Ekleme pozisyonundan sonraki elemanları sağa kaydırma
3. **Yeni elemanı yerleştirme** - Belirtilen pozisyona yeni elemanı ekleme
4. **Yeni diziyi yazdırma** - İşlem sonrası durumu kontrol etme

Bu işlemler sırasında dikkat edilmesi gereken en önemli nokta, elemanları kaydırırken veri kaybını önlemektir. Kaydırma işlemi sondan başlayarak yapılmalıdır.

| KOD | |
|---|---|
| `#include <stdio.h>` | |
| `int main() {` | |
| `  int dizi[10] = {5, 13, 34, 3, 21};` | İlk 5 eleman dolu |
| `  int boyut = 5;` | Mevcut eleman sayısı = 5 |
| `  int yeni_eleman = 8;` | |
| `  int pozisyon = 2;` | 2. indekse eklenecek |
| `  for(int i = boyut; i > pozisyon; i--) {` | |
| `    dizi[i] = dizi[i-1];` | |
| `  }` | Elemanları sağa kaydır |
| `  dizi[pozisyon] = yeni_eleman;` | Yeni elemanı ekle |
| `  boyut++;` | |
| `  printf(“Dizi: “);` | |
| `  for(int i = 0; i < boyut; i++) {` | |
| `    printf(“%d “, dizi[i]);` | |
| `  }` | Yeni dizi yazdırılıyor |
| `  return 0;` | |
| `}` | |

## Diziden Eleman Çıkarma

Eleman çıkarma işlemi, silinecek elemanın pozisyonundan sonraki elemanları sola kaydırarak yapılır.

Örnek

```
// Elemanları sola kaydır
for(int i = silinecek_pozisyon; i < boyut - 1; i++) {
  dizi[i] = dizi[i + 1];
}
boyut--; // Boyutu azalt
```

## Dizi Sıralama (Bubble Sort)

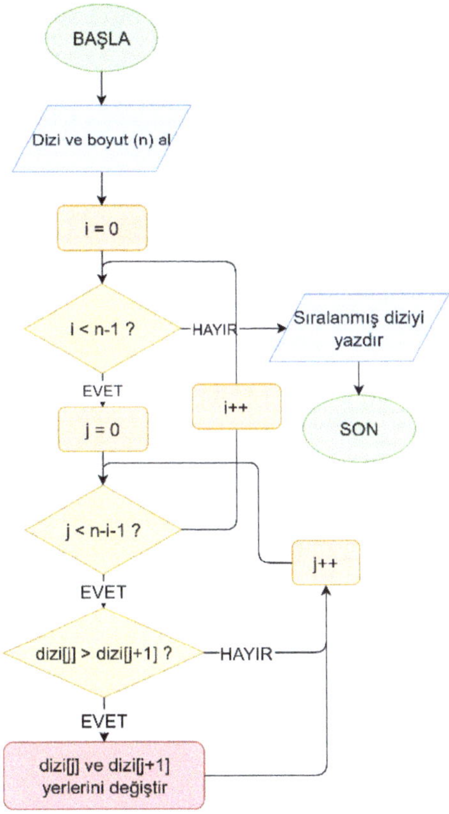


Bubble Sort, komşu elemanları karşılaştırarak sıralama yapar. Büyük elemanlar "baloncuk gibi" dizinin sonuna doğru yükselir.

**Adım Adım Çalışma Mantığı:**

**Dış Döngü** (i = 0'dan n-1'e):

Her geçişte en büyük eleman dizinin sonuna yerleşir

**i** değeri kaç elemanın yerinin kesinleştiğini gösterir

**İç Döngü** (j = 0'dan n-i-1'e):

- Komşu elemanları karşılaştırır
- **n-i-1** limiti: zaten sıralanmış elemanları tekrar kontrol etmemek için

**Karşılaştırma ve Değişim**:

- **dizi[j] > dizi[j+1]** ise elemanları yer değiştirir
- Böylece büyük eleman bir adım sağa kayar

**KOD**

```c
#include <stdio.h>
void bubble_sort(int dizi[], int n) {
  for(int i = 0; i < n-1; i++) {
    for(int j = 0; j < n-i-1; j++) {
      if(dizi[j] > dizi[j+1]) {
        int temp = dizi[j];
        dizi[j] = dizi[j+1];
        dizi[j+1] = temp;
      }
    }
  }
}
int main() {
  int dizi[] = {21, 8, 3, 13, 2, 1, 5};
  int n = sizeof(dizi) / sizeof(dizi[0]);
```

Elemanları yer değiştir

```
  printf("Sıralama öncesi: ");
  for(int i = 0; i < n; i++) {
    printf("%d ", dizi[i]);
  }

  bubble_sort(dizi, n);

  printf("\nSıralama sonrası: ");
  for(int i = 0; i < n; i++) {
    printf("%d ", dizi[i]);
  }

  return 0;
}
```

**Çıktı:**

Sıralama öncesi: 21 8 3 13 2 1 5

Sıralama sonrası: 1 2 3 5 8 13 21

## Bubble Sort Algoritması - Adım Adım

**Başlangıç Dizisi: [21, 8, 3, 13, 2, 1, 5]**

| Geçiş | Adım (j) | Karşılaştırma | Sonuç | Dizi Durumu |
|---|---|---|---|---|
| 1. GEÇİŞ (i=0): j = 0'dan 5'e kadar | | | | |
| 1 | Başlangıç | - | - | [21, 8, 3, 13, 2, 1, 5] |
| | j=0 | 21 > 8? | EVET - Değiştir | [8, 21, 3, 13, 2, 1, 5] |
| | j=1 | 21 > 3? | EVET - Değiştir | [8, 3, 21, 13, 2, 1, 5] |
| | j=2 | 21 > 13? | EVET - Değiştir | [8, 3, 13, 21, 2, 1, 5] |
| | j=3 | 21 > 2? | EVET - Değiştir | [8, 3, 13, 2, 21, 1, 5] |
| | j=4 | 21 > 1? | EVET - Değiştir | [8, 3, 13, 2, 1, 21, 5] |
| | j=5 | 21 > 5? | EVET - Değiştir | [8, 3, 13, 2, 1, 5, 21] |
| 2. GEÇİŞ (i=1): j = 0'dan 4'e kadar | | | | |
| 2 | Başlangıç | - | - | [8, 3, 13, 2, 1, 5, 21] |
| | j=0 | 8 > 3? | EVET - Değiştir | [3, 8, 13, 2, 1, 5, 21] |
| | j=1 | 8 > 13? | HAYIR | [3, 8, 13, 2, 1, 5, 21] |
| | j=2 | 13 > 2? | EVET - Değiştir | [3, 8, 2, 13, 1, 5, 21] |
| | j=3 | 13 > 1? | EVET - Değiştir | [3, 8, 2, 1, 13, 5, 21] |
| | j=4 | 13 > 5? | EVET - Değiştir | [3, 8, 2, 1, 5, 13, 21] |

Bu şekilde i = 5, altıncı geçişe kadar devam eder.

## Alıştırma Görevi

Yukarıda incelediğimiz **temel bubble sort** algoritmasını **Optimized Bubble Sort (Optimize Edilmiş Bubble Sort)** versiyonuna dönüştürerek performansını artırın.

Yukarıda incelediğimiz bubble sort algoritması en temel halidir. Bu algoritmanın daha gelişmiş bir versiyonu olan "Optimized Bubble Sort" (Optimize Edilmiş Baloncuk Sıralaması) performansı artırmak için önemli bir iyileştirme içerir.

**Temel Bubble Sort'un Sorunu**

Temel bubble sort algoritması, dizi zaten sıralı olsa bile tüm geçişleri tamamlar. Örneğin:

Dizi: [1, 2, 3, 4, 5] (zaten sıralı)

Temel bubble sort: 4 geçiş yapacak ve gereksiz karşılaştırmalar yapacak

**Sonuç:** Zaman kaybı

**Optimizasyon Çözümü:** swapped Değişkeni

swapped değişkeninin çalışma mantığı:

Her dış döngü başında: **swapped = false** yapılır

Yer değiştirme olduğunda: **swapped = true** yapılır

Geçiş sonunda kontrol: Eğer **swapped** hala **false** ise, hiç yer değiştirme olmamıştır

Erken durma: Yer değiştirme yoksa dizi sıralıdır, algoritma durdurulur

**Avantajları**

**Erken durma**: Dizi sıralandığında gereksiz geçişler yapılmaz

**Performans artışı**: En iyi durumda O(n) karmaşıklığa sahip

**Zaman tasarrufu**: Özellikle kısmen sıralı dizilerde çok etkili

## Alıştırmalar

1. "Dizi" (array) nedir? Neden birden fazla aynı türden veriyi saklamak için dizi kullanırız?

2. Bir dizinin bellekte nasıl saklandığını açıklayın. Dizinin elemanlarına "indis" (index) numarasıyla erişmenin mantığını anlatın.

3. C'de bir diziyi tanımlamanın ve başlatmanın farklı yollarını gösterin. Aşağıdaki dizinin bellekteki karşılığını ve indislerini açıklayın:

```
int sayilar[5] = {10, 20, 30, 40, 50};
```

4. Dizi Elemanlarını Toplama: 10 elemanlı bir dizinin tüm elemanlarının toplamını hesaplayan bir program yazın.

5. Eleman Arama: Kullanıcının girdiği bir sayının dizide bulunup bulunmadığını kontrol eden bir program yazın.

6. Bir karakter dizisini char dizi[] = "Merhaba"; ve char *dizi = "Merhaba"; şeklinde tanımlamak arasındaki fark nedir?

7. C'nin standart kütüphanesinde bulunan strlen(), strcpy() ve strcmp() gibi temel string fonksiyonlarının işlevlerini açıklayın. Bu fonksiyonları kullanmanın faydaları nelerdir?

8. Kullanıcıdan bir kelime alarak uzunluğunu strlen() fonksiyonu ile bulan bir program yazın.

9. Vokal Sayısı: Kullanıcının girdiği bir cümledeki sesli harflerin (a, e, i, o, u) sayısını bulan bir program yazın.

10. Palindrom Kontrolü: Kullanıcının girdiği kelimenin bir palindrom olup olmadığını kontrol eden bir program yazın. (Palindrom: Tersinden de aynı okunan kelime, örn: "kabak").

11. Basit bir metin şifreleme/şifre çözme programı tasarlayın. Bu programda, kullanıcıdan bir metin ve bir anahtar sayı alın. Her karakterin ASCII değerini bu anahtar sayı kadar kaydırarak metni şifreleyin. Aynı işlemi tersten yaparak şifrelenen metni çözün.

13

# YAPILAR (STRUCTS) VE BİRLEŞİMLER (UNIONS)

*Her boyun bir töresi, her yiğidin bir hüneri vardır."*
*(Dede Korkut Hikayelerinden esinle)*

C programlama dilinde, yapılar ve birleşimler karmaşık veri tiplerini tanımlamak ve yönetmek için kullanılır. Bu veri yapıları, gerçek dünya uygulamalarında verileri organize etmek ve manipüle etmek için önemlidir.

## 13.1. Yapıların Tanımlanması ve Kullanımı

**Yapı Nedir?**

Yapılar (structs), birden fazla veri türünü bir araya getirerek **tek bir veri tipi** oluşturmanızı sağlar. Bu sayede, ilgili verileri mantıksal bir grup halinde saklayabilirsiniz.

### Yapı Tanımlama Söz Dizimi

Söz Dizimi

```
struct YapıAdı {
  veri_türü üye1;
  veri_türü üye2;
  // ...
};
```

Örnek

```
struct Kisi {
  char isim[50];
  int yas;
  float boy;
};
```

Bu örnekte, **Kisi** adında bir yapı tanımladık. Bu yapı, bir kişinin ismini, yaşını ve boyunu saklayabilir.

**Yapı Değişkeni Tanımlama**

Yapı tanımlandıktan sonra, bu yapı tipinde değişkenler oluşturabilirsiniz.

Söz Dizimi

```
struct YapıAdı değişkenAdı;
```

Örnek

```
struct Kisi kisi1;
```

Alternatif olarak, **typedef** kullanarak daha basit bir sözdizimi elde edebilirsiniz.

**Typedef ile Yapı Tanımlama:**

Bu şekilde, struct anahtar kelimesini kullanmadan doğrudan Kisi tipinde değişkenler tanıml ayabilirsiniz.

Örnek

```
typedef struct {
  char isim[50];
  int yas;
  float boy;
} Kisi;
```

Örnek

```
Kisi kisi1;
```

## 13.2. Yapı Değişkenlerine Erişim

Yapı üyelerine erişmek için nokta (.) operatörü kullanılır.

**Örnek:**

| KOD | ÇIKTI |
|---|---|
| (see code below) | İsim: Yusuf Ali<br>Yaş: 11<br>Boy: 1.76 |

```c
#include <stdio.h>
#include <string.h>

typedef struct {
  char isim[50];
  int yas;
  float boy;
} Kisi;

int main() {
  Kisi kisi1;
  strcpy(kisi1.isim, "Yusuf Ali");
  kisi1.yas = 11;
  kisi1.boy = 1.76;

  printf("İsim: %s\n", kisi1.isim);
  printf("Yaş: %d\n", kisi1.yas);
  printf("Boy: %.2f\n", kisi1.boy);

  return 0;
}
```

## 13.3. Yapılar ve İşaretçiler

Yapı işaretçileri, yapıların adreslerini tutar ve yapı üyelerine erişmek için kullanılır. Yapı işaretçileriyle üyelerine erişmek için **->** (ok) operatörü kullanılır.

| KOD | ÇIKTI |
|---|---|
| (see code below) | İsim: Özgür Ali<br>Yaş: 25<br>Boy: 1.85 |

```c
#include <stdio.h>
#include <string.h>

typedef struct {
  char isim[50];
  int yas;
  float boy;
} Kisi;
```

```c
int main() {
  Kisi kisi1;
  Kisi *ptr;

  ptr = &kisi1;

  strcpy(ptr->isim, "Özgür Ali");
  ptr->yas = 25;
  ptr->boy = 1.85;

  printf("İsim: %s\n", ptr->isim);
  printf("Yaş: %d\n", ptr->yas);
  printf("Boy: %.2f\n", ptr->boy);

  return 0;
}
```

## 13.4. Yapıların Fonksiyonlarla Kullanımı

Yapıları fonksiyonlara argüman olarak geçirebilir veya fonksiyonlardan yapı döndürebilirsiniz. (*Bkz. "10.1. Fonksiyon Kavramı ve Temel Yapısı" s. 138*)

**Yapıyı Fonksiyona Parametre Olarak Geçirmek**

Yapıları fonksiyonlara iki şekilde geçirebilirsiniz:

1. **Değer Kopyalayarak** (Call by Value): Yapının bir kopyası oluşturulur. Büyük yapılar için verimsiz olabilir.

2. **Referans** ile (Call by Reference): Yapının adresi geçilir. Daha verimli ve yaygın bir yöntemdir.

**Örnek:**

| KOD | ÇIKTI |
|---|---|
| `#include <stdio.h>`<br>`#include <string.h>`<br><br>`typedef struct {`<br>`    char isim[50];`<br>`    int yas;`<br>`    float boy;`<br>`} Kisi;` | İsim: Mehmet Kaya<br><br>Yaş: 40<br><br>Boy: 1.80 |

```c
void bilgileriYazdir(Kisi *k) {
    printf("İsim: %s\n", k->isim);
    printf("Yaş: %d\n", k->yas);
    printf("Boy: %.2f\n", k->boy);
}

int main() {
    Kisi kisi1;

    strcpy(kisi1.isim, "Mehmet Kaya");
    kisi1.yas = 40;
    kisi1.boy = 1.80;

    bilgileriYazdir(&kisi1);

    return 0;
}
```

**Fonksiyondan Yapı Döndürmek**

Bir fonksiyon, yapı türünde bir değer döndürebilir.

| KOD | ÇIKTI |
|---|---|
| (kod aşağıda) | İsim: Selin Öz<br>Yaş: 28<br>Boy: 1.68 |

```c
#include <stdio.h>
#include <string.h>

typedef struct {
  char isim[50];
  int yas;
  float boy;
} Kisi;
Kisi kisiOlustur(char isim[], int yas, float boy) {
  Kisi k;
  strcpy(k.isim, isim);
  k.yas = yas;
  k.boy = boy;
  return k;
}
int main() {
  Kisi kisi1 = kisiOlustur("Selin Öz", 28, 1.68);
  printf("İsim: %s\n", kisi1.isim);
  printf("Yaş: %d\n", kisi1.yas);
  printf("Boy: %.2f\n", kisi1.boy);
  return 0;
}
```

## 13.5. Birleşimlerin Tanımlanması ve Kullanımı

**Birleşim Nedir?**

**Birleşimler (unions)**, aynı bellek alanını birden fazla veri türüyle paylaşmayı sağlar. Birleşimin tüm üyeleri aynı bellek alanını kullanır, bu nedenle sadece bir üye aynı anda değer tutabilir.

Birleşim Tanımlama Söz Dizimi

Söz Dizimi

```
union BirleşimAdı {
  veri_türü üye1;
  veri_türü üye2;
  // ...
};
```

Örnek

```
union Veri {
  int tamsayi;
  float ondalik;
  char karakter;
};
```

**Birleşim Değişkeni Tanımlama ve Kullanımı**

| KOD | ÇIKTI |
|---|---|
| `#include <stdio.h>`<br><br>`union Veri {`<br>`  int tamsayi;`<br>`  float ondalik;`<br>`  char karakter;`<br>`};`<br>`int main() {`<br>`  union Veri veri1;`<br><br>`  veri1.tamsayi = 10;`<br>`  printf("Tamsayı: %d\n", veri1.tamsayi);`<br><br>`  veri1.ondalik = 3.14;`<br>`  printf("Ondalık: %.2f\n", veri1.ondalik);`<br><br>`  veri1.karakter = 'A';`<br>`  printf("Karakter: %c\n", veri1.karakter);`<br><br>`  return 0;`<br>`}` | Tamsayı: 10<br>Ondalık: 3.14<br>Karakter: A |

**Not**: Birleşimde son atanan değer geçerlidir. Yukarıdaki örnekte, her atamada önceki değer üzerine yazılır.

## 13.6. Yapılar ve Birleşimlerin Karşılaştırılması

| Özellik | Yapılar (Structs) | Birleşimler (Unions) |
|---|---|---|
| Bellek Kullanımı | Tüm üyelerin toplam boyutu kadar yer kaplar. *Örnek: int (4 byte) + char (1 byte) = 5+ byte* | En büyük üyenin boyutu kadar yer kaplar.<br>*Örnek: int (4 byte) + char (1 byte) = 4 byte* |
| Üye Erişimi | Tüm üyeler aynı anda değer tutabilir.<br>*Her üye bağımsız bellek alanına sahiptir.* | Sadece bir üye aynı anda değer tutabilir.<br>*Üyeler aynı bellek alanını paylaşır.* |
| Kullanım Amacı | İlişkili verileri grup halinde saklamak.<br>*Örnek: Öğrenci bilgileri (ad, yaş, not)* | Farklı türde verileri aynı bellek alanında saklamak.<br>*Örnek: Bir değeri int veya float olarak yorumlama* |

## 13.7. İç İçe Yapılar (Nested Structures)

Yapıların içinde başka yapılar tanımlayabilirsiniz.

| KOD | ÇIKTI |
|---|---|
| (aşağıda) | İsim: Ali Veli<br>Doğum Tarihi:<br>15/6/1990 |

```c
#include <stdio.h>
typedef struct {
  int gun;
  int ay;
  int yil;
} Tarih;

typedef struct {
  char isim[50];
  Tarih dogumTarihi;
} Kisi;
int main() {
  Kisi kisi1;

  strcpy(kisi1.isim, "Ali Veli");
  kisi1.dogumTarihi.gun = 15;
  kisi1.dogumTarihi.ay = 6;
  kisi1.dogumTarihi.yil = 1990;

  printf("İsim: %s\n", kisi1.isim);
  printf("Doğum Tarihi: %d/%d/%d\n",
     kisi1.dogumTarihi.gun,
     kisi1.dogumTarihi.ay,
     kisi1.dogumTarihi.yil);
  return 0;
```

## Alıştırmalar

1. Bir Ogrenci yapısı oluşturun. Bu yapı, öğrencinin adını (char dizisi), numarasını (int) ve not ortalamasını (float) içersin.
2. Bu yapı tipinde bir değişken tanımlayın, değerlerini atayın ve ekrana yazdıran bir C programı yazın.
3. "Temel Yapı Kullanımı" sorusundaki Ogrenci yapısını kullanarak bir fonksiyon yazın.
4. Bu fonksiyon, parametre olarak bir Ogrenci yapısı alsın ve bu öğrencinin bilgilerini ekrana yazdırsın. main fonksiyonunda bu fonksiyonu çağırarak programınızı test edin.
5. Yine Ogrenci yapısını kullanarak, bu kez bir yapıya işaretçi tanımlayın.
6. İşaretçi üzerinden öğrencinin bilgilerine erişerek değerlerini güncelleyin ve ekrana yazdırın. Bu işlem için . (nokta) operatörü yerine -> (ok) operatörünü kullanın.
7. Bir Tarih yapısı oluşturun. Bu yapı, gun, ay ve yil olmak üzere üç int değişkeni içersin.
8. Tarih yapısını kullanarak, "Temel Yapı Kullanımı" sorusundaki Ogrenci yapısına bir dogumTarihi üyesi ekleyin.
9. Yeni yapıyı kullanarak bir öğrenci tanımlayın ve doğum tarihini de ekrana yazdıran bir program yazın.
10. Aynı bellek alanını paylaşan bir Veri birleşimi oluşturun. Bu birleşim, bir int, bir float ve bir char dizisi ([20]) içersin.
11. Birleşim değişkenine önce int değerini atayın ve yazdırın. Ardından float değerini atayın ve int ile float değerlerini tekrar yazdırın. Ne gibi bir değişim gözlemlediğinizi açıklayın.
12. Bu birleşimin bellek üzerinde kaç byte yer kapladığını sizeof() operatörünü kullanarak bulun ve sonucu yazdırın. Bu sonucun neden bu şekilde olduğunu açıklayın.

# 14 DOSYA İŞLEMLERİ

*"Söz uçar, yazı kalır."*

*(Latince: Verba volant, scripta manent)*

## 14.1. Dosya Kavramı ve Önemi

Dosya işlemleri, bir programın dış dünyayla etkileşim kurmasını sağlayan temel unsurlardan biridir. Bellekte tutulan veriler program sonlandığında kaybolur; bu nedenle, verileri kalıcı hale getirmek ve daha sonra kullanmak için dosyalara ihtiyaç duyarız. Dosyalar, verileri kalıcı olarak depolayan ve programlar arasında veri alışverişini sağlayan yapılardır.

**Problem:** Bir kitapçı, envanterindeki kitapların listesini ve stok bilgilerini içeren bir program istiyor. Bu program:

- **Kitap Bilgileri Dosyası:** kitaplar.txt adlı bir metin dosyasından kitap isimlerini, yazarlarını ve stok adetlerini okuyacak.
- **Stok Güncelleme:** Kitapların satış ve tedarik işlemlerine göre stok bilgilerini güncelleyecek.
- **Raporlama Dosyası:** Güncellenmiş stok bilgilerini guncel_stok.txt adlı yeni bir dosyaya yazacak.

**Amaç:** Kitapçının envanterini düzenli ve güncel tutmasına yardımcı olmak.

Bu problemi çözmek için dosya işlemlerini adım adım öğrenerek bu programı nasıl yazacağımızı keşfedeceğiz.

## 14.2. Dosya Okuma ve Yazma

Dosyalarla çalışma, verilerin uzun süreli depolanması ve gerektiğinde bu verilere erişim sağlamak için önemlidir. Dosya okuma ve yazma işlemleri sayesinde, programlarımız:

**Veri Kalıcılığı Sağlar**: Bellekte tutulan veriler geçicidir. Dosyalar sayesinde verilerimizi kalıcı olarak saklayabiliriz.

**Büyük Veri Setlerini İşleyebilir**: Belleğe sığmayacak kadar büyük veri setlerini dosyalar aracılığıyla işleyebiliriz.

**Veri Paylaşımı Yapabilir**: Dosyalar, farklı programlar veya sistemler arasında veri alışverişini mümkün kılar.

Günlük ve Log Tutma: Sistem etkinliklerini izlemek ve hata ayıklamak için dosyalara loglar kaydedebiliriz.

**Neden Dosya İşlemlerini Kullanmalıyız?**

Dosya işlemlerini kullanmanın temel sebepleri şunlardır:

- **Veri Saklama ve Geri Yükleme**: Uygulamaların ürettiği verileri saklamak ve daha sonra bu verileri yeniden kullanmak için dosyalara ihtiyaç duyarız.
- **Veri Kalıcılığı**: Bellek üzerinde tutulan veriler, program kapandığında kaybolur. Dosyalar, verilerin kalıcı depolama birimlerinde saklanmasını sağlar.

- **Veri Paylaşımı ve Taşınabilirlik**: Dosyalar, verilerin farklı uygulamalar veya sistemler arasında taşınmasını ve paylaşılmasını kolaylaştırır.
- **Büyük Veri İşleme**: Belleğin kapasitesini aşan büyük veri setlerini dosyalar aracılığıyla parça parça işleyebiliriz.
- **Loglama ve İzleme**: Uygulama davranışlarını izlemek ve hataları tespit etmek için dosyalara log bilgileri kaydedilir.

Dosya okuma ve yazma işlemleri, programlarımızın daha esnek, kullanışlı ve etkili olmasını sağlar. Bu bölümde, dosya işlemlerinin nasıl gerçekleştirileceğini ve en iyi uygulamaların neler olduğunu öğreneceğiz.

## 14.3. Dosya Türleri

Dosyalar, içerdikleri verilerin yapısına ve depolanma biçimine göre farklı türlere ayrılır. Genel olarak dosyalar iki ana kategoriye ayrılır:

- Metin Dosyaları
- İkili (Binary) Dosyalar

Bu iki dosya türü, verilerin nasıl saklandığını ve işlendiğini belirler.

### Metin Dosyaları

Metin dosyaları, insan tarafından okunabilir karakterlerden oluşan dosyalardır. Genellikle **ASCII** veya **Unicode** karakter setini kullanırlar. Bu dosyalar, düz metin biçiminde veri içerir ve dosya boyutu genellikle küçüktür.

**Özellikleri**:

- **Okunabilirlik**: İçeriği metin editörleriyle kolayca görüntülenebilir ve düzenlenebilir.
- **Taşınabilirlik**: Farklı sistemler ve platformlar arasında uyumludur.
- **Basitlik**: Veri depolama ve erişim işlemleri daha basittir.

**Kullanım Alanları**:

- **Yapılandırma Dosyaları**: Program ayarlarını saklamak için kullanılır.
- **Log Dosyaları**: Uygulama ve sistem etkinliklerinin kaydedilmesi.
- **Veri Depolama**: Küçük ve orta ölçekli veri setlerinin saklanması.

Örnekler:

config.txt

data.csv

notes.md

## HxD editörü ve İkili Dosyalar

İkili dosyalar, verilerin ikili biçimde (binary formatta) saklandığı dosyalardır. Bu dosyalar genellikle insan tarafından doğrudan okunamaz ve özel bir yazılım veya programlama diliyle işlenmeleri gerekir.

### Özellikleri:

- **Verimlilik**: Veriler daha kompakt bir şekilde saklanır, bu da dosya boyutunu azaltabilir.
- **Hızlı İşlem**: Okuma ve yazma işlemleri genellikle daha hızlıdır.
- **Format Bağımlılığı**: Belirli bir uygulama veya sistem tarafından tanınan özel bir format kullanır.

**Kullanım Alanları:**

- **Medya Dosyaları**: Resim, ses ve video dosyaları ikili formatta saklanır.
- **Veritabanları**: Büyük ve karmaşık veri setlerini depolamak için kullanılır.
- **Yürütülebilir Dosyalar**: Programların çalıştırılabilir kodlarını içerir.

Örnekler:

image.jpg

audio.mp3

program.exe

*Metin ve İkili Dosyalar Arasındaki Farklar*

| Özellik | Metin Dosyaları | İkili Dosyalar |
|---|---|---|
| Okunabilirlik | İnsan tarafından okunabilir | Özel yazılım gerektirir |
| Dosya Boyutu | Genellikle daha büyük | Daha küçük ve verimli |
| Platform Bağımlılığı | Genellikle platformdan bağımsız | Formatına bağlı olarak platform bağımlı olabilir |
| İşleme Kolaylığı | Basit metin işlemleriyle manipüle edilebilir | Özel işlem ve format bilgisi gerektirir |

Dosya türünün seçimi, uygulamanın gereksinimlerine ve verinin doğasına bağlıdır. Metin dosyaları basit ve hızlı çözümler için uygunken, ikili dosyalar daha karmaşık ve performans odaklı uygulamalar için tercih edilir.

Metin dosyalarının aksine, ikili dosyalar doğrudan okunabilir karakterler içermez. Bu durumu somutlaştırmak için bir fotoğraf dosyasını HxD gibi bir hex editörü ile inceleyebiliriz.

**HxD editörü**yle açılmış ikili dosya barisManco.png fotoğraf dosyası

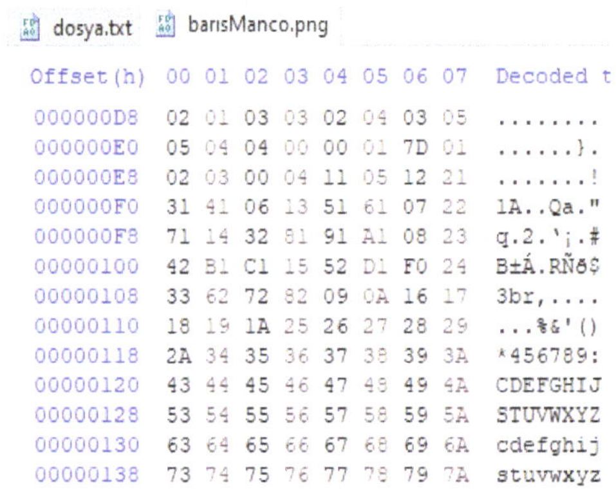

dosya.txt barısManco.png

| Offset(h) | 00 | 01 | 02 | 03 | 04 | 05 | 06 | 07 | Decoded t |
|---|---|---|---|---|---|---|---|---|---|
| 000000D8 | 02 | 01 | 03 | 03 | 02 | 04 | 03 | 05 | ........ |
| 000000E0 | 05 | 04 | 04 | 00 | 00 | 01 | 7D | 01 | ......}. |
| 000000E8 | 02 | 03 | 00 | 04 | 11 | 05 | 12 | 21 | .......! |
| 000000F0 | 31 | 41 | 06 | 13 | 51 | 61 | 07 | 22 | 1A..Qa." |
| 000000F8 | 71 | 14 | 32 | 81 | 91 | A1 | 08 | 23 | q.2.'¡.# |
| 00000100 | 42 | B1 | C1 | 15 | 52 | D1 | F0 | 24 | B±Á.RÑð$ |
| 00000108 | 33 | 62 | 72 | 82 | 09 | 0A | 16 | 17 | 3br,.... |
| 00000110 | 18 | 19 | 1A | 25 | 26 | 27 | 28 | 29 | ...%&'() |
| 00000118 | 2A | 34 | 35 | 36 | 37 | 38 | 39 | 3A | *456789: |
| 00000120 | 43 | 44 | 45 | 46 | 47 | 48 | 49 | 4A | CDEFGHIJ |
| 00000128 | 53 | 54 | 55 | 56 | 57 | 58 | 59 | 5A | STUVWXYZ |
| 00000130 | 63 | 64 | 65 | 66 | 67 | 68 | 69 | 6A | cdefghij |
| 00000138 | 73 | 74 | 75 | 76 | 77 | 78 | 79 | 7A | stuvwxyz |

**Sol Tarafta**, **HxD** adı verilen bir Hex Editor (on altılık editör) programıyla açılmış bir dosyanın içeriği yer almaktadır. barisManco.png isimli bu dosya, metin yerine bir dizi sayı ve harften oluşan anlamsız bir veri yığını gibi görünmektedir.

**Sağ Tarafta** ise, aynı dosyanın bir fotoğraf görüntüleyici programı tarafından açılmış hali görülmektedir. Bu, hepimizin aşina olduğu, okunabilir ve anlamlı bir görseldir: Barış Manço'nun bir fotoğrafı.

**Bu İkisi Arasındaki Bağlantı Nedir?**

Soldaki "anlamsız" veriler aslında sağdaki anlamlı fotoğrafın ham halidir. Bilgisayar, tüm verileri en temel seviyede ikili rakamlar (1'ler ve 0'lar, yani bitler) olarak saklar. Bu ikili dizilerin her sekiz tanesi, bir **bayt**'ı oluşturur.

**HxD** gibi bir hex editörü ise bu baytları, daha kolay okunabilen **on altılık (hexadecimal)** formatta temsil eder. Görseldeki 00, 01, 02, 03, F1, 1A, B1 gibi rakam ve harf kombinasyonları, aslında 16 tabanında yazılmış bayt değerleridir. Örneğin, 1A on altılık değeri, ikili sistemde 00011010'a karşılık gelir.

**Dosya Biçimi ve Sihirli Sayılar**

Her ikili dosya, kendine özgü bir veri yapısına (formatına) sahiptir. JPEG, PNG, GIF gibi fotoğraf formatları da bu yapıların birer standardıdır. Bu formatlar, veriyi düzenlemek için özel başlıklar (headers) ve "sihirli sayılar" (magic numbers) kullanır.

Örneğin, bir PNG dosyasının başında genellikle 89 50 4E 47 gibi belirli bir bayt dizisi bulunur. Bu değerler, bir programın bu dosyanın bir PNG dosyası olduğunu anlamasını sağlar. Bir JPEG dosyası ise FF D8 FF E0 gibi farklı bir diziyle başlar. Bu sihirli sayılar, dosyanın kimlik kartı gibidir.

**"Decoded Text" Sütunu**

Görselde, Hex Editor'ün sağ tarafında "**Decoded text**" (Çözümlenmiş metin) başlığı altında anlamsız karakterler ve noktalar yer almaktadır. Bu sütun, programın ikili bayt değerlerini ASCII veya farklı bir karakter kodlama sistemine göre metin karakterlerine dönüştürme çabasıdır.

Ancak, bir fotoğraf dosyasındaki baytlar, bir metin belgesindeki "A", "B", "C" gibi karakterleri temsil etmek için değil, piksellerin renk değerlerini, sıkıştırma bilgilerini ve dosya formatına dair diğer teknik verileri saklamak için kullanılır. Bu nedenle, bu baytların metin olarak yorumlanması anlamsız ve okunamaz bir sonuç verir.

**Sonuç olarak**, bir fotoğraf dosyası (barisManco.png), metin dosyalarının aksine, doğrudan okunup anlaşılamayan bir ikili (binary) veri yapısına sahiptir. Bir Hex Editor'da bu dosyanın içeriğini açıp ham verisini görmek, onun ikili bir dosya olduğunu kanıtlamanın ve programların bu veriyi nasıl işlediğini anlamanın en iyi yollarından biridir. Bu örnek, ikili dosyaların ne olduğunu ve neden metin dosyalarından farklı bir şekilde ele alınmaları gerektiğini açıklamak için son derece isabetli ve öğreticidir.

**Dosyadan Veri Okuma:**

kitaplar.txt dosyasını okuma modunda açarak kitapların isimlerini, yazarlarını ve stok adetlerini satır satır okuyabiliriz.

Her satırı parçalara ayırarak (örneğin, virgül veya tab ile) kitap bilgilerini program içinde uygun veri yapısına (örneğin, liste veya sözlük) aktarabiliriz.

**Veri İşleme ve Stok Güncelleme:**

Okunan veriler üzerinde satış veya tedarik işlemlerine göre stok adetlerini güncelleyebiliriz.

Örneğin, kullanıcıdan hangi kitabın satıldığını veya hangisinin stoklandığını isteyip ilgili kitabın stok bilgisini artırabilir veya azaltabiliriz.

**Dosyaya Veri Yazma:**

Güncellenmiş stok bilgilerini guncel_stok.txt adlı yeni bir dosyaya yazabiliriz.

Dosyayı yazma modunda açarak her kitabın güncel bilgilerini satır satır dosyaya kaydedebiliriz.

**Hata Kontrolü ve Dosya Kapatma:**

Dosya işlemleri sırasında oluşabilecek hataları (örneğin, dosyanın bulunamaması veya okuma/yazma hataları) try-except blokları ile yönetebiliriz.

İşlemler tamamlandıktan sonra dosyaları kapatmayı unutmamalıyız.

**Adım 1:** kitaplar.txt Dosyasının Oluşturulması

Öncelikle, kitaplar.txt dosyasını aşağıdaki içerikle oluşturun:

```
Şu Çılgın Türkler,Turgut Özakman,50

Kendi Gök Kubbemiz,Yahya Kemal Beyatlı,30
```

*Semerkant,Amin Maalouf,20*

**Adım 2**: C Programının Yazılması

Aşağıda, dosya işlemlerini kullanarak kitap bilgilerini okuyan, stok güncellemesi yapan ve güncellenmiş verileri yeni bir dosyaya yazan bir C programı bulunmaktadır.

Örnek

```
#include <stdio.h>
#include <stdlib.h>
#include <string.h>
#define MAX_KITAP 100
#define MAX_STR_LEN 256

typedef struct {
  char kitap_adi[MAX_STR_LEN];
  char yazar[MAX_STR_LEN];
  int stok;
} Kitap;
int main() {
  FILE *fp_in, *fp_out;
  Kitap kitaplar[MAX_KITAP];
  int kitap_sayisi = 0;
  char satir[MAX_STR_LEN];

  // Dosyadan verileri okuma
  fp_in = fopen("kitaplar.txt", "r");
  if (fp_in == NULL) {
    printf("Dosya açılamadı.\n");
    return 1;
  }
  while (fgets(satir, sizeof(satir), fp_in) != NULL) {
    char *token;
    token = strtok(satir, ",");
    if (token != NULL)
      strcpy(kitaplar[kitap_sayisi].kitap_adi, token);

    token = strtok(NULL, ",");
    if (token != NULL)
      strcpy(kitaplar[kitap_sayisi].yazar, token);

    token = strtok(NULL, ",");
```

Örnek

```
        if (token != NULL)
          strcpy(kitaplar[kitap_sayisi].yazar, token);
        token = strtok(NULL, ",");
        if (token != NULL)
          kitaplar[kitap_sayisi].stok = atoi(token);
        kitap_sayisi++;
      }
      fclose(fp_in);
      // Stok güncelleme işlemi (örneğin, "Şu Çılgın Türkler" kitabından 5 adet
    satıldı)
      for (int i = 0; i < kitap_sayisi; i++) {
        if (strcmp(kitaplar[i].kitap_adi, "Şu Çılgın Türkler") == 0) {
          kitaplar[i].stok -= 5;
        }
      }
      // Güncellenmiş verileri yeni dosyaya yazma
      fp_out = fopen("guncel_stok.txt", "w");
      if (fp_out == NULL) {
        printf("Dosya oluşturulamadı.\n");
        return 1;
      }

      for (int i = 0; i < kitap_sayisi; i++) {
        fprintf(fp_out, "%s,%s,%d\n", kitaplar[i].kitap_adi, kitaplar[i].yazar,
    kitaplar[i].stok);
      }
      fclose(fp_out);
      printf("Güncellenmiş stok bilgileri 'guncel_stok.txt' dosyasına yazıl-
    dı.\n");

      return 0;
    }
```

Bu örnek, dosya okuma ve yazma işlemlerinin gerçek bir senaryoda nasıl kullanıldığını göstermektedir.

**Sonuç olarak**, dosya işlemleri gerçek dünya problemlerinin çözümünde kritik bir rol oynar. Bu örnek üzerinden dosya işlemlerinin temel prensiplerini ve kullanımını öğrenebilir, daha karmaşık uygulamalar geliştirebilirsiniz.

## 14.4. Dosya Açma ve Kapatma

Dosya işlemlerinin temelinde, dosyaların uygun modlarda açılması ve işlemler tamamlandıktan sonra kapatılması bulunur. Dosyaları doğru modda açmak, veri okuma ve yazma işlemlerinin başarılı olması için kritiktir. Ayrıca, dosyaları kapatmak sistem kaynaklarının verimli kullanılması ve veri bütünlüğünün sağlanması açısından önemlidir.

### Dosya Açma Modları

Dosyalarla çalışırken, dosyayı açmak için **fopen** fonksiyonu kullanılır. Bu fonksiyon iki parametre alır:

- **Dosya adı**: Açılacak dosyanın adını belirtir.
- **Açma modu**: Dosyanın hangi amaçla açılacağını belirtir.

Söz Dizimi

```
fopen("Dosya adı", " Açma modu ");
```

**Temel dosya açma modları şunlardır:**

"r" **(read)**: Dosyayı okuma modunda açar. Dosya mevcut değilse NULL döndürür.

**"w" (write)**: Dosyayı yazma modunda açar. Dosya mevcutsa içeriğini siler, yoksa yeni bir dosya oluşturur.

**"a" (append)**: Dosyayı ekleme modunda açar. Dosya mevcutsa sonuna veri ekler, yoksa yeni bir dosya oluşturur.

"r+": Dosyayı hem okuma hem de yazma modunda açar. Dosya mevcut olmalıdır.

"w+": Dosyayı hem okuma hem de yazma modunda açar. Dosya mevcutsa içeriğini siler, yoksa yeni bir dosya oluşturur.

"a+": Dosyayı hem ekleme hem de okuma modunda açar. Dosya mevcutsa sonuna veri ekler, yoksa yeni bir dosya oluşturur.

**Örnek Kullanım:**

Kitaplar programında dosya açma işlemleri aşağıdaki gibi gerçekleştirilmiştir:

Bu kod parçasında:

"kitaplar.txt" dosya adı belirtilmiştir.

"r" modu ile dosya sadece okuma amaçlı açılır.

Dosya açılamazsa (örneğin, dosya mevcut değilse), **fopen** fonksiyonu **NULL** döndürür ve hata mesajı görüntülenir.

Örnek

```
// Dosyadan verileri okumak için dos-
yayı "r" modunda açma

fp_in = fopen("kitaplar.txt", "r");
if (fp_in == NULL) {
  printf("Dosya açılamadı.\n");
  return 1;
}
```

Güncellenmiş stok bilgilerini yazmak için dosyayı yazma modunda açalım:

Bu kod parçasında:

"guncel_stok.txt" dosya adı belirtilmiştir.

"**w**" modu ile dosya yazma amaçlı açılır. Dosya mevcutsa içeriği silinir, yoksa yeni bir dosya oluşturulur.

Dosya açılamazsa, hata mesajı görüntülenir.

Örnek

```
// Güncellenmiş verileri yazmak için dosyayı "w" modunda açma
fp_out = fopen("guncel_stok.txt", "w");
if (fp_out == NULL) {
  printf("Dosya oluşturulamadı.\n");
  return 1;
}
```

### Dosya Kapatma İşlemi

Dosya işlemleri tamamlandıktan sonra, dosyaları kapatmak sistem kaynaklarının serbest bırakılması ve veri kaybının önlenmesi için gereklidir. Dosyayı kapatmak için **fclose** fonksiyonu kullanılır.

Bu kod parçalarında:

- **fclose** fonksiyonuna, daha önce **fopen** ile açılmış olan dosya işaretçisi (**fp_in** veya **fp_out**) parametre olarak verilir.
- Dosya başarıyla kapatıldıktan sonra, ilgili dosya işaretçisi artık kullanılamaz hale gelir.

Örnek

```
// Dosya okuma işlemi tamamlandık-tan sonra dosyayı kapatma
fclose(fp_in);
// Dosya yazma işlemi tamamlandık-tan sonra dosyayı kapatma
fclose(fp_out);
```

Dosyaları kapatmak, özellikle bellek sızıntılarını önlemek ve dosya sisteminde oluşabilecek sorunları engellemek için önemlidir.

## 14.5. Dosyaya Yazma İşlemleri

Dosyaya yazma işlemleri, programımızdaki verileri kalıcı olarak saklamak için kullanılır. Dosyaya yazarken verileri doğru formatta ve uygun modda yazmak önemlidir.

### Metin Dosyalarına Yazma

Metin dosyaları, insan tarafından okunabilir karakterlerden oluşur. Metin dosyalarına yazmak için dosyayı yazma veya ekleme modunda açar ve **fprintf** veya **fputs** gibi fonksiyonları kullanırız.

Örnek

```
FILE *fp_out = fopen("guncel_stok.txt", "w");
if (fp_out == NULL) {
  printf("Dosya oluşturulamadı.\n");
  return 1;
}
for (int i = 0; i < kitap_sayisi; i++) {
  fprintf(fp_out, "%s,%s,%d\n",
      kitaplar[i].kitap_adi,
      kitaplar[i].yazar,
      kitaplar[i].stok);
}
fclose(fp_out);
```

Bu kodda:

- **Dosya Açma:** "w" moduyla dosya yazma amaçlı açılır.
- **Veri Yazma:** fprintf ile her kitabın bilgisi dosyaya formatlı olarak yazılır.
- **Dosya Kapatma:** İşlem tamamlandıktan sonra dosya kapatılır.

### İkili Dosyalara Yazma

İkili dosyalar, verileri byte düzeyinde saklar ve genellikle insan tarafından okunamaz. İkili dosyalara yazmak için dosyayı ikili yazma modunda açar ve fwrite fonksiyonunu kullanırız.

**Örnek:** Kitaplar programında kitap bilgilerini ikili dosyaya yazma:

Bu kodda:

- **Dosya Açma:** "wb" modu ile dosya ikili yazma amaçlı açılır.
- **Veri Yazma:** fwrite ile kitaplar dizisindeki tüm veriler dosyaya yazılır.
- **Dosya Kapatma:** İşlem tamamlandıktan sonra dosya kapatılır.

Örnek

```
FILE *fp_bin = fopen("kitaplar.dat", "wb");
if (fp_bin == NULL) {
  printf("İkili dosya oluşturulamadı.\n");
  return 1;
}
fwrite(kitaplar, sizeof(Kitap), kitap_sayisi, fp_bin);

fclose(fp_bin);
```

## 14.6. Dosyadan Okuma İşlemleri

Dosyadan okuma işlemleri, dosyada saklanan verileri programımıza aktarmak için kullanılır. Dosyadan okurken verilerin formatına ve doğru modda açılmasına dikkat etmeliyiz.

### Metin Dosyalarından Okuma

Metin dosyalarından okuma işlemleri için dosyayı okuma modunda açar ve fgets veya fscanf gibi fonksiyonları kullanırız.

**Örnek:** Kitaplar programında metin dosyasından kitap bilgilerini okuma:

Örnek

```
FILE *fp_in = fopen("kitaplar.txt", "r");
if (fp_in == NULL) {
  printf("Dosya açılamadı.\n");
  return 1;
}

char satir[MAX_STR_LEN];
while (fgets(satir, sizeof(satir), fp_in) != NULL) {
  sscanf(satir, "%[^,],%[^,],%d",
      kitaplar[kitap_sayisi].kitap_adi,
      kitaplar[kitap_sayisi].yazar,
      &kitaplar[kitap_sayisi].stok);
  kitap_sayisi++;
}

fclose(fp_in);
```

Bu kodda:

- **Dosya Açma:** "r" modu ile dosya okuma amaçlı açılır.
- **Veri Okuma:** fgets ile satır satır okunan veriler **sscanf** ile ayrıştırılır.
- **Dosya Kapatma:** İşlem tamamlandıktan sonra dosya kapatılır.

## İkili Dosyalardan Okuma

İkili dosyalardan okuma işlemleri için dosyayı ikili okuma modunda açar ve fread fonksiyonunu kullanırız. İkili dosyalar, verilerin daha hızlı okunup yazılmasını sağlar, ancak platform bağımlılığı olabilir.

**Örnek:** Kitaplar programında ikili dosyadan kitap bilgilerini okuma:

Örnek

```
FILE *fp_bin = fopen("kitaplar.dat", "rb");
if (fp_bin == NULL) {
    printf("İkili dosya açılamadı.\n");
    return 1;
}

kitap_sayisi = fread(kitaplar, sizeof(Kitap), MAX_KITAP, fp_bin);

fclose(fp_bin);
```

Bu kodda:

- **Dosya Açma:** "rb" modu ile dosya ikili okuma amaçlı açılır.
- **Veri Okuma:** fread ile dosyadaki veriler kitaplar dizisine yüklenir.

- **Dosya Kapatma:** İşlem tamamlandıktan sonra dosya kapatılır.

**Not:** İkili dosyalar kullanırken dikkat edilmesi gereken noktalar:

- **Platform Bağımlılığı:** Farklı sistemlerde veri tiplerinin boyutları değişebileceği için ikili dosyalar taşınabilir olmayabilir.
- **Güvenlik:** İkili dosyalarda veriler ham olarak saklandığı için güvenlik açıklarına karşı dikkatli olunmalıdır.

## 14.7. Dosya Hatalarının Yönetimi

Dosya işlemleri sırasında çeşitli hatalarla karşılaşmak mümkündür. Bu hataların doğru bir şekilde yönetilmesi, programınızın güvenilirliğini ve kararlılığını artırır. Dosya hatalarının yönetimi, dosya işlemlerinin başarısız olması durumunda programın nasıl tepki vereceğini belirler ve kullanıcıya anlamlı geri bildirimler sağlar.

### Hata Kontrol Mekanizmaları

Hata kontrol mekanizmaları, dosya işlemleri sırasında oluşabilecek hataları tespit etmek ve bu hataları uygun bir şekilde ele almak için kullanılır. C dilinde dosya işlemleri yaparken, aşağıdaki yöntemlerle hata kontrolü yapabilirsiniz:

**Fonksiyonların Dönüş Değerlerini Kontrol Etme:**

- Dosya açma, okuma, yazma ve kapatma fonksiyonları genellikle başarısızlık durumunda belirli bir değer döndürür.
- **fopen() Fonksiyonu:**
  - Başarılı olursa bir FILE * işaretçisi döndürür.
  - Başarısız olursa NULL döndürür.
- **fread() ve fwrite() Fonksiyonları:**
  - Okunan veya yazılan öğe sayısını döndürür.
  - Dönen değer beklenenden azsa veya 0 ise, bir hata veya dosya sonu durumu olabilir.
- **fclose() Fonksiyonu:**
  - Başarılı olursa 0 döndürür.
  - Başarısız olursa EOF döndürür.

Örnek

```
FILE *fp = fopen("kitaplar.txt", "r");
if (fp == NULL) {
  perror("Dosya açılamadı");
  return 1;
}
```

**Örnek: Dosya Açma Hata Kontrolü**

**perror() Fonksiyonu:**

- En son oluşan hata hakkında standart hata çıkışına bir mesaj yazar.
- errno değişkenini kullanarak hata kodunu ve mesajını alır.

**Örnek: Dosyadan Okuma Hata Kontrolü**

Örnek

```
size_t okunan = fread(buffer, sizeof(char), buffer_boyutu, fp);
if (okunan < buffer_boyutu) {
  if (feof(fp)) {
    printf("Dosya sonuna ulaşıldı.\n");
  }else if (ferror(fp)) {
    perror("Dosya okuma hatası");
  }
}
```

- feof(FILE *stream) Fonksiyonu:
  - Dosya sonuna ulaşılıp ulaşılmadığını kontrol eder.
- ferror(FILE *stream) Fonksiyonu:
  - Dosya işlemi sırasında bir hata oluşup oluşmadığını kontrol eder.

## 14.8. Dosya İşlemlerinde Uygulamalar

### Adım Adım Uygulama: Renkli Bir BMP Fotoğrafını Siyah-Beyaza Dönüştürme

1. BMP Dosya Formatını Anlamak
   - Öncelikle, BMP dosyasının yapısını ve piksel verilerinin nasıl saklandığını anlamamız gerekir.
   - **Başlıkları Okuma:** BMP ve DIB başlıklarını okuyarak görüntünün boyutlarını, renk derinliğini ve piksel verilerinin nerede başladığını öğreniriz.
   - **Piksel Verilerini Okuma:** Piksel verilerini bellek içine yükleyerek her piksel üzerinde işlem yapabiliriz.
2. C Programının Yazılması
   - Aşağıda, bir BMP dosyasını okuyup gri tonlamalı hale getirerek yeni bir BMP dosyasına kaydeden bir C programı bulunmaktadır.

## Algoritmanın Genel Akışı:

1. Başlangıç:
   - Gerekli yapı ve değişkenler tanımlanır.

2.Giriş Dosyasını Açma ve Doğrulama:

- renkli.bmp dosyası açılır.
- Dosyanın geçerli bir BMP dosyası olduğu ve 24 bit renk derinliğine sahip olduğu doğrulanır.

3. Piksel Verilerini Okuma:

- Piksel verileri için bellek ayrılır.
- Piksel verileri dosyadan okunur ve belleğe yüklenir.

4. Gri Tonlama İşlemi:

- Piksel verileri üzerinde gri tonlama işlemi uygulanır.

5. Çıkış Dosyasını Oluşturma:

- siyah_beyaz.bmp dosyası oluşturulur.
- Başlıklar ve güncellenmiş piksel verileri dosyaya yazılır.

6. Kaynakları Serbest Bırakma ve Programı Sonlandırma:

- Dosyalar kapatılır.
- Bellek serbest bırakılır.
- İşlemin başarıyla tamamlandığı bildirilir.

Örnek

```
#include <stdio.h>
#include <stdlib.h>

#pragma pack(push, 1) // Yapıların bellek hizalamasını 1 byte'a ayarlar
typedef struct {
  unsigned short bfType;      // Dosya tipi («BM»)
  unsigned int bfSize;        // Dosya boyutu
  unsigned short bfReserved1; // Rezerv alan (0)
  unsigned short bfReserved2; // Rezerv alan (0)
  unsigned int bfOffBits;     // Piksel verilerinin başlangıç konumu
} BITMAPFILEHEADER;

typedef struct {
  unsigned int biSize;           // Bu başlığın boyutu
  int biWidth;                   // Görüntü genişliği
  int biHeight;                  // Görüntü yüksekliği
  unsigned short biPlanes;       // Renk düzlemleri (1)
  unsigned short biBitCount;     // Bit sayısı (24 bit için 24)
  unsigned int biCompression;    // Sıkıştırma (0 = yok)
  unsigned int biSizeImage;      // Görüntü boyutu (sıkıştırılmışsa kullanılır)
  int biXPelsPerMeter;           // Yatay çözünürlük
  int biYPelsPerMeter;           // Dikey çözünürlük
  unsigned int biClrUsed;        // Kullanılan renk sayısı
  unsigned int biClrImportant;   // Önemli renk sayısı
} BITMAPINFOHEADER;
#pragma pack(pop)

void convert_to_grayscale(unsigned char *data, int width, int height);

int main() {
  FILE *fp_in, *fp_out;
  BITMAPFILEHEADER fileHeader;
  BITMAPINFOHEADER infoHeader;
  unsigned char *imageData;
  int row_padded;
  // Giriş dosyasını ikili modda açma
  fp_in = fopen("renkli.bmp", "rb");
  if (fp_in == NULL) {
    printf("Giriş dosyası açılamadı.\n");
    return 1;
  }

  // BMP ve DIB başlıklarını okuma
  fread(&fileHeader, sizeof(BITMAPFILEHEADER), 1, fp_in);
  fread(&infoHeader, sizeof(BITMAPINFOHEADER), 1, fp_in);
```

Örnek

```
// Başlıkların doğruluğunu kontrol etme
if (fileHeader.bfType != 0x4D42) {
  printf("Geçerli bir BMP dosyası değil.\n");
  fclose(fp_in);
  return 1;
}

if (infoHeader.biBitCount != 24) {
  printf("Yalnızca 24 bit BMP dosyaları desteklenir.\n");
  fclose(fp_in);
  return 1;
}

// Piksel verilerini okumak için bellek ayırma
row_padded = (infoHeader.biWidth * 3 + 3) & (~3); // Her satır 4'ün katı
olacak şekilde doldurulur
imageData = (unsigned char *)malloc(row_padded * infoHeader.biHeight);
if (imageData == NULL) {
  printf("Bellek ayrılırken hata oluştu.\n");
  fclose(fp_in);
  return 1;
}
// Dosya konumunu piksel verilerinin başlangıcına ayarlama
fseek(fp_in, fileHeader.bfOffBits, SEEK_SET);
// Piksel verilerini okuma
fread(imageData, sizeof(unsigned char), row_padded * infoHeader.biHeight,
fp_in);
fclose(fp_in);

// Görüntüyü gri tonlamalı hale getirme
convert_to_grayscale(imageData, infoHeader.biWidth, infoHeader.biHeight);

// Çıkış dosyasını ikili modda açma
fp_out = fopen("siyah_beyaz.bmp", "wb");
if (fp_out == NULL) {
  printf("Çıkış dosyası oluşturulamadı.\n");
  free(imageData);
  return 1;
}
// Başlıkları çıkış dosyasına yazma
fwrite(&fileHeader, sizeof(BITMAPFILEHEADER), 1, fp_out);
fwrite(&infoHeader, sizeof(BITMAPINFOHEADER), 1, fp_out);
// Piksel verilerini çıkış dosyasına yazma
fwrite(imageData, sizeof(unsigned char), row_padded * infoHeader.biHeight,
fp_out);
```

Örnek

```
  fclose(fp_out);
  free(imageData);

  printf("Görüntü başarıyla siyah-beyaza dönüştürüldü ve 'siyah_beyaz.bmp'
dosyasına kaydedildi.\n");

  return 0;
}

void convert_to_grayscale(unsigned char *data, int width, int height) {
  int row_padded = (width * 3 + 3) & (~3);
  unsigned char r, g, b, gray;

  for (int i = 0; i < height; i++) {
     for (int j = 0; j < width * 3; j += 3) {
       b = data[i * row_padded + j];
       g = data[i * row_padded + j + 1];
       r = data[i * row_padded + j + 2];

       // Gri tonlama formülü
       gray = (unsigned char)(0.299 * r + 0.587 * g + 0.114 * b);

       // Yeni değerleri atama
       data[i * row_padded + j] = gray;
       data[i * row_padded + j + 1] = gray;
       data[i * row_padded + j + 2] = gray;
     }
  }
}
```

*"Gördüğümü defterime yazdım, görmediğimi tezkereye almadım."*
*(Evliya Çelebi'nin Seyahatname'sinin ruhunu yansıtan bir deyişle...)*

## Alıştırmalar

1. **Dosya Oluşturma ve Yazma:**

   a. Bilgisayarınızın masaüstünde ***ogrenci_listesi.txt*** adında bir dosya oluşturacak bir C programı yazın.

   b. Bu dosyanın içine sırasıyla Ali Yusuf, Özgür Can ve Mihrimah Şaban isimlerini her biri yeni bir satırda olacak şekilde yazdırın.

   c. Dosyaya yazma işlemi bittikten sonra dosyayı kapatın.
   2. Dosyadan Okuma:

   a. "Dosya Oluşturma ve Yazma" alıştırmasında oluşturduğunuz **ogrenci_listesi.txt** dosyasını okuyan bir C programı yazın.

   b. Dosyadaki her bir satırı okuyun ve ekrana yazdırın.

   c. Dosyadan okuma işlemi bittikten sonra dosyayı kapatın.
   3. Dosyaya Ekleme (Append):

   *d.* ***ogrenci_listesi.txt*** dosyasını açın ve dosyanın sonuna yeni bir öğrenci (Berkay Ali) ekleyen bir program yazın.

   e. Dosyaya ekleme işlemi bittikten sonra dosyanın yeni içeriğini okuyup ekrana yazdırarak doğrulayın.
   4. Dosya İçeriğini Kopyalama:

   *f.* ***ogrenci_listesi.txt*** dosyasındaki tüm içeriği okuyarak, ogrenci_yedek.txt adında yeni bir dosyaya kopyalayan bir program yazın.

   g. Kopyalama işlemi tamamlandığında her iki dosyanın da içeriğinin aynı olduğunu kontrol edin.

## 2. Not Dosyasından Özet Rapor Üretme

notlar.txt adlı dosyada her satırda bir öğrenci bilgisi bulunmaktadır:

ogrNo vize1 vize2 devam seminer etkinlik

Örnek:

21015 60 70 80 90 50

İstenenler:

Dosyayı açıp satır satır okuyunuz. Dosya açılamazsa uygun hata mesajı verip programı sonlandırınız.

Her öğrenci için genel puanı hesaplayınız:

GenelPuan = vize1*0.35 + vize2*0.35 + devam*0.15 + seminer*0.10 + etkinlik*0.05

Sonucu rapor.txt dosyasına şu formatta yazınız:

Öğrenci numarası

Genel puan (2 ondalık)

Durum: Başarılı / Final / Bütünleme

Ek olarak rapor.txt dosyasının sonunda:

Sınıf ortalaması

En yüksek ve en düşük genel puan

Başarılı sayısı / Final sayısı / Bütünleme sayısı

bilgilerini yazdırınız.

Kurallar:

Dosyada eksik/hatalı satır varsa o satır atlanmalı ve hatalar.txt dosyasına satır içeriği yazılmalıdır.

Tüm dosyalar işlem sonunda kapatılmalıdır.

# 15 HATA KONTROLÜ

*Hata ayıklamak, kodu ilk başta yazmaktan iki kat daha zordur. Bu yüzden, kodu yazarken olabileceğiniz en zeki halinizle yazarsanız, tanım gereği, onu ayıklayacak kadar zeki olamazsınız.*

*Brian Kernighan*

*"O günden sonra, bir bilgisayarda ne zaman bir şeyler ters gitse, içinde 'böcek' (bug) olduğunu söyledik."*

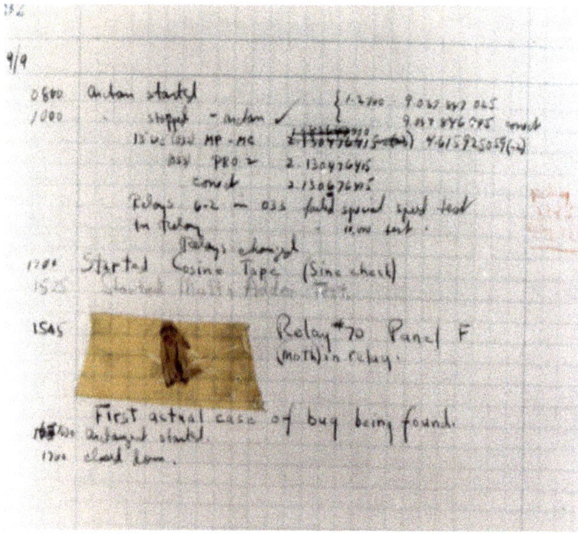


Şekil 17 - Bug, ilk yazılım hatası: Washington, D.C.'deki Smithsonian Ulusal Amerikan Tarihi Müzesi'nde sergilenmektedir

Programlama sürecinde hatalar kaçınılmazdır ve bu hatalarla etkili bir şekilde başa çıkmak, güvenilir ve sağlam yazılımlar geliştirmek için kritik öneme sahiptir. Hata kontrolü, programların beklenmedik durumlarla karşılaştığında nasıl tepki vereceğini belirler ve kullanıcı deneyimini iyileştirir.

***İlk yazılım hatası: Gerçek bir böcek!***

*9 Eylül 1947 tarihinde, Harvard Üniversitesi'nde çalışan Grace Hopper ve ekibi, Mark II adlı bilgisayarla ilgili bir sorunu araştırırken bu durumu keşfetti. Arızayı giderdikten sonra, böceği laboratuvar defterine yapıştırdılar ve yanına "Bulunan ilk gerçek hata vakası" (First actual case of bug being found) notunu düştüler. Bu olaydan sonra, bilgisayar programlarındaki hatalar "**bug**" olarak anılmaya başlandı ve hatayı giderme sürecine de "**debugging**" (hata ayıklama) adı verildi. Bu fotoğraf, bilgisayar bilimleri tarihindeki önemli anlardan biri olarak kabul edilir.*

*Grace Hopper'ın bu deneyimi, günümüz hata kontrolü yaklaşımlarının temelini atmıştır:*

***Try-catch** blokları ile hata yakalama*

***Logging** sistemleri ile hata kayıtları*

***Unit testing** ile önceden hata tespiti*

***Debugging** araçları ile sistematik hata arama*

*Bu tarihi olay, her programcının hatalarla karşılaştığında sabırlı, sistematik ve dokümante edici yaklaşım sergilemesi gerektiğini hatırlatır. Sonuçta, en deneyimli programcılar bile zaman zaman "bug" avına çıkmak zorunda kalırlar.*

## 15.1. Hata Türleri: Temel Hata Türleri ve Bunlarla Başa Çıkma Stratejileri

Programlama dillerinde ve uygulamalarda karşılaşılan temel hata türleri şunlardır:

1. **Sözdizimi Hataları (Syntax Errors):**

Programın yazım kurallarına uymaması sonucu derleyici veya yorumlayıcı tarafından tespit edilen hatalardır.

- Örnekler:
- Eksik noktalı virgül (;).
- Yanlış yazılmış anahtar kelimeler (örneğin, prnitf yerine printf).
- Uyuşmayan parantezler veya tırnak işaretleri.
- Başa Çıkma Stratejileri:
- Derleyicinin verdiği hata mesajlarını dikkatlice okuyarak hatanın kaynağını tespit etmek.
- Kodun sözdizimini kontrol etmek ve gerekli düzeltmeleri yapmak.
- Kod editörlerinin veya geliştirme ortamlarının (IDE) sözdizimi vurgulama özelliklerini kullanmak.

**2. Derleme Hataları (Compilation Errors):**

Sözdizimi doğru olsa bile, kodun derlenmesini engelleyen ve derleme aşamasında tespit edilen hatalardır.

**Örnekler:**

- Tanımsız değişken veya fonksiyon kullanımı.
- Veri türleri arasındaki uyuşmazlıklar.
- Eksik veya yanlış kütüphane dahil etmeleri.
- **Başa Çıkma Stratejileri:**
- Değişken ve fonksiyon isimlerinin doğru yazıldığından emin olmak.
- Gerekli kütüphane ve başlık dosyalarının (#include) doğru şekilde eklendiğini kontrol etmek.
- Veri türlerinin uyumlu olmasına dikkat etmek ve gerekirse tip dönüşümleri yapmak.

**3. Bağlama Hataları (Linker Errors):**

Derleme işlemi başarılı olsa bile, programın çalıştırılabilir hale getirilmesi sırasında ortaya çıkan hatalardır.

- Örnekler:
  - Eksik tanımlamalar (örneğin, tanımlanmamış harici fonksiyonlar).
  - Çift tanımlamalar.
- **Başa Çıkma Stratejileri:**
  - Tüm kaynak dosyalarının ve kütüphanelerin derlemeye dahil edildiğinden emin olmak.
  - Fonksiyon ve değişken tanımlamalarının doğru ve tutarlı olduğundan emin olmak.
  - Proje ayarlarını ve derleme komutlarını kontrol etmek.

**4. Çalışma Zamanı Hataları (Runtime Errors):**

Program çalışırken ortaya çıkan ve genellikle programın çökmesine veya beklenmedik davranışlara neden olan hatalardır.

- **Örnekler:**
  - Sıfıra bölme hatası.
  - Bellek taşmaları veya bellek erişim ihlalleri (segmentation fault).
  - Null pointer (boş işaretçi) kullanımı.
- **Başa Çıkma Stratejileri:**
  - Girdi değerlerini ve değişkenleri çalışmadan önce kontrol etmek.
  - Bellek yönetimine dikkat etmek ve dinamik bellek kullanımında malloc ve free fonksiyonlarını doğru kullanmak.
  - Hata kontrol mekanizmaları ve koruma yapıları eklemek.

**5. Mantıksal Hatalar (Logical Errors):**

Program çalışır ve derlenir, ancak beklenmeyen veya yanlış sonuçlar üretir. Bu hatalar programcının düşünce yapısındaki eksikliklerden kaynaklanır.

- **Örnekler:**
  - Yanlış formül veya algoritma kullanımı.
  - Koşul ifadelerinde (if, while) yanlışlıklar.
  - Döngülerde sonsuz döngüye girme.
- Başa Çıkma Stratejileri:
  - Kodun adım adım izlenmesi (debugging) ve değişken değerlerinin kontrol edilmesi.

- Birim testleri ve test senaryoları oluşturmak.
- Kod gözden geçirme ve eşli programlama yöntemleri kullanmak.

**6. İstisnalar ve Özel Durumlar (Exceptions):**

Programın normal akışını bozan ve özel olarak ele alınması gereken durumlar veya hatalardır.

- **Örnekler:**
- Dosya açma hatası (dosya bulunamadı).
- Ağ bağlantısı hataları.
- Bellek yetersizliği.
- **Başa Çıkma Stratejileri:**
- Hata kontrolü ve istisna yakalama mekanizmaları kullanmak.
- Hata kodlarını kontrol etmek ve gerekli durumlarda alternatif işlemler yapmak.
- Kullanıcıya anlamlı hata mesajları vermek ve programın çökmesini engellemek.

## 15.2. Hata Kontrolü Stratejileri

Hatalarla etkili bir şekilde başa çıkmak için aşağıdaki stratejileri uygulayabilirsiniz:

1. **Girdi Doğrulama ve Kontrol:**

- **Kullanıcı Girdilerini Kontrol Etme:**

Kullanıcıdan veya dış kaynaklardan gelen verilerin beklenen formatta ve aralıkta olup olmadığını kontrol edin.

Örnek

```
int sayi;
printf("Bir sayı giriniz: ");
if (scanf("%d", &sayi) != 1) {
    fprintf(stderr, "Geçersiz gi-
riş.\n");
    exit(EXIT_FAILURE);
}
```

**2. Hata Kodları ve Geri Bildirim:**Fonksiyonların Dönüş Değerlerini Kontrol Etme:

Standart kütüphane fonksiyonları genellikle hata durumlarında özel değerler döndürür. *(Bkz. 9.2. Koşullar s.114)*

Örnek

```
FILE *dosya = fopen("veri.txt", "r");
if (dosya == NULL) {
    perror("Dosya açılamadı");
    exit(EXIT_FAILURE);
}
```

3. **Savunmacı Programlama (Defensive Programming):**
   - Ön Koşulların ve Son Koşulların Kontrolü:

Fonksiyonların alması beklenen parametrelerin geçerliliğini kontrol edin.

Örnek
```
void dizi_isle(int *dizi, size_t boyut) {
  if (dizi == NULL || boyut == 0) {
    fprintf(stderr, "Geçersiz dizi veya boyut.\n");
    return;
  }
  // Dizi işlemleri...
}
```

4. **Hata Yakalama ve Yönetimi:**
   - Hata Yakalama Mekanizmaları Kullanma:

C dilinde doğrudan istisna yakalama mekanizması olmasa da, hata durumlarını kontrol etmek ve yönetmek için uygun yapılar kullanabilirsiniz.

Örnek
```
int sonuc = islem_yap();
if (sonuc != 0) {
    fprintf(stderr, "İşlem sırasında hata oluştu. Hata kodu: %d\n", sonuc);
    // Hata yönetimi...
}
```

5. **Loglama ve Hata Kayıtları:**
   - Hata ve Olay Kayıtlarını Tutma:

Programın çalışma sırasında oluşan hataları ve önemli olayları bir log dosyasına veya kayıt sistemine yazdırın.

Bu kayıtlar, sorunları tespit etmek ve çözmek için değerlidir.

Örnek
```
FILE *log_dosyasi = fopen("uygulama.log", "a");
if (log_dosyasi != NULL) {
    fprintf(log_dosyasi, "Hata: %s\n", hata_mesaji);
    fclose(log_dosyasi);
}
```

6. **Test ve Doğrulama:**
   - Birim ve Entegrasyon Testleri Yapma:
   - Kodunuzun farklı parçalarını bağımsız olarak test edin.
   - Otomatik test araçları ve çerçeveleri kullanarak hata olasılığını azaltın.
   - Sürekli Entegrasyon (CI) Süreçleri:

Kod değişikliklerinin anında test edilmesini sağlayarak hataları erken aşamada tespit edin.

**7. Kullanıcıya Anlamlı Hata Mesajları Sağlama:**

- Hataları Kullanıcı Dostu Şekilde İletme:

Teknik detaylara boğmadan, kullanıcının anlayabileceği dilde hata mesajları verin.

Örnek
```
fprintf(stderr, "Dosya yüklenemedi. Lütfen dosya yolunu kontrol edin ve tekrar deneyin.\n");
```

**Örnek Uygulama: Hata Kontrolü ile Geliştirilmiş Bir Hesap Makinesi Programı**

Aşağıda, kullanıcıdan iki sayı alarak temel aritmetik işlemleri yapan ve hata kontrolü uygulayan bir program örneği verilmiştir.

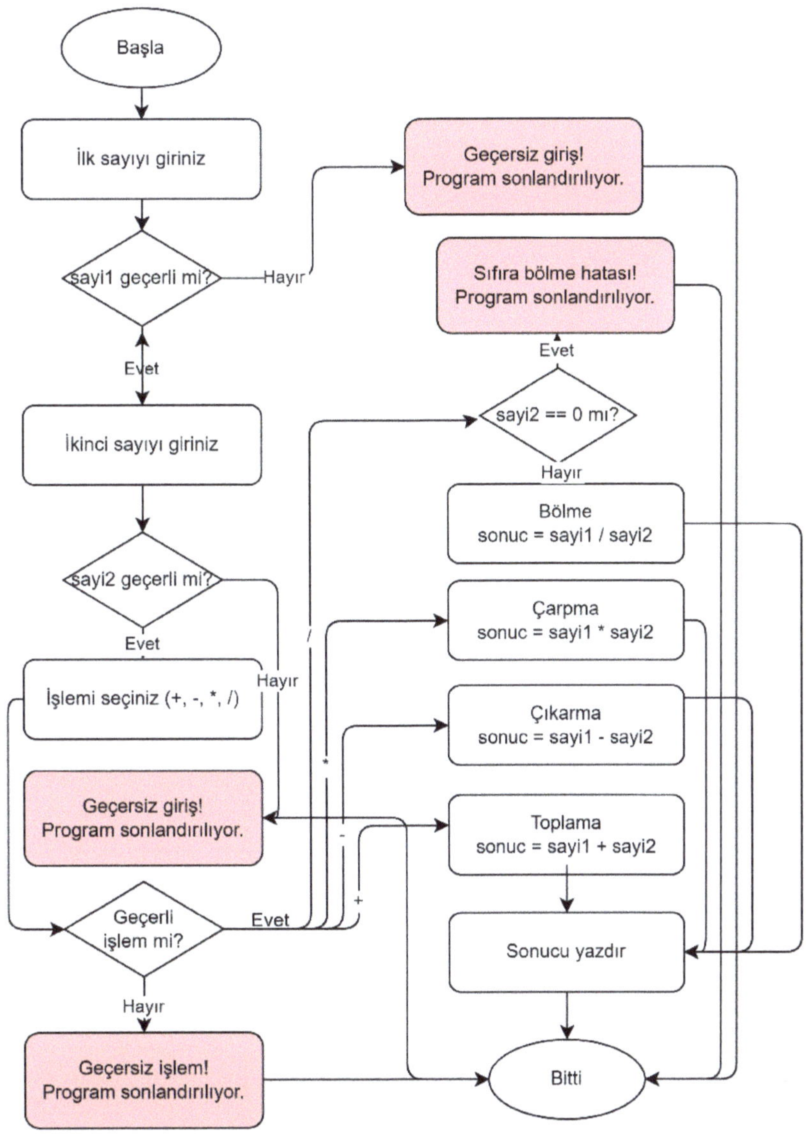


*Şekil 18 - Hata kontrölü akış şeması*

Örnek

```
#include <stdio.h>
#include <stdlib.h>

int main() {
  double sayi1, sayi2, sonuc;
  char islem;
  printf("İlk sayıyı giriniz: ");
  if (scanf("%lf", &sayi1) != 1) {
    fprintf(stderr, "Geçersiz giriş.\n");
    return EXIT_FAILURE;
  }
  printf("İkinci sayıyı giriniz: ");
  if (scanf("%lf", &sayi2) != 1) {
    fprintf(stderr, "Geçersiz giriş.\n");
    return EXIT_FAILURE;
  }
  printf("İşlemi seçiniz (+, -, *, /): ");
  scanf(" %c", &islem);
  switch (islem) {
    case '+':
      sonuc = sayi1 + sayi2;
      break;
    case '-':
      sonuc = sayi1 - sayi2;
      break;
    case '*':
      sonuc = sayi1 * sayi2;
      break;
    case '/':
      if (sayi2 == 0) {
        fprintf(stderr, "Hata: Sıfıra bölme işlemi yapılamaz.\n");
        return EXIT_FAILURE;
      }
      sonuc = sayi1 / sayi2;
      break;
    default:
      fprintf(stderr, "Geçersiz işlem seçildi.\n");
      return EXIT_FAILURE;
  }
  printf("Sonuç: %.2f\n", sonuc);
  return EXIT_SUCCESS;
}
```

**Açıklama:**

**Girdi Doğrulama:**

Kullanıcının girdiği sayıların ve işlemin geçerli olup olmadığı kontrol edilir.

**Hata Mesajları:**

Hatalı giriş veya işlemlerde kullanıcıya anlamlı mesajlar verilir.

**Sıfıra Bölme Kontrolü:**

Bölme işlemi seçildiğinde, paydanın sıfır olup olmadığı kontrol edilir.

Hata kontrolü ve yönetimi, kaliteli ve güvenilir yazılımlar geliştirmek için vazgeçilmezdir. Programcılar olarak, olası hata durumlarını öngörmeli ve bunları etkili bir şekilde ele alacak mekanizmalar oluşturmalıyız. Bu, hem kullanıcı deneyimini iyileştirir hem de yazılımın sürdürülebilirliğini artırır.

Unutmayın, hataları erken aşamada tespit etmek ve düzeltmek, daha sonra ortaya çıkacak büyük sorunların önüne geçer. Bu nedenle, kod yazarken hata kontrolünü ve iyi programlama uygulamalarını göz ardı etmemek önemlidir.

## Alıştırmalar

1. Fonksiyon Geri Dönüş Değerlerini Kontrol Etme:

    a.Kullanıcıdan dosya adı girmesini isteyen bir C programı yazın.

    b. fopen() fonksiyonunu kullanarak bu dosyayı "okuma" modunda açmayı deneyin.

    c. fopen() fonksiyonunun geri dönüş değerini kontrol ederek dosyanın açılıp açılmadığını doğrulayın. Eğer dosya açılamazsa, kullanıcıya "Hata: Dosya açılamadı veya bulunamadı." gibi açıklayıcı bir hata mesajı verin ve programı sonlandırın.

    d. Eğer dosya başarıyla açılırsa, "Dosya başarıyla açıldı." yazdırın ve dosyayı kapatın.

2.Bölme İşleminde Hata Kontrolü:

    a. Kullanıcıdan iki tamsayı girmesini isteyen bir C programı yazın.
    b. İkinci sayının 0 olup olmadığını kontrol edin.
    c. Eğer ikinci sayı 0 ise, ekrana "Hata: Bir sayı sıfıra bölünemez." şeklinde bir hata mesajı yazdırın ve programı yeniden başlatın veya sonlandırın.
    d. İkinci sayı 0 değilse, birinci sayıyı ikinci sayıya bölerek sonucu ekrana yazdırın.

3.Dizi Sınır Kontrolü:

    a. 10 elemanlı bir tamsayı dizisi tanımlayın ve rastgele sayılarla doldurun.
    b. Kullanıcıdan, dizideki bir elemanın indeksini girmesini isteyen bir program yazın.
    c. Gelen indeksin 0 ile 9 arasında olup olmadığını kontrol edin.
    d. Eğer girilen indeks geçerli sınırlar içinde değilse, "Hata: Geçersiz dizi indeksi." mesajı verin.
    e. Eğer indeks geçerliyse, o indeksteki elemanın değerini ekrana yazdırın.

4. Sayısal Girdi Doğrulama:

    a. Kullanıcıdan bir yaş değeri girmesini isteyen bir program yazın.
    b. Girdi olarak sayısal olmayan bir değer (örneğin, "abc") girildiğinde, programın bu hatayı nasıl yöneteceğini tasarlayın. (İpucu: scanf() fonksiyonunun geri dönüş değerini kontrol edebilirsiniz.)
    c. Girdinin geçerli bir tamsayı olup olmadığını kontrol ettikten sonra, yaşın 0'dan büyük olup olmadığını kontrol edin.
    d. Eğer yaş negatif veya geçersizse, "Hata: Lütfen geçerli bir yaş değeri girin." şeklinde bir hata mesajı verin. Geçerli bir yaş girildiğinde ise "Yaşınız: XX" yazdırın.

# 16 MODÜLER PROGRAMLAMA

*"Her bir yaprak bir kitaptır, her bir damla bir derya." (Fuzuli)*

*"Bir ben vardır bende benden içeri." (Yunus Emre)*

Modüler programlama, yazılım geliştirme sürecinde kodun daha yönetilebilir, okunabilir ve yeniden kullanılabilir hale getirilmesi amacıyla programın bağımsız ve birbiriyle etkileşimli modüllere bölünmesini sağlayan bir yaklaşımdır. Bu yaklaşım, büyük ve karmaşık programların geliştirilmesini, bakımını ve genişletilmesini kolaylaştırır.

## 16.1. Modüllerin Kullanımı

Modüllerin kullanımı, kodun işlevsel parçalara ayrılarak farklı dosyalarda organize edilmesini içerir. Her bir modül, belirli bir işlevi veya işlevler grubunu yerine getirir ve diğer modüllerle tanımlı arayüzler üzerinden iletişim kurar.

### Modüllere Ayırmanın Avantajları:

- **Okunabilirlik:** Kodun daha anlaşılır ve organize olmasını sağlar.
- **Yeniden Kullanılabilirlik:** Aynı modül farklı projelerde kullanılabilir.
- **Bakım Kolaylığı:** Hataların tespiti ve düzeltilmesi daha kolaydır.
- **Ekip Çalışması:** Farklı geliştiriciler farklı modüller üzerinde paralel çalışabilir.

**Örnek: Bir Hesap Makinesi Uygulamasının Modüllere Ayrılması**

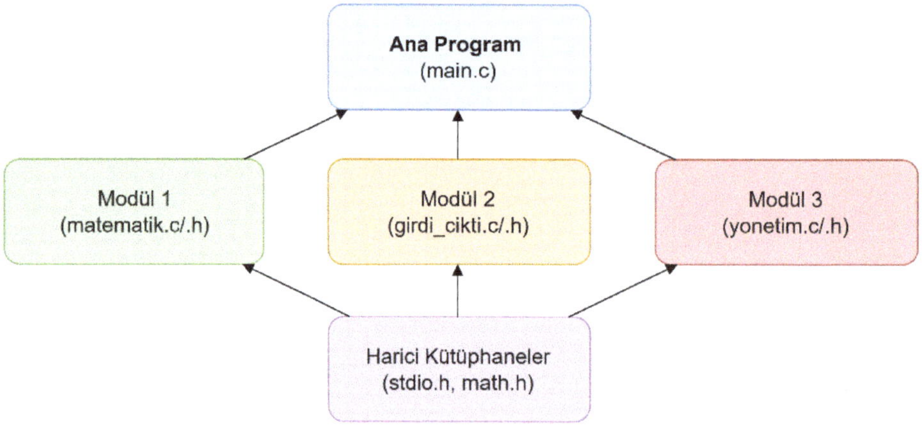


*Şekil 19 - Modüler Programlama*

Modüler Programlama: Kodun işlevsel parçalara ayrılması

Okların yönü kod akışını gösterir

Bu bölümde, matematiksel işlemler modülü örneği üzerinden modüler programlamanın temellerini öğreneceksiniz.

## Proje Klasör Yapısı

Matematik modülü projemizin klasör yapısı şu şekilde organize edilmelidir:

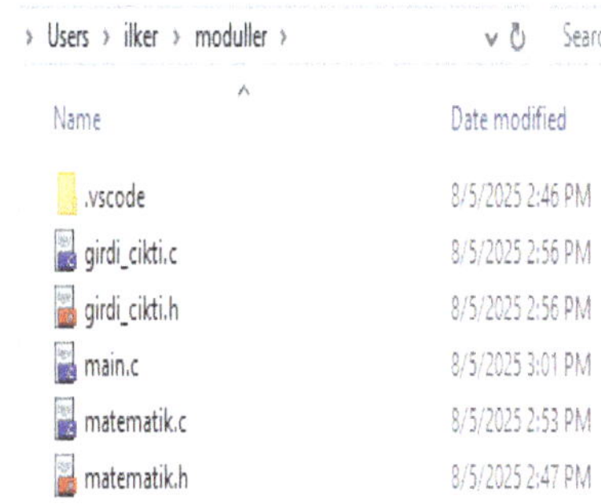


**.vscode/:** Visual Studio Code kullanıyorsanız bu klasör otomatik oluşur

**Diğer editörler için:**

- Code::Blocks → .cbp proje dosyası
- Dev-C++ → .dev proje dosyası
- CLion → .idea/ klasörü
- Vim/Nano → Herhangi bir özel klasör oluşmaz

```
hesap_makinesi_projesi/
├── .vscode/          # VS Code ayar dosyaları (otomatik oluşur)
│   ├── settings.json
│   ├── tasks.json
│   └── launch.json
├── src/                   # Kaynak kod dosyaları
│   ├── matematik.h        # Matematik modülü başlık dosyası
│   ├── matematik.c        # Matematik modülü kaynak dosyası
│   ├── girdi_cikti.h      # Giriş/Çıkış modülü başlık dosyası
│   ├── girdi_cikti.c      # Giriş/Çıkış modülü kaynak dosyası
│   └── main.c             # Ana program dosyası
├── build/            # Derlenmiş dosyalar (.o ve executable)
├── docs/                  # Dokümantasyon dosyaları
└── README.md         # Proje açıklama dosyası
```

**Matematiksel İşlemler Modülü**

1. **matematik.h** (Başlık Dosyası)

Bu dosya matematik modülünün arayüzünü tanımlar:

- Fonksiyon prototiplerimizi (bildirimlerini) içerir *(Bkz. 10.1. Fonksiyon Kavramı ve Temel Yapısı s.138)*
- Diğer dosyaların bu modülü nasıl kullanacağını belirtir
- Sadece fonksiyon imzalarını içerir, uygulamalarını değil

```c
#ifndef MATEMATIK_H
#define MATEMATIK_H

double toplama(double a, double b);
double cikarma(double a, double b);
double carpma(double a, double b);
double bolme(double a, double b);

#endif
```

**2. matematik.c (Kaynak Dosyası)**

Bu dosya matematik modülünün **uygulamasını** içerir:

- Başlık dosyasında bildirilen fonksiyonların gerçek kodlarını barındırır
- İş mantığının yazıldığı yerdir
- Hesaplama algoritmalarını içerir

```c
#include "matematik.h"

double toplama(double a, double b) {
    return a + b;
}
double cikarma(double a, double b) {
    return a - b;
}
double carpma(double a, double b) {
    return a * b;
}
double bolme(double a, double b) {
    if (b == 0) {
        // Hata yönetimi yapılabilir
        return 0;
    }
    return a / b;
}
```

3. **girdi_cikti.h** ve **girdi_cikti.c**

Kullanıcı etkileşimi için ayrı bir modül:

- Konsol giriş/çıkış işlemlerini yönetir
- Kullanıcı arayüzü mantığını içerir
- Ana programı temiz tutar

**girdi_cikti.h** dosyası

```
#ifndef GIRDI_CIKTI_H
#define GIRDI_CIKTI_H

double sayi_gir(const char *mesaj);
char islem_sec();
void sonuc_goster(double sonuc);

#endif
```

**girdi_cikti.c** dosyası

```
#include <stdio.h>
#include "girdi_cikti.h"

double sayi_gir(const char *mesaj) {
  double sayi;
  printf("%s", mesaj);
  scanf("%lf", &sayi);
  return sayi;
}

char islem_sec() {
  char islem;
  printf("İşlemi seçiniz (+, -, *, /): ");
  scanf(" %c", &islem);
  return islem;
}

void sonuc_goster(double sonuc) {
  printf("Sonuç: %.2f\n", sonuc);
}
```

4. **main.c (Ana Program)**

Projenin giriş noktası:

- Diğer modülleri kullanarak programı çalıştırır
- Program akışını kontrol eder
- Modüller arası koordinasyonu sağlar

Örnek: main.c

```c
#include <stdio.h>
#include "matematik.h"
#include "girdi_cikti.h"

int main() {
  double sayi1, sayi2, sonuc;
  char islem;

  sayi1 = sayi_gir("İlk sayıyı giriniz: ");
  sayi2 = sayi_gir("İkinci sayıyı giriniz: ");
  islem = islem_sec();

  switch (islem) {
    case '+':
      sonuc = toplama(sayi1, sayi2);
      break;
    case '-':
      sonuc = cikarma(sayi1, sayi2);
      break;
    case '*':
      sonuc = carpma(sayi1, sayi2);
      break;
    case '/':
      sonuc = bolme(sayi1, sayi2);
      break;
    default:
      printf("Geçersiz işlem seçildi.\n");
      return 1;
  }
  sonuc_goster(sonuc);
  return 0;
}
```

## #ifndef Direktifi

**#ifndef** (if not defined) direktifi, **çoklu dahil etme sorununun** önlenmesi için kullanılır.

**Problem:**

Problem:

```c
// main.c
#include "matematik.h"
#include "girdi_cikti.h"

// girdi_cikti.h içinde de
#include "matematik.h"  // matema-
tik.h iki kez dahil edilir!
```

Çözüm:

```c
#ifndef MATEMATIK_H      // Eğer MA-
TEMATIK_H tanımlanmamışsa
#define MATEMATIK_H      // MATEMA-
TIK_H'yi tanımla
// Fonksiyon bildirimleri buraya
#endif                   // Koşullu
derleme sonu
```

**Nasıl Çalışır:**

1. **İlk dahil etme**: MATEMATIK_H tanımlanmamış → kod işlenir2
2. **İkinci dahil etme**: MATEMATIK_H zaten tanımlı → kod atlanır
3. Bu sayede aynı başlık dosyası birden fazla kez işlenmez

## Derleme ve Çalıştırma:

**1. Ayrı Derleme (Separate Compilation)**

bash
```
# Her .c dosyasını ayrı ayrı derle
gcc -c matematik.c        # matematik.o oluştur
gcc -c girdi_cikti.c      # girdi_cikti.o oluştur
gcc -c main.c             # main.o oluştur
gcc -o hesap_makinesi main.o matematik.o girdi_cikti.o
./hesap_makinesi
```

**2. Bağlama (Linking)**

bash
```
# Tüm nesne dosyalarını birleştir
gcc -o hesap_makinesi main.o matematik.o girdi_cikti.o
```

3. **Tek Komutla Derleme ve Bağlama**

bash
```
# Alternatif: Tek seferde derle ve bağla
gcc -o hesap_makinesi main.o matematik.o girdi_cikti.o
```

**4. Çalıştırma**

bash
```
# Çalıştırma - Windows
hesap_makinesi.exe
# veya
./hesap_makinesi.exe
```

## 16.2. Kütüphane Kullanımı

Kütüphane kullanımı, programın işlevselliğini artırmak için harici kodların projeye dahil edilmesini ve kullanılmasını sağlar. Kütüphaneler, belirli bir işlevi yerine getiren önceden yazılmış kod parçacıklarıdır ve zaman kazandırır.

### Kütüphane Türleri:

**Statik Kütüphaneler (.a veya .lib):** Derleme zamanında programa dahil edilir ve çalıştırılabilir dosyanın bir parçası haline gelir.

**Dinamik Kütüphaneler (.so veya .dll):** Çalışma zamanında programa bağlanır ve ayrı bir dosya olarak tutulur.

**Örnek: Harici Bir Matematik Kütüphanesinin Kullanılması**

Projeye gelişmiş matematiksel fonksiyonlar eklemek için math.h kütüphanesini kullanabiliriz.:

**Ana Program (main.c)**

Örnek

```c
#include <stdio.h>
#include <math.h>

int main() {
  double sayi, sonuc;
  printf("Bir sayı giriniz: ");
  scanf("%lf", &sayi);
  sonuc = sqrt(sayi);
  printf("%.2f sayısının karekökü: %.2f\n", sayi, sonuc);

  return 0;
}
```

**Derleme ve Çalıştırma:**

bash

```bash
gcc -o karekok main.c -lm
./karekok
```

### Açıklama:

- **#include <math.h>:** Matematiksel fonksiyonları içeren standart kütüphaneyi programa dahil eder.
- **-lm:** Derleme sırasında matematik kütüphanesini (libm.a veya libm.so) bağlar.
- **sqrt(double x):** Bir sayının karekökünü hesaplayan fonksiyon.

## Harici Kütüphanelerin Projeye Dahil Edilmesi:

1. **Kütüphanenin Kurulumu:**
   - Kütüphanenin sistemde kurulu olduğundan emin olun.
   - Gerekirse paket yöneticisi veya kaynak koddan kurulum yapın.
2. **Başlık Dosyalarını Dahil Etme:**
   - Kütüphanenin sağladığı başlık dosyalarını **#include** direktifi ile ekleyin.
   - Örneğin, **#include <libxml/parser.h>**.
3. **Derleme Sırasında Kütüphaneyi Bağlama:**
   - Derleyici komutuna kütüphane bağlama seçeneklerini ekleyin.
   - Örneğin, gcc -o program main.c -lxml2 (libxml2 kütüphanesi için).

## Örnek: LibJPEG Kütüphanesinin Kullanımı

Daha önceki bölümlerde JPEG dosyalarını işlemek için libjpeg kütüphanesini kullanmıştık.

### Derleme Komutu:

```bash
gcc -o jpeg_isleme program.c -ljpeg
```

## Sonuç:

Modüler programlama ve kütüphane kullanımı, yazılım geliştirme sürecini daha etkin ve verimli hale getirir. Kodun modüllere ayrılması ve harici kütüphanelerin kullanılması, projelerin ölçeklenebilirliğini artırır ve geliştiricilere zaman kazandırır. Bu yaklaşımları benimseyerek daha temiz, düzenli ve sürdürülebilir kodlar yazabilirsiniz.

## Alıştırmalar

1. Temel Modüler Yapı:

    a. Kare ve dikdörtgenin alanını ve çevresini hesaplayan bir C programı yazın. Ancak bu programı iki ayrı modül kullanarak geliştirin.

    b. Birinci modül, ***geometri.h*** adında bir başlık dosyası ve ***geometri.c*** adında bir kaynak dosyası içersin.

    c. ***geometri.h*** dosyasında ***kare_alani_hesapla(), kare_cevresi_hesapla(), dikdortgen_alani_hesapla()*** ve ***dikdortgen_cevresi_hesapla()*** fonksiyonlarının prototiplerini tanımlayın.

    d. ***geometri.c*** dosyasında ise bu fonksiyonların gövdelerini (implemantasyonlarını) yazın.

    e. ***main.c*** dosyasında bu ***geometri.h*** başlık dosyasını include ederek, kullanıcıdan aldığınız değerlerle bu fonksiyonları çağırın ve sonuçları ekrana yazdırın.

2. Fonksiyonları Ayırma:

    a. Kullanıcıdan iki sayı alıp bunların toplamını, farkını ve çarpımını hesaplayan bir programı modüler hale getirin.

    b. ***islemler.h*** adında bir başlık dosyasında ***topla(), cikar() ve carp()*** fonksiyon prototiplerini tanımlayın.

    c. ***islemler.c*** dosyasında bu fonksiyonların gövdelerini yazın.

    d. ***main.c*** dosyasında bu fonksiyonları kullanarak programı tamamlayın.

# Kaynakça


[1] B. J. Copeland, The Modern History of Computing, Stanford: Metaphysics Research Lab, Stanford University, 2020.

[2] C. Babbage, P. Morrision ve E. Morrison, On the Principles and Development of the Calculator and Other Seminal Writings, Dover Publications.

[3] P. Norton, Inside the IBM PC, New York: NY: Brady Publishing, 1986.

[4] D. E. Knuth, The Art of Computer Programming, Boston: MA: Addison-Wesley Professional, 1968-2011.

[5] B. W. Kernighan ve D. M. Ritchie, The C Programming Language, NJ: Prentice Hall: Englewood Cliffs, 1988.

[6] A. Teel, «OOP A.K.A Object Oriented Programming + Inheritance,» Medium, 25 01 2024. [Çevrimiçi]. Available: https://medium.com/@ateel/oop-a-k-a-object-oriented-programming-inheritance-f7d-777c39fc2. [Erişildi: 2025].

[7] B. M. Bölümü, «SÜLEYMAN DEMİREL ÜNİVERSİTESİ, BİLGİSAYAR MÜHENDİSLİĞİ,» ISPARTA Isparta Türkiye, [Çevrimiçi]. Available: https://muhendislik.sdu.edu.tr/bilmuh/tr/ogrenci-sayfasi/p14-harezmi-10005s.html#:~:text=Harezmi%2C%20Tam%20adı%20Ebu%20Abdullah,Harezmi%2C%20Harzem%20Türküdür%20ve%20müslümandır. [Erişildi: 25 7 2024].

[8] Wikipedia, «Algoritma,» Wikipedia, [Çevrimiçi]. Available: https://tr.wikipedia.org/wiki/Algoritma. [Erişildi: 25 7 2024].

[9] International Organization for Standardization (ISO), Information processing – Documentation symbols and conventions for data, program and system flowcharts, program network charts and system resources charts, International Organization for Standardization (ISO), 1985.

[10] W. contributors, «Ada Lovelace,» Wikipedia, The Free Encyclopedia. Wikipedia, The Free Encyclopedia, 19 10 2024. [Çevrimiçi]. Available: https://en.wikipedia.org/wiki/Ada_Lovelace.

[11] H. H. Goldstine ve A. Goldstine, The Electronic Numerical Integrator and Computer (ENIAC), Berlin, Heidelberg: Springer Berlin Heidelberg, 1982.

[12] G. Fedorkow, «Coputer History Museum,» 19 2 2015. [Çevrimiçi]. Available: https://computerhistory.org/blog/about-the-computer-history-museums-ibm-1401-machines/.

[13] R. Trikha, «The History of 'Hello, World',» Hacker Rank, 21 4 2015. [Çevrimiçi]. Available: https://www.hackerrank.com/blog/the-history-of-hello-world/.

[14] Wikipedia, «Grace Hopper,» Wikipedia, 01 09 2024. [Çevrimiçi]. Available: https://en.wikipedia.org/wiki/Grace_Hopper.

[15] B. H. Bunch, The timetables of technology, Simon & Schuster, 1993.

[16] B. Stroustrup, The C++ Programming Language (4th ed.), Addison-Wesley Professional, 2013.

[17] C. A. R. Hoare, «Null References: The Billion Dollar Mistake,» %1 içinde *Keynote presented at QCon London,*, London, United Kingdom, 2009, March.

[18] Team LimitOS, «Simple IoT LED Control via Raspberry Pi,» hackster.io, 20 December 2019. [Çevrimiçi]. Available: https://www.hackster.io/LimitOS/simple-iot-led-control-via-raspberry-pi-6c1a7b.

CIP - Каталогизација во публикација
Национална и универзитетска библиотека "Св. Климент Охридски", Скопје

004.42/.43(036)

ALI, İlker
Programlamaya giriş: yapisal yaklaşim ve c dili: : örneklerle ve uygulamalarla yapısal programlama / İlker Ali. - Gostivar : İ. Ali, 2026. - 220 стр. : илустр. ; 203x254 мм

Публикацијата е во колор. - Библиографија: стр. 219

ISBN 978-608-67525-0-7

а) Компјутерско програмирање -- Алгоритми -- Програмски јазик С -- Прирачници

COBISS.MK-ID 68097285